데리다 입문

# 데리다 입문

서구 사상체계를 뒤흔든
데리다 사유의 이해

—

김보현 지음

문예출판사

최고의 스승이자 아버님이셨던,
고 김석주(金碩柱, 1921~1979) 교수님께
이 책을 바칩니다.

일러두기

1. 책명과 인명의 원어는 가급적 본문에 넣지 않았다.
   대신 〈찾아보기〉에서 모든 원명을 확인할 수 있다.
2. 논의의 방향을 결정짓는 매우 중요한 인용문의 원문은 주(註)에 넣었다.
3. 본문에 사용된 (이 책 23)은 이 입문서 23쪽을 참조하라는 뜻이다.
4. 이 입문서에서 빈번히 언급되는 데리다 저서는 한국어로 아래와 같이 표해,
   본문에 넣었다. 괄호 안 사선( / ) 앞 숫자는 여기에 제시된 프랑스어판 쪽수이고,
   사선 뒤 숫자는 영문판 쪽수이다.

《목소리와 현상학》
*La voix et le phénomène*. Paris: Presses Universitaires de France, 1967/*Speech and Phenomena*. Tr. David Allison and Newton Garver, Evanston: Northwestern University Press, 1973.

《그라마톨로지》
*De la grammatologie*. Paris: Minuit, 1967/*Of Grammatology*. Tr. Gayatri Chakravorty Spivak, Baltimore: Johns Hopkins University Press, 1976.

《글쓰기와 차이》
*L'écriture et la différence*. Paris: Editions du seuil, 1967/*Writing and Difference*. Tr. Alan Bass, Chicago: University of Chicago Press, 1978.

《산포》
*La dissémination*. Paris: Seuil, 1972/*Dissemination*. Tr. Barbara Johnson, Chicago: University of Chicago Press, 1981.

《글라》
*Glas*. Paris: Edition de Galilée, 1974/*Glas*. Tr. John P. Leavy Jr, and Richard Rand, Lincoln: University of Nebraska Press, 1986.

《입장들》
*Positions: Entretiens avec Henri Ronse, Julia Kristeva, Jena-Louis Houdebine, Guy Scaroetta.* Paris: Minuit, 1972/*Positions*. Tr. Alan Bass, Chicago: University of Chicago Press, 1981.

《여백들》
*Marges de la philosophie.* Paris: Minuit, 1972/*Margins of Philosophy*. Tr. Alan Bass. Chicago: University of Chicago Press, 1982.

《정신에 관하여》
*De l'esprit: Heidegger et la question.* Paris: Galilée, 1987/*Of Spirit: Heidegger and the Question.* Tr. by Geoffrey Bennington and Rachel Bowlby, Chicago: University of Chicago Press, 1989.

《맑스의 유령들》
*Spectres de Marx, L'Etat de la dette, le travail du deuil, et la nouvelle Internationale.* Paris: Galilée. 1993/*Specters of Marx: The State of the Debt, the Work of Mourning, & the New International.* Tr. Peggy Kamuf. Intro. Bernd Magnus & Stephen Cullenberg, New York and London: Routledge, 1994.

〈니체와 기계〉
'Nietzsche and the Machine: Interviews with Jacques Derrida by Richard Beardsworth', *Journal of Nietzsche Studies.* Issue 7, Spring, 1994, 7~66.

# 서문

20세기 최고의 사유자로 평가되는 데리다가 2004년 세상을 떠난 후에도, 그에 관한 전문 서적은 여전히 많이 출판되고 있고, 그에 대한 입문서 또한 필자가 접한 것만도 10권이 넘는다. 그러나 늘 그러하듯, 서양 학자들은 데리다를 있는 그대로 전하려고 하기보다는, 전유(appropriation)와 윤색이 심하다. 서구의 학인들은 늘 논쟁의 한복판에서 자신의 입장을 방어해야 하는 상황에 있고, 지식인이란 자국이 신봉하는 종교와 이데올로기, 건국이념, 국민정신을 말로 방어하고 수호해야 하는 것이 그들의 책무이기 때문에 전유와 의도적인 오독은 어쩌면 당연한 현상일 것이다. 바로 이런 이유로 경험주의와 실용주의를 근간으로 하는 미국과 영국 학자들, 그리고 맑스주의자들까지, 상이한 입장을 지닌 학자들에 의해 데리다는 윤색되어왔고, 이것이 한국 학자들에 의해 여과 없이 수용되고 유포됨으로써, 데리다에 대한 혼란과 파편적 평가, 그리고 오해는 불가피했다. 데리다 해체에 대한 가장 기본적인 사실조차도 명확하게 가리지 못한 상태에서, 오평과 오해의 잔치 속에서 데리다에게 영원한 이별을 고하는 것은 바람직하지 않다고 생각했고, 보다 공평한 데리다 읽기를 위한 입문서가 필요하다는 생각에서 이 책을 쓰게 되었다.

서구에서 출간된 데리다 입문서가 한국 독자들에게 실질적으로 도움이 안 되는 또 다른 이유는, 서양인들을 위해 쓴 입문서는, 당연하지만 한국의 데리다 초보 독자들이 지니고 있는 문화적 간극은 물론 한국 독자들이 서구 인문학에 대한 배경이 거의 없다는 사실에 대해 아무런 배려 없이 쓰였기 때문이다. 서너 명의 학자들과 데리다의 대담을 모은 《입장들》(1972)도 한국 독자들에게는 편안한 입문서가 될 수 없다. 데리다의 다른 글에 비하면 매우 짧지만, 데리다 해체에 대한 전체적인 이해와 조망 없이는 초보 독자들에게 여전히 접근이 쉽지 않다. 데리다의 모든 글이 그러하듯, 《입장들》도 데리다의 글 모두를 조회하고 있으며, 데리다의 모든 글은 《입장들》에서 응축되어 있는, 제유의 관계에 있기 때문이다.

필자는 데리다의 매우 중요한 상호텍스트들에 근거해, 데리다를 있는 그대로 전하려고 노력하였다. 데리다의 글은 논리와 개념으로는 따라갈 수 없는, 엄청난 양의 언어유희가 포함되어 있고, 때로는 원론보다 각론에 지나치다 할 정도로 철두철미하다. 모든 논의가 그러하듯, 논의가 치밀하고 구체적일수록 그만큼 힘을 얻는다. 데리다를 있는 그대로 전하려고 했지만, 이 입문서에서는 데리다 해체가 지니고 있는 깊이와 광활한 폭은 전적으로 희생되었다. 이 입문서에서 빠진 깊이와 폭은 필자가 곧 출간하려고 하는 《데리다의 상호텍스트들》과 《데리다와 문학》에서 어느 정도 가늠할 수 있을 것이다. 대신, 이 입문서에서는 데리다 해체에 관한 가장 기본적인 것들에 대해서 만큼은 철저하게 논증되고 해명되었다.

1장 〈자크 데리다〉에서는 우선 데리다를 오랫동안 읽었던 필자의 내면적 계기를 솔직하게 드러내었다. 그다음에는 왜 한국인이 데리다를 읽어야 하는지 이유를 말했다. 데리다가 금세기 가장 위대한 서구 사유자라는 사실 때문만은 아니다. 한국이 처한 정치적 상황과 이 땅의 서양 인문학자들이 처한 곤혹스런 상황을 감안하면, 무엇보다도 우리에게 긴요한 것은 서구 전통에 대한 데리다의 저항과 이의 효율적 방식이다. 1장 전반부에서 우리들의 자화상과 현주소를 구체적으로 언급한 이유는 데리다 해체가 극소수의 서양 인문학 전공자들 사이에서만 유통되는 암호로 존속되는 것은 결코 바람직하지 않다고 생각했으며, 데리다 해체를 한국 현실을 비추는 거울로 사용하고자 했기 때문이다. 이는 다산 정약용이 말한 채적명리법採適明理法이다. 아무리 좋은 이론도 결국은 우리의 현실에 적용되고 쓰일 수 있어야 유용하다는 말이다. 한국인들처럼 어려운 상황에 처했던 유대인으로서 데리다가 중단 없이 걸어갔던 도정道程과 치열했던 그의 사유와 저항을 통해, 필자가 그랬듯이 후학들도 데리다로부터 영감과 함께 구체적인 전략을 파악할 수 있기를 희망해본다. 1장 후반부에서 필자와 데리다와의 만남과 데리다의 삶을 스케치한 것은 단순히 데리다 삶의 연대기가 아니다. 이는 전문적인 학술용어를 통한 추상적 이해가 아니라, 데리다의 삶을 빠르게 가로지르며 데리다 해체에 대해 피부에 와 닿는 이해가 가능토록 하기 위한 것이다.

2장 〈데리다에게 영향을 끼친 사람들〉에서는 데리다에게 결정적인 영향을 끼친 소쉬르, 하이데거, 니체, 말라르메, 그리고 헤겔을 선정해 소개했다. 데리다가 이들로부터 영향을 받으면서, 동시에 이들의 어떤 점을 해체했는가, 즉 영향을 끼친 사람들과 데리다가 지니고 있는 이중적 관계를 조명했다.

3장 〈데리다의 '차연'〉에서는 데리다가 대체한 중요한 '차연'들을 설명했고, '차연'이 기호학적 층위뿐만 아니라, 철학, 정치, 경제적 층위로까지 이동하면서 발생시키는 의미, 그리고 마침내 이 모든 층위를 초과하는 '차연'까지, '차연'의 전 스펙트럼을 설명했다. 이는 '차연'이 끊임없이 움직이고 있다는 사실을 인지하지 못하고 있는 독자들과 서구와의 문화적 간격, 서구 인문학에 대한 배경이 없는 한국 독자들에게는 여전히 생경하기 짝이 없는 표현과 콘텍스트 때문에 발목이 잡혀, 데리다 해체의 기본조차도 파악하지 못하는 일이 없도록 하기 위해서다. 중요한 단어를 이해하지 못하면, 글 전체를 파악할 수 없는 것이다. 또한 데리다가 '차이(différence)'에서 '차연(différance)'을 이끌어낸 것 역시 '차연'이 '차이'와 연결되면서, 동시에 파격적으로 다른 것이 되어 떨어져 나오는 이중적 관계에 있음을 지적했다. 이에 덧붙여, 다수의 한국 학자들이 '차연'을 '차이差移'로 번역해야 한다고 주장한 것은 근거가 없다는 사실도 지적했다.

4장 〈데리다의 해체(들)〉에서는 데리다의 해체가 무엇을 하고 있는가, 그리고 데리다 해체의 성과, 한계를 구체적으로 논의했다.

또한 필자는 '데리다의 해체주의', '데리다의 해체론', 혹은 '데리다의 탈구성'이라는 말 대신, 왜 줄곧 '데리다의 해체'라 칭한 이유도 변명했다.

 4장이 데리다가 '무엇'을 해체했는가를 설명했다면, 5장〈데리다의 해체적 글쓰기〉는, 그 '무엇'을 '어떻게' 해체했는가에 대한 설명이다. 이를 구체적으로 보기 위해서는 그의 글쓰기에 대한 이해가 필수다. 이해의 편의를 위해 그의 글쓰기 기법을 여섯 가지로 분류해서 설명했으나, 사실은 데리다 글쓰기에서는 이 모두가 동시다발적으로 진행된다. 데리다의 글쓰기 기법 역시 신비평新批評의 글쓰기 기법과 철저하게 연결되어 있으면서 동시에 이로부터 파격적으로 이탈하고 있다는 사실을 지적함으로써, 데리다의 글쓰기 기법이 신비평과 맺고 있는 관계가 이중적이라는 사실을 지적했다.

 요약하면 이 입문서는 데리다의 해체는 모든 면에서 철저하게 이중적이며, 결코 고정되지 않는다는 사실을 구체적인 예를 통해 드러내고자 했다. 이중적이라는 말 역시 고정불가의 동어반복이다. 동시에 데리다의 사유가 고정불가이지만, 관념론이라고 규정할 수 없는 이유도 설명했다. 데리다 해체에 대한 가장 기본적인 이것만이라도 감안해서 데리다를 읽는다면, 데리다에 대한 오해와 오평 그리고 혼란을 상당히 줄일 수 있을 것이다. 필자가 이 입문서를 통해서 조명한 데리다 해체의 이러한 특징들이《맑스의 유령들》의 꿰미가 되어, 어떻게 드러나는가를 이 책의〈보론〉에서 상세하게 설명했다. 이에 덧붙여 한국 학자들이《맑스의 유령들》을 '데리다의 유령론(학)'이라 칭하는 것은 마치 마차 뒤에 말을 매어둔 것과 같다는 사실도 부연했다.

입문서라는 점을 감안하여 될 수 있으면 쉽고 평범한 어휘로 일상과 연결시켜 데리다를 설명하려 했지만, 때로는 초보 독자들이 쉽게 따라올 수 없는 곳도 있을 것이고, 다른 한편으로는 데리다 해체를 한담 정도로 격하시켰다는 비판도 받을 수도 있을 것이다. 이는 필자의 재주와 노력이 여전히 부족한 탓이니, 독자들의 너그러운 이해를 구한다.

그간 멀리 미국에서 필요한 자료들을 보내주고 격려해준 제자들, 윤소향 박사, 박사학위 논문을 쓰고 있는 박준형, 황찬회, 그리고 평생의 지우 조애나(Joanna Cullen Fox)에게 고마움을 전한다. 또한 다년간 한결같이 여러 가지 일에 도움을 준 부산대학교 프랑스어과 김재민 선생에 대한 고마움도 이 자리에서 빼놓을 수 없다. 그리고 무엇보다도 여러 가지로 부족한 원고이지만 기꺼이 책으로 출판해주신 문예출판사 전병석 사장님께 존경을 표하는 바이다. 아울러 편집과 교정에 수고를 아끼지 않으신 안정희 편집장님, 진승우 씨를 비롯해 문예출판사 여러분에게도 감사드린다.

청사포 바다가 내려다보이는 서재에서<br>2011년 10월 甫如 김보현

차례

1장 자크 데리다

1. 한국인은 데리다를 왜 읽어야 하는가? 19
2. 데리다를 어떻게 만났는가? 36
3. 데리다의 삶 43


2장 데리다에게 영향을 끼친 사람들

1. 소쉬르 66
2. 하이데거 77
3. 니체 84
4. 말라르메 97
5. 헤겔 102


3장 데리다의 '차연'

1. '차연' 120
2. '차연'과 '차이'의 차이 143

## 4장  데리다의 해체(들)

1. 이원구조의 허구성 드러내기 161
2. 이원구조의 담론들이 드러내는 증후들 173
3. 데리다 해체의 방식, 전략, 그리고 한계 176

## 5장  데리다의 해체적 글쓰기

1. 언어유희—단어들의 기계체조 219
2. 무순서의 글쓰기—하이퍼(무/non) 텍스트 227
3. 반복 234
4. 상호텍스트들 포개기 244
5. 거울 글쓰기: 미-장-센(la mise-en-scène) 247
6. 아포리즘 258

보론 《맑스의 유령들》—데리다의 맑스 해체 281

찾아보기 332

데리다 입문    Jacques Derrida: An Introduction

# 1
## ─────── 자크 데리다

## 1. 한국인은 데리다를 왜 읽어야 하는가?

우선 독자들은 왜 한국인인 우리가 데리다를 읽어야 하는가에 대해 궁금해할 것이다. 혹자는 한국은 서구 현대의 합리조차 제대로 실천하지 못하는 상태인데, 허무주의의 냄새가 배어 있는 데리다의 해체를 읽는다는 것 자체가 맹목적 서구 추수주의의 일환에 불과하다고 말하기도 한다. 그러나 이것은 지독한 오해다. 데리다는 현대 서구의 합리와 논리보다 더 강한 합리와 논리로 모더니즘의 논리와 합리의 허를 드러내었으며, 데리다의 사유가 결코 비합리의 사유가 아니라는 사실은 이 책이 진행되면서 드러날 것이다. 우선 여기서는 데리다를 오랫동안 읽은 필자의 사적 동기부터 허심탄회하게 밝히고, 그다음에는 일반 한국 독자들에게도 데리다가 매우 유용하며, 시의성 또한 높다는 사실을 설명하기로 한다.

필자는 문학 전공자이지만, 아주 어렸을 때부터 지성을 상징한다는 하얀 종이 위 검은 글자보다는 감각에 속한다는 노래, 미술,

무용 등에 남다른 재능을 발휘했으며, 중·고등학교를 거쳐, 영문도 모른 채 영문학을 전공하는 대학생이 되었을 때에도, 글자에 대해서는 의무적인 예의만을 표했다. 더구나 어쩌다 종교에 심취한 사람을 보거나 철학 전공자들을 볼 때마다, 속으로 '사서 고생한다'고 생각했다. 세상에는 즐거움이 얼마나 많은가. 마리아 칼라스, 메릴린 혼, 로자 폰셀, 파바로티, 메리언 앤더슨, 패티 김, 송창식을 위시한 수많은 가수들의 노래를 듣는 데도, 또한 축구경기를 관람하는 데도, 그리고 은색으로 반짝이는 거대한 바다를 보며 해안가를 산책하는 데도 하루해가 그리고 인생이 너무나 짧기만 한데, 왜 풀 수 없는 '본질'이나 '존재', '무한'이나 '구원'이라는 화두로 평생 피와 살을 다 말리고 뼈의 기름이 다 증발할 때까지 고투하는지, 철학하는 사람들이 지나친 자신감을 가지고 있는 것이 아니라면 남성 특유의 판타지 때문이라고 생각했다. 철학사에 이름을 올린 여성 철학자들이 극소수라는 사실이 필자의 생각을 어느 정도 뒷받침할 수 있을 것이다. 따라서 필자는 종교나 철학에 심취한 사람을 만나면, 겉으로는 미소를 띠고 속으로는 '행운을 빕니다' 하면서 연기 사라지듯 도망쳤던 사람이다. 명석하기 이를 데 없었던 비트겐슈타인은 피골이 상접하고 눈빛이 형형해질 때까지 철학을 했음에도 불구하고 '철학은 철학을 어떻게 시작하는가에 대한 문제'라고 했으니 그도 철학을 어떻게 시작해야 하는지조차 몰랐다는 말이고, 비트겐슈타인 못지않게 명민했던 데리다도 아직 그가 원하는 '해체는 시작조차 되지 않았다'라고 하니, 철학이나 종교 이야기만 나오면 슬슬 도망친 것은 일찌감치 필자의 직감이 얼마나 정확했는지를 말해준다.

그러나 운명의 여신은 한여름 매미처럼 아름다운 노랫소리에만 탐닉하는 내 생활에 제동을 걸었다. 어느 날 그 이유도 정확히 모른 채, 심지어 좋아한다는 사실도 의식하지 못한 채, 나는 데리다를 아주 열심히 읽고 있었다. 이 책을 쓰면서 지금에서야 그 이유를 곰곰이 되짚어 보니, 이유는 참으로 많았던 것 같다.

데리다가 철학자로 분류되고 있지만, 그 어떤 문학 전공자나 비평가들도 추종할 수 없을 정도로 그의 글은 온통 문학적 감성과 글솜씨로 범람한다. 그의 글은 철학적이라고 분류하기에는 너무나 문학적이고, 문학적이라고 분류하기에는 온통 철학적 문제로 요동치고 있다. 이 말은 철학 전공자만이 데리다를 읽을 수 있는 원천적 권리를 가지고 있다고 생각하는 것은 큰 오해라는 말이다. 유명한 비평가 힐리스 밀러는 데리다는 '점점 문학적으로 되어갔고 마침내 그의 글은 전부가 문학이다'라고 평했고, 머리 크리거는 '데리다는 시인이 될 뻔하다가 철학자가 된 사람이다'라고 했다. 사실 데리다가 미국에 상륙하게 된 것도 철학과 교수들의 호응이 아니라 데리다 글쓰기에 대한 예일대학 문학 교수들의 경탄 덕분이었다는 것을 상기하면, 글자에 대해서는 의무적인 관심밖에 없었던 필자가 데리다의 글에 격하게 끌린 것은 이상한 일이 아니다.

학인들은 평생을 두고 공부해야 할 사상가나 문학가를 택하게 된다. 처음부터 필자가 알고 택한 것은 아니지만 데리다가 도덕적 과오가 없는 것을 다행으로 생각한다. 진리와 미는 시대에 따라 달라지지만, 구체적인 행위와 결정을 수반하는 선은 영원히 선이다.

'작가는 죽었다'라는 말을 주저 없이 하는 요즈음이지만, 죽음보다 차가운 글자를 뚫고 글쓴이의 성정은 드러나는 법이다. 치명적인 도덕적 결함을 감추고 있는 사유자들의 글을 읽고 있노라면 밥을 먹고 체했을 때처럼 가슴이 답답하고 머리가 아파오지만, 도덕적 결함으로부터 철저하게 면제된 데리다의 글은 한국어로 번역된 후에도 배어나오는 독특한 리듬과 힘은 엄청난 지적 보상과 함께 데리다가 독자에게 선물하는 쾌(Lust)이다.

데리다는 유대인이라는 이유로 참혹하게 박해받은 사람이다. 한국인 역시 근대사에서 고통을 가장 많이 당한 민족이다. 프랑스 어느 기자는 남북 이산가족의 상봉 현장을 취재하면서, '셰익스피어도 이 같은 비극은 상상조차 하지 못했을 것'이라고 했다. 지금도 한국은 약소국의 멍에를 운명처럼 견디고 있다. 이러한 국가에서 어린 여자아이로, 그 후 독신 여성으로 산다는 것은 소리 없는 불평등과 겹겹의 박해에 늘 노출되어 있다는 뜻이다. 데리다가 박해받는 소수민족을 위해 동분서주했을 뿐만 아니라, '계보학은 아버지에게서 시작될 수 없다'(《글라》12/6)라고 하면서 남성중심주의와 서구중심주의에 근거한 모든 철학과 문학을 해체하는 것을 읽으며 필자는 나 자신과 내 조국을 생각하면서 많은 힘과 위안을 받았고 구체적인 전략까지 확인할 수 있었다.

필자가 데리다를 오랫동안 읽은 또 다른 이유는 데리다는 있는 그대로를 말하는 솔직한 사람이기 때문이다. 1991년 프랑수아 에왈드와의 대담에서 데리다는 자신의 담론에는 '전달하는 메시지가 없다'고 했다. 데리다는 하고 싶은 말은 뒤에 감추고 끊임없이 이해하기 어려운 말로 연막을 치면서 자신이 신봉하는 종교를 말하는 사람이 아니다. 그가 의지하는 것은 오로지 언어와 사유뿐이다. 대부분 서구 철학자들은 자신들이 신봉하는 종교와 신을 뒤로 감추어두고, 그들의 담론은 이것을 정당화하고 설득하기 위한 것이다. 적지 않는 수의 한국의 시인들, 소설가, 그리고 인문학자들도 예외는 아니다. 데리다의 글에는 이런 것이 없다. 그래서 오랫동안 부담 없이 읽을 수 있었다.

또한 데리다는 매우 극적이다. 데리다가 전하는 메시지도, 전제도 없으며, 언어의 진면목을 공성空性이라고 하니 불교의 선수행이나 마음공부처럼, 조용하기 짝이 없는 명상 끝에서 튀어나오는 말, '색즉시공' 혹은 '공수래공수거'라는 말과 비슷한 담론이 아닌가, 혹은 '행불언지교行不言之敎'와 관계되는 것이 아닌가라고 생각한다면 지독한 오해이다. 데리다는 역사와 현실 속에서 철저하게 그가 말한 것을 실천한 지식인이었고, 자신의 해체는 전하는 메시지도 없으며 언어의 공성이 그 본질이라고 말하지만, 이것을 증명해내는 과정은 너무나 구체적이고 극적이다. 이 과정에서 그 유례가 없는 드라마가 펼쳐진다. 데리다 특유의 상상력과 독법을 따라가다 보면, 프로이트는 3박자에 맞추어 절뚝거리며 한 치 앞으로도 전진하지 못하는 유령이 되어버리고, 루소는 발레리나들이 하는 피루엣pirouette, 즉 발끝을 세우고 제자리 맴돌기만 했고, 라캉의 담론은 정신분열증을 앓고 있는 듯 양 갈래로 쪼개어져 도저히 봉합할 수 없다는 사실이 드러난다. 또한 데리다와 라캉이 격렬했던 논쟁을 치르고 난 후, 라캉 자신이 가장 중히 여겨서 프랑스어판 《에

크리》(1966) 첫 장에 실었던 〈포의 '도둑맞은 편지'에 관한 세미나〉가 더 많은 독자들에게 다가갈 수 있는 영문판에서는 슬쩍 빠지는 사태가 발생한다. 이뿐만이 아니다. 하이데거는 전통적인 형이상학을 파괴하는 과정에서 점점 더 그리스적인 사유로 되돌아갔을 뿐만 아니라, 하이데거의 존재론은 매우 빈번히 표절에 해당할 만큼 다른 사유자들의 표현을 밝히지 않고 빌려왔으며, 가장 날카로운 이빨로 끊임없이 기존의 담화를 부정하고 갉아내는 잔인성을 지닌 것으로 드러난다. 전혀 다르다고 생각했던 헤겔과 주네가 동일해지고, 프로이트의《쾌락원칙을 넘어서》(1920)는 플라톤의《필레보스》와 동일해진다. 이 정도로 드라마틱한 전회와 반전을 드러내주었기에 데리다의 글에 혹하지 않을 수 없었다. 기존의 철학자들이나 문학가들을 이전까지 도저히 상상할 수 없었던 방식으로 읽어내어 전혀 다른 모습으로 각색해서 무대 위에 세울 때, 드라마 전공자인 필자가 기립 박수를 치지 않을 수 없었던 것이다.

사람들을 흡인하는 데리다의 또 다른 힘은 타의 추종을 불허하는 첨예함이다. 한마디로 말하면, 이미 많은 비평가들이 시인하고 지적하듯이, 아무도 흉내 낼 수 없고, 후계자도 없는 독특한 글쓰기를 보여주는 데리다의《글라》(1974)는 서구 포스트구조주의를 대변하는 최고의 정전正典이자 경전, 혹은 비문으로 후세 인문학도들이 경탄하며 끊임없이 조회해야 할 것이다. 탁월한 언어감각과 문학적 감수성으로 그의 글은 이미 기존의 문학을 까마득하게 넘어서고 있다. 그의 언어유희 또한 빼놓을 수 없는 것이다. 영문학 전공자도 감히 건드릴 수 없는 짐 조커(제임스 조이스가 익살과 유희에

능했기에 평론가들이 붙인 애칭) 제임스 조이스의 《피네건의 경야》 (1939)는 언어유희로 범람하는 불후의 대작인데, 데리다가 이 대작의 급소를 들추어내어 해체하는 것을 읽고서 필자는 전율을 느끼면서 의자에서 벌떡 일어났다. 1986년 12월 어느 백야였다.

데리다는 낭만주의자이다. 경계인으로 박해받았던 경험은 그로 하여금 정신의 주소지를 소실케 했다. 데리다는 스스로 말했듯이, 끊임없이 '목마른 갈증 속에서 방황하는'《글라》 사람이다. 이런 이유로 데리다의 담론에는 섬세한 광기와 엄청난 저항, 페이소스, 불가능한 것에 대한 도전과 강인한 의지, 웃음, 패러디, 유희뿐만 아니라, 신비(데리다의 표현으로는 '불가능한 것' 혹은 '신성한 것')에 대한 욕망으로 야기된 끝없는 방황을 따라 펴져나간 열정적인 만연체蔓衍體 등, 낭만주의자들이 지녔던 기질과 특징, 그리고 문제의식들이 그야말로 '탁월한 합류'가 되어 도저하게 흐르면서 기존의 물줄기를 바꾸었던 것이다. 해외에서도, 한국에서도 이방인으로 방황과 혼동의 시간을 깊이 경험했고, 10대부터 지금까지 19세기 낭만주의 문학을 최고의 문학으로 간주하는 필자가 데리다의 낭만적 방황에 깊이 동조했던 것은 지극히 자연스럽다. 데리다의 해체는 차갑고 이지적이었던 모더니즘에 대한 반기다. 이렇게 놓고 보면 포스트모더니즘은 포스트낭만주의이다. 지금 우리가 목격하고 있는 많은 것들, 크로스오버, 장르와 학제 간 벽 허물기, 여성과 소수 그룹에 대한 재반성, 동양주의, 녹색 성장, 자연주의 등은 이미 19세기 낭만주의에서 대두되었던 주제들이었다. 모더니즘이 세를 누리는 동안, 지하에 구금당했던 이런 것들이 다시 햇살 아래서 활보할 수 있는 이론적 근거를 마련한 사람이 데리다이다. 19세기 낭만주의자들과 데리다 해체의 추구 방식, 전략, 그리고 결과가 동일하다는 것은 결코 아니다. 데리다의 기질과 지향점이 낭만적이라는 말이다.

데리다를 오랫동안 읽었던 가장 결정적인 이유는 사실 다른 데 있다. 필자는 미국 유학 도중 끊임없이 정체성을 추슬러야 했다. 이 땅에 태어나 서양 인문학을 한다는 것은 실로 어렵고도 곤혹스러운 일이다. 이것은 필자 개인 성향의 문제일 수도 있겠지만 사실은 역사적인 문제일 것이다. 강대국 사이에 끼어 혹독하게 시달리다 우리의 문화와 정신이 절맥당한 후, 기적처럼 살아남은 우리들이 아닌가. 다시 해방이 되면서 감당해야 했던 서구의 압도적인 거대한 물량, 이에 정비례해 우리가 수용해야만 했던 서구의 정신문화에 대해 어떻게 대응해야 하는가라는 문제는 늘 필자의 머릿속을 떠나지 않는다. 세계 패권을 쥐고 있는 자들이 뿌려주는 모이를 앞뒤 보지 않고 정신없이 쪼아 먹는 닭이 되어야 하는가? 먹지 않을 수 없는 처지였다. 세계화가 결국 서구화 아닌가?

그러나 먹이가 어떤 먹이인지 전혀 모르고 먹는 것과 알고 먹는 것에는 분명 차이가 있을 것이다. 데리다를 읽고 있던 어느 날, 불현듯 약자로 평생 희생만 하셨던 어머니 말씀이 생각났다. '모르고 속는 것은 참으로 불쌍하지만 알고 속는 것은 그래도 괜찮다.' 내가 먹어야 하는 서구 인문학 담론들이 '백색신화'에 불과하고, 서구의 철학과 종교에서 오랫동안 감춰져 있었던 '밀실의 공모'를 세세하게 지적하고 폭로하는 데리다는 압도적인 서구 문물에 세뇌당

할 수밖에 없는 처지에서 늘 주눅 들어 있었던 필자에게는 구원 같았다. 데리다를 읽으면서 최소한 눈먼 채로 서구 담론에 속지 않기를, 그리고 서구의 가치에 저항할 수 있기를 희망했다. 어렸을 때부터 지금까지 '저항'은 필자에게는 가장 매력적인 단어다. 아주 어린 여자아이였을 때는 '본능적으로' 반항했고, 십대에는 '이유 없는 반항'을, 독신 여성이 되면서부터는 이유 있는 저항을 했다. 데리다의 저항을 읽으면서, '저항할 줄 모르는 것은 내 삶을 포기하는 것'이라는 필자의 평소 삶의 방식을 정당화하는 정도에까지 이르게 된 것이었다. 그렇다고 해서 필자가 서구의 정신문화에 저항만 한 것은 결코 아니었다. 저항과 동시에 그 누구보다도 무서운 속도로 그리고 깊이 동화도 했다. 저항과 동화, 이 또한 생존을 위한 가장 효율적인 전략임을 데리다를 읽으면서 철저히 확인할 수 있었다.

그렇다면 필자처럼 서구 인문학 전공자도 아니고, 내밀한 계기도 없는 일반 한국 독자들은 왜 데리다를 읽어야 하는가? 대다수 한국인들에게 데리다는 여전히 낯선 사람이다. 그러나 데리다가 누구인지 전혀 모르는 한국인들도 TV 좌담이나 논쟁에서 '이분법적 사고'와 '거대담론'은 바람직하지 않다고 강변하는 것을 보면, 한국인들도 역시 데리다 영향하에 있다. 구조주의를 포스트구조주의로 바꾸고, '언어적 전회' 이후 서구 지성사에서 가장 큰 사건인 '해체적 전회'를 향도한 데리다의 해체를 보다 구체적으로 이해한다면, 서구 인문학 전공자가 아닌 일반 한국인들에게도 데리다 해체의 유용성은 실로 높다. 그 이유는 많다. 데리다가 서구의 주류

사상을 해체하면서 보여준 저항과 이중 전략은 서구 문물에 대한 한국인들의 대응방식이 어떠해야 하는가에 대한 지침이 될 수 있기 때문이다. 또한 박해받았던 유대인으로, 그리고 주변적 사유자로 지금 세계화 또는 보편주의라는 이름하에 교묘하고 강력하게 진행되고 있는 또 다른 형태의 전체화에 저항하는 데리다의 글은 서구 주도하에 회돌이 속 낙엽처럼 급속하게 휘말리는 한국인들의 모습을 되돌아볼 수 있는 계기가 될 것이다. 서구의 많은 포스트구조주의자들의 선언 또한 데리다와 거의 동일하지만, 서구의 이데올로기와 종교 및 철학 그리고 이원구조의 위험성에 대해 데리다만큼 철저하게 폭로하고 세세하게 알려준 서구인은 아직 없다. 이뿐만이 아니다. 데리다는 이분법적 사유를 해체하면서 이것이 수반했던 재앙이 무엇인가를 드러내었다.

그런데 한국은 여전히 이분법적 사유가 그 세를 부리고 있다. 이에 따른 물질적·정신적 낭비가 국력까지 위태롭게 한다. 남한과 북한은 여전히 자본주의, 사회주의 체제로 갈라졌고, 남한 안에서도 보수와 진보로 다시 나뉘어져 있다. 여기에 종교까지 갈등을 가세시킨다. 우리의 상황은 결코 만만치 않다. 이러한 상황에서 우리를 이중으로 옥죄고 있는 모든 강압[1]에 한국인들은 부단히 저항해

---

[1] 굳이 역사책을 읽지 않더라도 눈에 보이고 귀에 들려오는 것만으로도 이 사실은 증명된다. '무궁화 삼천리 금수강산'의 명소와 유서 깊은 유적지에 만개하는 꽃은 무궁화가 아니라, 예외 없이 일본을 상징하는 벚꽃(사쿠라)이다. 벚꽃을 가로수로 심는 이니셔티브를 잡았던 일본을 우리가 그대로 추종하고 있는 결과다. 적지 않은 한국인들은 무궁화는 벌레가 많이 끼어 더럽다고 한다. 이는 사실이 아니다. 한국인들이 엽전이 아니듯. 필자가 외국에서 목격한 무궁화는 '장미 중

야 한다. 그러나 저항만큼 중요한 것은 효율적 저항 방식임을 데리다는 줄곧 강조했다. 저항 방식은 데리다가 증명해준 대로, 이중적이어야 하며, 역사와 전통에 대한 조망과 함께 일상과 현장에 철저하게 밀착되어 이루어지는 섬세하면서도 단호한 결정과 판단, 그리고 행동이어야 한다.

 잘못된 시대와 이에 따른 불의에 고유하게 응대하고 비판하는 것이 지식인들의 절체절명의 책임이며 이것이 제대로 사는 법이고 정의임을 데리다는 강조했다(《맑스의 유령들》). 그러나 적지 않은 우리나라 지식인들은 침묵을 지키며, 심지어 직언하는 학자들을 공소한 국수주의자의 열등의식의 소치라고 비아냥하는 학자들과 미국이나 일본의 이해를 돕느라 자신이 어느 국가 소속인지 불분명한 적지 않은 한국의 고위 공직자들을 보면, 이완용, 민영휘, 이지용, 이근택 등은 죽었지만 그들의 유령은 펄펄 살아 이들의 뇌리

---

의 장미(Rose of Sharon)'라는 영어 이름답게 더없이 탐스럽고 화려했으며 가로수로도 일품이었다. 그 종류도 엄청나다. 많은 붉은 악마들이 Korea 대신 Corea로 표기한 티셔츠와 머리띠를 착용하고 응원에 나섰듯이, 일상 속에서 우리의 정신을 굴절시키려는 모든 기획에 지속적으로 저항해야 한다.
또한 '아자아자' 혹은 '으라차차'라는 좋은 우리말이 있음에도 불구하고, 한국인 모두가 애용하는 말은 틀린 영어 '파이팅(fighting)'(치고받고 싸우다)이다. 그런데 f 발음을 한국인들은 하지 않기 때문에 사실은 '화이팅(whiting)'이라고 외치는데, 이는 민물과의 흰 고기 이름이다. 전쟁이나 경기에서 흰색은 항복을 뜻한다. 다행히 어려운 f(윗니와 아랫입술을 부딪쳐서 내는 무성음) 발음을 매번 낼 때는, 치고받고 부수자라는 뜻이 된다. 말이 씨가 된다. 남과 북, 국회 모두 이제 그만 치고받고 싸워야 되는 것 아닌가.
또한 비용을 거의 들이지 않고 영어를 쉽고 재미있게 배울 수 있는 제도는 없고, 영어로의 종속과 엄청난 국부 유출이 심각하다. 세세하고 구체적인 예증은 다른 지면을 빌려야겠다.

를 사로잡고 있는 것은 확실해 보인다. 데리다의 해체를 철저하게 읽고, 역사가 결국 어느 쪽으로 이동하는가를 이해한다면, 데리다가 강조하는 역사의식과 법고창신이 결코 피상적 구호이거나 무효한 원칙론이 아님을 깨닫게 될 것이다. 엄청난 힘을 몰고 온 데리다 해체는 오로지 법고창신에서 가능했다. 일천한 역사를 살아오면서 너무나 훌륭했던 전통을 제대로 보전하고 건사할 여유가 없었던 우리들이 꼭 기억해야 하는 사실이다. 우리들이 축구 및 야구와 함께 씨름도 관람하며 즐기고, 오페라와 함께 창[2]과 북춤도 즐길 줄 안다면, 그리고 한지와 한과, 녹차를 비롯한 다양한 차들, 한의학, 자개, 국선도[3] 등을 우리 생활 속으로 더 깊이 이입시켜 뿌리를 굳건히 내리게 한다면, 우리는 고유 색깔을 지닌 당당한 세계인의 일원이 될 수 있을 것이다.

잘못된 시대를 바로잡을 것을 데리다가 독려하는 계층은 지식인들만이 아니다. 데리다는 다수의 약자인 서민들에게 더 많은 희망과 힘이 있다고 말한다. 기득권을 쥐고 있는 사람들은 결코 현 체제를 바꾸려 하지 않는다. 이것은 우리 역사에서 더욱 확연하게 증명된다. 독도를 이만큼이나 지킨 것도 그 당시 지식인들이나 국가 고위 공직자나 대통령이 아니라 가난한 서민들이었다. 지금도 그

---

[2] 창을 듣고 한국인들보다 외국인들이 더 감동하는 것을 필자는 두어 번 직접 목격한 바 있다. 그러나 무대의상, 무대배경, 무대연기뿐 아니라, 1인이 서너 시간을 혼자 하는 형식 대신, 오페라의 형식을 도입해 파격적으로 바꾸어야 한다.
[3] 여기에 열거한 것들은 필자가 강한 애착을 지니고 있는 것들이기 때문이지, 다른 이유는 없다. 이것들 외에도 계승되어야 할 것들이 많다고 생각한다.

러하다. 또한 IMF 때 장롱 속에 깊이 넣어두었던 금을 들고 나온 사람들도 서민들이었다. 고위층이나 지식인들이 아니었다. 서민들이 이러한 의식으로 정치인을 뽑는 선거와 사회제도 개선을 위한 과정에서 자신들의 선거권과 구매력을 연합하여 행사한다면 한국의 미래는 참으로 밝을 것이다. 대형 업체들의 중고생 교복 가격 폭리에 오랫동안 시달리던 평범한 한국 주부들이 그동안의 침묵을 깨고 교복 공동구매에 나섰다. 이런 연대로 인해 기존 교복 값보다 30퍼센트 저렴하게 교복을 구입할 수 있게 되었다. 더 많은 주부들이 동참하면, 교복 값은 훨씬 더 내려갈 수 있다고 한다. 우리나라처럼 강대국의 힘에 옥죄어 휘어지는 곳에서 이에 대항할 수 있는 사람들은 국적이 불분명해보이는 고위공직자나 서구 인문학 지식인들이 아니라 바로 서민들이다.

한 양동이의 물로는 대방화를 끌 수 없지만, 수천 명, 수만 명의 서민들이 들고 있는 한 양동이의 물이 한꺼번에 부어지면, 대방화를 진화할 수 있다. 그러나 한 양동이의 물로 큰불을 끌 수 없다고 생각하여 아무것도 하지 않고 묵묵히 바라보기만 했기 때문에 대방화는 부메랑처럼 우리 서민들에게 고스란히 돌아왔고, 이 결과 고위층과 기득권자들의 힘이 더욱 강화되면서, 이에 따른 반국가적 부패는 다소곳하고 말없는 도덕불감증과 밀월을 즐기고 있다. FTA로 인해 우리의 중요한 먹을거리[4]가 송두리째 위태로워지는 것을 막기 위해 서민들이 소리 소문 없이 규모 있는 대응을 한다면 이보다 더 효율적인 방어는 없을 것이다. 데리다가 약자들을 철저하게 보호해야 한다고 주장한 것은 주변적 사유자로서의 단순한 감상이 아니라, 실지로 사회를 변화시킬 수 있는 사람들이 약자와 서민들이라고 확신했기 때문이다.

데리다가 구조주의를 극복하고 해체하기 위해서 구조주의자들의 구조보다 더 정교하고 더 치밀한 구조를 사용했다는 사실은 강국에 옥죄이고 있는 우리의 상황을 벗어나기 위해서는 서구인들보다 더 실용적이며, 더 합리적이어야 하며, 일본인들보다 더 치밀하고, 더 조직적이며, 더 근검절약해야 함을 뜻한다. 한일 국가 대항전 때마다 관중석에서 소리치는 '대한민국'만으로는 혹은 진정성만으로는 어렵다. 또한 눈물주의,[5] 감정주의, 소영웅주의, 순수주의, 축적된 물량도 대책도 없는, 폐쇄된 감정에 근거한 애국심은 결국 우리의 근간을 허물어버린다는 것도 데리다를 철저히 읽으면

---

4 방부 처리해서 몇 달간 냉동시켰다가 수입되는 고기가 싸기 때문에 더 먹을 수 있어 좋다는 생각은 아주 짧은 생각이다. 광우병 때문만이 아니다. 극소수의 예외는 있지만, 이윤을 더 남기기 위해 소, 돼지, 닭들을 얼마나 잔인하게 사육하는지 조금이라도 알면 그렇게 많이, 그렇게 자주, 그렇게 즐거운 마음으로 육류를 즐기지는 못할 것이다. 채식주의자가 되라는 말이 아니다. 우리 축산 농가와 여러 가지 정황들을 생각해가며 먹자는 말이다. 음식은 가장 가까운 곳에서 생산되는 것을 먹어야 한다. 국수주의자이기 때문이 아니라, 가장 중요한 내 몸을 잘 지키기 위해서다.

5 홍콩 배우 성룡이 어느 인터뷰에서 '한국인들은 눈물을 즐기는 것 같아요' 라고 했다. 이는 한국 역사에 대해 깊은 이해가 없는 이방인의 눈에 비친 한국인들의 모습이다. 우리 모두 공식석상에서만큼은 눈물의 양을 줄여야 한다. 자주 울고 있는 우리의 모습이 외국 기자들에게 찍혀 해외로 전송되고, 이 모습을 본 외국인들은 우리들을 어떻게 생각할까? 또 줄여야 할 것은 한국인들의 대표 노래에 박혀 있는 부정적인 말들이다. '동해물과 백두산이 마르고 닳도록', '나를 버리고 가시는 님은 십 리도 못 가서 발병이 난다' 등, 왜 하필이면 '마르고 닳도록' 이며 '발병'이란 부정적인 말을 넣는가. 이런 가사를 오랫동안 국민이 되풀이해 열창한다면 국가의 운명과 한국인들의 심리는 어떻게 조형될까?

깨달을 수 있다. 역사와 현실에서 끊임없이 드러나는 악(선진국들은 예외 없이 약소국가들을 약탈했던 국가들이다), 그리고 이 악에 굴종하는 길만이 자신이 살 길이라고 생각하는 비루한 악에 대해서는 체계 및 구조의 개선, 그리고 연대로 대처해야 한다. 공소한 구원주의는 상황을 더욱 악화시킨다는 사실도 데리다를 읽으면 알 수 있다.

악에 대한 대처, 체계 정립과 제도 개선, 그리고 전통의 계승과 발전,[6] 이 모든 것들은 물질의 축적 없이는 불가능함에도 불구하고 한국은 낭비 일색이다. 담뱃재만 제외하고 모든 것을 버리지 않았다는 프로이트처럼, 데리다의 절약정신은 그의 해체에서도 유감없이 드러난다. 전통과 역사를 철저하게 이용했다는 사실뿐만 아니라, 데리다가 주조한 '차연'과 그가 사용한 단어들은 이미 기존에 있던 것을 약간 개조해서 파격적으로 다른 뜻이 가능하게 한 것이다. 기존의 건물을 다 허물고 새집을 짓는 것이 아니라, 부엌 하나

---

6 대표적인 예로 두 가지를 들 수 있다. 생산되는 막걸리의 7퍼센트만이 한국 전통방식으로 양조되고, 나머지는 일본 주정 제조 방법으로 빚는다. 한국의 훌륭한 전통공예인 자개공예는 2011년부터 국가경연 종목에서 빠졌다. 이렇게 전통을 홀대하는 한국과 달리 1988년 일본은 부산에 거주하는 전용복을 위시해 수십 명에 달하는 자개공예 기술자들을 일본으로 데리고 가서, 수년 동안 체류시키며 일본 정부가 문화유산으로 지정한 전통 연회장인 메구로가조엔의 자개공예를 복원하도록 부탁했다(이곳의 자개공예는 식민지 시절 끌려간 조선 장인의 손으로 만들어진 것이다). 또한 전용복의 복원 기술을 20권이 넘는 방대한 책으로 기록해 보관하고 있다. 어처구니없는 정부 정책과 대책들을 볼 때마다 우리나라 공무원들이 로비의 귀재인 일본인들에게 지속적으로 로비를 당하고 있다는 엉뚱한 망상에 필자는 사로잡히곤 한다.

를 살짝 개조하여, 전혀 다른 아주 훌륭한 집으로 바꾼 것에 비유할 수 있다. 이런 의미에서 데리다의 해체는 저비용 고효율의 혁혁한 예이다. 이사철 때마다, 그리고 평소에 버리는 많은 물건들이 재사용할 수 있는 물건은 아닌지, 당연하다고 생각하는 과외비가 정말 당연한 지출인지를, 첨예한 눈으로, 한국인들의 각도에서가 아니라 독일인들, 유대인들의 각도에서 살펴보아야 한다. 관점의 변화 또한 데리다가 부단히 책려했던 것이다. 제도가 개선되면 현재 국가 기관과 대학교에서 책정되는 예산의 60퍼센트만으로도 충분하다는 것이 필자의 생각이다.

데리다가 드러내었듯이 이원구조가 근거 없는 것이라면 물질과 사람(정신)의 이분법도 근거 없는 것이다. 그러나 한국은 음식,[7] 옷, 전기, 물, 등의 1차적 낭비와 비효율적이고 불합리한 제도로 인한 인재들의 유실[8] 등의 2차적 낭비가 무한대로 반복되면서 3차적 낭비, 즉 우리의 정신과 문화가 사정없이 폄하되고 훼파되고 있다.

---

[7] 지금 한국 대학생들이 열망하는 반값 등록금을 위해서는 6조 원이 필요하다. 그런데 한국인들의 푸짐한 음식문화 때문에 버려지는 음식물을 돈으로 환산하면 20조 원이다. 음식만이라도 우리가 아낄 줄 알았다면, 수많은 한국 대학생들이 공부하기에 최적기인 시간을 최소 임금도 보장되지 않는 아르바이트로 날리고, 결국 빚더미에 앉게 되는 것을 막을 수 있었을 것이다. 물질을 아낄 줄 모르는 사람은 사람(정신)도 아낄 줄 모르는 사람이다. 물질과 정신의 이분법은 없다.

[8] 2010년 노벨상을 받은 일본인은 미국에서 함께 연구했던 한국 과학자들이 무서울 정도로 능력이 출중했다고 회고하면서, 그러나 그들이 한국으로 돌아간 이후 더 이상 학계에서 그들을 볼 수 없었다고 말했다. 잘 정비된 제도가 없는 사회에서는 역량이 뛰어난 개인은 대부분 함몰되어버린다. 이것이 뼈아픈 낭비가 아니고 무엇인가. 물론 극소수의 예외는 있지만, 극소수로는 국가와 사회 발전의 핵이 되는 제도 개선은 불가능하다.

이러한 사실에 국민 대다수가 무감각해지면 이에 따른 대가는 가혹하다. 예의와 법도를 가장 중히 여겼던 우리가 예의와 법도의 멸절은 물론 나라를 배각하는 수없이 많은 고위층과 지식인들을 목격하지 않으면 안 되었고, 그토록 가족애를 중시하는 우리가 60년이 지나도록 가족조차도 만나지 못하는 사람들이 아직도 수십만 명에 이르는, 역설보다 더 역설적인 이 역설의 원인이 무엇인지를 이제는 알아차려야 한다.

 이분법이 데리다 해체에 의해 근거 없는 것이라고 밝혀졌다면, 우리의 존재 자체를 박탈하는 모든 부조리와 악에 대처하는 전략 또한 이중적이어야 한다. 이원구조에 근거한 이데올로기와 종교, 흑백의 사고로부터 탈피, 흑과 백이 아닌 회색지대가 얼마나 복잡하고 다양한가에 대한 철저한 인식과 함께, 사람과 물질을 극진히 아끼며, 우리의 전통과 언어를 옹골차게 건사하는 동시에 선진 문물을 취사선택해서 철저하게 섭렵하는 것이다. 데리다 해체가 드러내는 저항은 역사적 조망과 함께 전통과 현장에 철저하게 밀착되어 이루어지는 이중적 전략이다. 이를 그는 '두 개의 비전으로, 두 개의 손으로 쓴다'고 표현했다. 이러한 데리다의 해체 전략 방식을 기억한다면, 물질 너머에 있는, 물질보다 더 중요한 것들은 물질의 축적 없이는 불가능하다는 것, 평화는 오로지 대항불가의 축적된 거대한 물량과 이를 가공할 만한 폭력으로 전환하는 기술을 가진 자들만이 누리는 특권이라는 것, 한국이 농축근대화로 이룬 성과에 섬세한 정신을 접목하는 것, 자유방임 자본주의에 사회주의 가치를 어느 정도 융화시키는 것 등, 모든 것과 모든 상황을 이중적으로 보고, 이중적으로 대처할 줄 알아야 한다. 비정한 자유방임 자본주의를 잉태시킨 합리주의와 날개 달린 천사로 상징되는 무한 박애와 순수정신주의, 사무라이의 검과 국화, 알토란같이 자국을 챙기고 건사하는 이들의 전혀 다른 두 얼굴이 우리에게 주는 메시지는 이중적 전략이 가장 효과적인 전략이라는 데리다 해체가 전하는 메시지와 상응한다. 데리다는 모든 체계와 제도는 허구(유령성)라고 말한 그 누구보다도 자유로운 정신의 소유자이지만, 동시에 체계와 제도 개선 없이는 아무것도 할 수 없다는 사실을 강조하면서 끊임없이 체계와 제도를 수정해야 한다는 데리다의 이중적 관점은 체계와 제도 수정에 유달리 취약한 우리[9]가 반드시 기억하고 실천해야 할 사항이다.

## 2. 데리다를 어떻게 만났는가?

2001년이 안식년이었다. 나는 오랫동안 머물렀던 워싱턴대학으로 갈 것을 결정했고, 박사논문 지도교수 헤저드 애덤즈 교수에게 간다고 편지를 보냈다. 그런데 애덤즈 교수로부터 답장이 오기를, '시애틀에서 네가 만나야 할 학자는 이제 없다. 캘리포니아주립대학 어바인 캠퍼스로 데리다가 4월에 가니, 그리로 가서 그를 만나보고 대화를 하라'는 내용이었다. 그래서 어바인으로 갔고 거기서

---

[9] 왜 우리가 이 점에 이토록 취약한 이유에 대한 설명은 다른 지면을 빌려야겠다.

데리다 교수를 만났다.

필자는 약속한 시간에 그의 연구실로 찾아갔다. 먼저 내가 '서양인으로는 마리아 칼라스와 교수님을 제일 존경하는데, 그중 한 분을 이렇게 직접 만나게 되어 정말 기쁩니다'라고 하자 그는 '전혀 안 어울리는 한 쌍이군'이라고 대답했다. 국내에서 펴낸 그에 관한 책 두 권을 그 앞에 놓았다. 그러자 그는 갑자기 두 손으로 머리를 꽉 잡고서는 아주 빠르게, '아, 난 이 책을 읽을 수 없다'라고 하며 무척 안타까워했다. 단지 세련된 연기(그는 몇 번 카메라 앞에 선 경험이 있다)를 하고 있었는지, 아니면 정말 그가 진심으로 그렇게 안타깝게 생각했는지 그건 모른다. 어쨌든 글자가 그리고 글이 무엇인가에 대한 그의 사유가 전 유럽과 미국을 뒤흔들었고, 그리고 글자로 쓰인 그 어떤 글도 고양이가 쥐 다루듯 하는 그가, 그만 한글로 된 필자의 글 앞에서는 속수무책으로 매우 난감한 표정을 지었다. 그러나 그는 재빨리, 두 권을 합치면 거의 1,000쪽이 넘는 필자의 졸저 두 권을 지독히도 빠른 속도로 일견하고서는, 2초도 되지 않아 조이스에 대한 그의 비평문을 번역한 부분을 찾아내고는, '아, 이건 조이스에 대한 것이군'이라고 했다. 그러고는 한글을 읽을 수 없으니 내용을 칭찬하거나 언급할 수 없다고 생각해서인지 그는 눈으로 확인할 수 있는 책 디자인을 칭찬했다. '책 디자인이 정말 예쁘다'라고 해서, '두 권 중 한 권은 내가 직접 한 것'이라고 일러주었다. '무엇을 뜻하느냐'고 물어서 이야기를 자연스럽게 끌고 갈 수 있는 소재가 생겼다는 생각에 내가 직접 디자인한 책의 표지에 대해 설명했다. '이 사진은 체코 화가(스텐니스라브 드보르

스키)가 슈베르트의 현악 4중주 D 단조 작품 14번을 그림으로 나타낸 것입니다. 이 슈베르트 곡의 또 다른 이름은 〈죽음과 소녀〉입니다. 교수님이 깊은 유대감을 가지고 있는 베케트가 가장 좋아했던 음악입니다. 지금 이 그림에도 소녀는 죽어 있습니다. 이 그림의 가장자리를 사각의 틀을 두 번 넣어, 이중으로 폐쇄의 틀을 이 책 표지에 넣은 것은 미-장-센, 즉 틀 속의 틀, 폐쇄 속의 폐쇄를 나타내기 위한 것으로 제가 디자인해서 출판사로 넘긴 것입니다.'

'아, 그랬군.' 데리다의 대답이었다. 나의 설명을 듣는 동안 데리다의 집중력은 무서운 것이었다. 그의 눈에는 보일 듯 말 듯한 미소가 잠시 일어나더니 곧 사라졌다. 자꾸 초라해지는 나를 추스르기 위해 나는 안 해도 되는 말을 하고야 말았다. '교수님께서 4라는 숫자에 특별한 의미를 부여(이 책 222~5)하고 계시기 때문에, 앞으로 두 권을 더 써서 교수님에 대한 제 책이 모두 네 권이 되게 할 것입니다'라고 하자, 그는 총알보다 더 빠르게 '요즈음에는 7에 각별한 의미를 부여하고 있다'라고 하는 것이 아닌가. '왜 7입니까?' 하고 묻자, '그냥 난 늘 숫자학(numerology)에 관심이 많아서' 하고는 그의 눈동자만이 햇살에 반짝이는 미세한 파도처럼 반짝일 뿐, 자세하고 구체적인 설명을 할 기미를 전혀 안 보이는 것이었다. 혹을 떼려다 혹 하나를, 아니, 혹 세 개를 더 붙인 격이 되었다. 잠시 침묵이 흐르는데, 데리다의 눈에는 이제는 꽤 강도 높은 미소만 나타났다가 사라질 뿐, 답을 가르쳐주지 않았다. 왜 답을 가르쳐주지 않느냐고 따질 수도 없어, 주로 그 당시 구상하고 있었던 책과 하고 있었던 번역에 대해 여러 가지 질문을 했으나, 질문 중

두 개만을 제외하고는 미소로만 답하거나, '나도 모른다'고 할 뿐 정확한 설명을 주지 않았다.

그러나 첫 번째 대면은 이것으로 족하다는 생각에 그의 연구실을 떠날 준비를 했다. 이 대학자에게 무슨 말을 해야 할까를 생각했다. 유대인이라는 이유로 이미 10살 때 혹독한 모멸의 말을 들으면서 학교에서 느닷없이 쫓겨났고, 수백만의 유대인들이 학살되는 현실을 견디며 살아남아 그 학살의 원인이 되었던 이데올로기의 근간을 해체시킨, 이 위대한 사람에게 무슨 말로 존경과 위로를 표시할까 하고 잠시 생각했다. 누구든 자기가 성심을 다해 하는 일을 오해하거나 중상모략 당할 때처럼 가슴 아픈 일은 없을 것이다. 그래서 제법 또렷한 소리로, '수많은 구미 학자들이 교수님을 언어유희에나 탐닉하는 데카당이고 철학의 종말을 고하는 허무주의자라고 오해를 하고 있지만, 저는 처음부터 교수님을 오해하지 않았습니다. 교수님의 책 몇 권을 읽어보니, 교수님이야말로 서구 인문학에 대해 가장 진지하게, 그리고 가장 솔직하게 성찰하고 있다는 것을 알 수 있었습니다'라고 했다. 그랬더니 그는 고개를 갑자기 떨구고는 들릴락 말락한 소리로 '그러려고 노력한다'라고 답하는 것이었다. 자기만족이나 아니면 지극히 의례적으로 할 수 있는 말, '아, 정말 고맙다'가 아니었다. 들릴 듯 말 듯한 소리로 고개를 약간 숙이고 한 말, '그러려고 노력한다'라는 지극히 겸허한 이 말 속에, 막 70세를 넘겼지만 아직 못다 한 노력을 더하고 싶다는 그의 염원을 느꼈다면 필자의 상상이 과람한 것일까? 많은 말들이 오고 가는 도중에 그는 시종 따듯했고, 예민했고, 조용했고, 진지했고,

정확했으며, 눈에 보일까 말까 한 미소가 여러 번 나타났다가 사라지곤 했다.

내가 연구실을 떠나려고 자리에서 일어섰을 때, 데리다 교수가 나에 대해 무슨 말을 잠시 했지만 그 내용은 여기서 밝히지 않는다. 그리고 그의 세미나가 어바인에서 끝난 후 파리에 가서 계속 강의를 더 듣고 싶다고 했을 때도 그는 정말 흔쾌히 초청편지를 써 주었고, 필자는 파리에 가서 그의 강의를 또 들을 수 있었다.

데리다의 공식 사진을 보면 그는 흰 피부, 큰 눈, 자신만만하고 여유 있는 미소를 가진 영락없는 프랑스 지식인이다. 그럼에도 불구하고 데리다를 직접 만나기 전, 데리다의 사진을 어쩌다 볼 때 그에게서는 다른 서구인들이 불러일으키는 거부감이나 거리감이 느껴지지 않았다. 그 이유가 무얼까 잠시 궁금해했던 적이 있었다. 그런데 데리다를 직접 만나보니 최소한 한 가지 이유는 알 수가 있었다. 필자의 피부색에 비하면 데리다의 피부는 검었고, 그의 뺨은 필자의 뺨보다 훨씬 더 높게, 더 넓게 발달되어 있었기 때문에 피부색과 뺨과 광대뼈의 발달 정도만을 따지면 필자가 백인이고 그가 동양인이라고 해야 할 정도였다. 거기다가 자주 데리다는 무언가 생각할 때 빈번히 실눈을 뜨는 버릇이 있었는데, 이럴 때 그는 그 어떤 동양인보다도 더 동양적이었다. 데리다의 입장이나 전략이 철저하게 이중적임은 이미 잘 알려진 사실이다. 이중적 논리, 두 개의 손으로 쓰고, 두 개의 머리로 읽으며 데리다는 자신은 신비주의자인 동시에 계몽주의자라고 하지 않았던가. 그런데 그의 얼굴도 기이할 정도로 이중적이었다. 그의 얼굴 정면은 동양인의 모습을, 옆

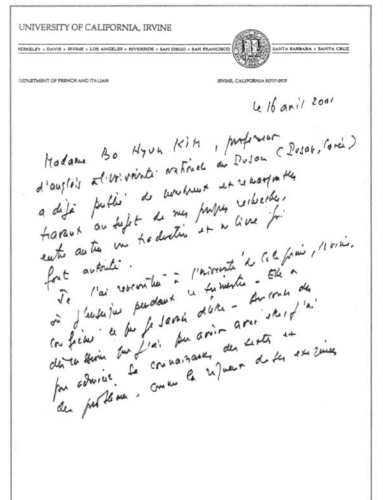

데리다 교수가 저자에게 직접 보낸 초청편지

모습은 서양인의 모습을 번갈아가며 보여주고 있었다. 데리다가 구조와 언어의 공성을 그렇게까지 강조하는 점에서는 지극히 동양적이지만, 그럼에도 불구하고 오로지 글쓰기로만 승부해야 한다는 점을 강조하는 것, 불립문자를 몽매주의이자 최악의 폭력으로 간주하는 것을 보면 지극히 서양적인 사람이다. 이 또한 얼핏 생각하면 이중적 입장에서는 모순인 것 같지만 자세히 내막을 읽어보면 영악하기 이를 데 없는 전략임을 알 수 있게 된다.

    필자는 데리다를 한국에 초청하고 싶다는 생각을 전혀 하고 있지 않았다. 사실 애덤즈 교수의 권고가 아니었다면, 데리다를 만날 생각도 하지 않았을 것이다. 그러나 한국의 어느 교수가 데리다에게 한국을 방문해달라는 부탁을 해보라고 여러 번 요청한 적이 있다. 그의 청을 전적으로 거절할 수 없어 파리를 떠나는 며칠 전, 데리다에게 '한국에 있는 동료 교수가 교수님께 한국에 한 번 와달라는 부탁을 해보라 했다'라는 말을 하자, 그는 일말의 주저 없이 '정말 꼭 가보고 싶다. 그러나 이미 많은 약속이 되어 있어, 내년 말 정도에 방문할 수 있을 것이다'라고 했다. 그러나 한국에 올 수 있을 것이라고 말했던 2003년 말에 이미 그는 췌장암으로 힘든 투병을 하면서 죽음의 문턱에 있었다.

우리가 살아가면서 느끼는 가장 괴로운 것을 두 가지로 압축할 수 있을 것이다. 그것은 우주에는 우리가 이해할 수 있는, 혹은 우리가 원하는 질서가 없다고 느낄 때와 시간이라는 괴물이 날카로운 금속성의 소리를 내며 시시각각 나를 할퀴고 내 몸과 마음을 서서히 무너뜨리지만 속수무책으로 당할 수밖에 없다고 느낄 때일 것이다. 그래서 많은 사람들이 종교에 귀의하고 철학에 심취하는 것인지도 모른다. 그러나 데리다라는 대학자와 이런저런 이야기를 나누었던 그 순간만큼은 필자는 이상하게도 구원 같은 평화를 느꼈다. 2001년 4월의 내 일기에는 이렇게 적혀 있다. '데리다 교수님의 까만 책가방[10]을 내려다보며 어바인 캠퍼스를 걷고 있을 때, 우주에는 질서가 있었고 시간은 부드럽게 머물러주었다.'

---

10 그의 가방 한쪽 옆 지퍼에는 빨간 리본이 늘 달려 있었다. 어바인에서도, 파리에서도 그랬다. 그 이유를 묻고 싶었지만 결국 묻지 못했다. 그러나 늘 음악이 필자의 주된 관심사이기에 '무슨 음악을 좋아하느냐'고 물었더니, '단순한 유대 민속음악'이라 대답했다.

## 3. 데리다의 삶

데리다는 '호랑이를 잡으려면 호랑이 굴로 들어가야 한다'라는 우리의 속담이 주는 교훈을 철저하게 실천한 사람이다. 데리다는 서구의 전통을 비판하기 위해 서구의 전통을 수호하는 제도 교육권 안으로 들어갔으며, 서구 전통에 기반한 모든 담론 안으로 깊이 잠수해서 서구 전통과 전통적 담론들을 해체했기 때문이다. 이를 다른 층위에서 설명하면, 언어와 구조의 한계를 지적하지만, 언어와 구조 안에서, 그리고 언어와 구조가 만드는 모든 개념과 정면으로 맞붙어 진검승부를 벌였다는 말이다.

그러나 데리다가 제도권으로 진입하는 것은 처음부터 쉽지 않았다. 첫 번째 이유는 그가 유대인이었기 때문이었다. 1930년 7월 15일 프랑스 식민지였던 알제리의 엘-비아르에서 태어난 데리다가 초등학교를 끝마칠 무렵인 1940년과 1941년 알제리는 독일군에게 점령되어 있었다. 당시 알제리에서는 학교마다 '페탱 원수'의 교시를 따르는 행사가 시행되었다. 매일 아침 '페탱 원수님께 경례'를 해야 했고, 원수님께 편지와 그림 보내기를 했으며 조회 때마다 학교의 수석 학생이 군기 게양을 했는데, 데리다는 학교 수석이었음에도 불구하고 유대인이라는 이유로 2등을 한 학생에게 게양 의식을 할 수 있는 영예를 뺏긴다. 물론 데리다의 형과 누이는 이미 학교에서 쫓겨난 상태였다. 그리고 1940년 벤 아크눈 국립 중고등학교에 6학년으로 진급했지만, 개학 첫날 학교에서 쫓겨난다. 《그림엽서》(1980)에 이 상처가 기록되어 있다. '꼬마야, 아주 귀엽고 상냥해 보이는구나. 집으로 가렴. 그리고 다시는 학교에 오면 안 된다. 알았지?' 이 학교의 교장 아르디는 한 학급에 유대인을 허용하는 비율이 14퍼센트이었음에도 불구하고, 히틀러에 대한 대단한 충성심으로 이를 7퍼센트로 내렸다. 41명이 정원이었던 학급에서 7퍼센트라면 2.87명이어서, 3명의 유대인 학생이 허락될 수 있었지만, 2명으로 더 낮추는 바람에 데리다에게 등교 정지 처분이 내려진 것이다.

반유대주의가 유례를 찾아볼 수 없을 정도로 극심했던 때였다. '프랑스 문화는 유대인 어린아이들에게는 맞지 않다'는 말이 공공연하게 배포되었고, 어린아이들에게조차 신체적·언어적 폭력이 비일비재했던 시기였다. 한 인터뷰에서 데리다는 학교에서 이유 없이 쫓겨났던 것보다 더 괴로웠던 것은 대낮 길거리에서도 '이 더러운 유대인'이라는 말과 함께 수시로 여러 사람들로부터 구타를 당했던 일이며, 이런 이유로 그는 유대인 차별주의와 모든 인종차별주의에 매우 민감하고 예민해졌다고 술회했다.

졸지에 쫓겨난 데리다는 1943년 봄, 알제리 대성당 뒤, 공직에서 쫓겨난 유대인 교육자들이 설립했던 에밀-모파 국립고등학교에 등록한다. 그러나 데리다는 거의 학교를 나가지 않았다.

1943년 10월 '쌍두 정부'(드골-지로) 체제하에 정치적 상황은 정상화되었고, 1944년 데리다는 벤 아크눈 국립 중고등학교로 다시 입학한다. 이때 그가 가장 몰두했던 것은 축구였다. 이 시기를 데리다는 부랑아 시절이었다고 회상했지만, 유대인이라는 이유로 느닷없이 닥친 충격과 상처를 치유하는 데에는 매일 사위가 어두

워질 때까지 축구에 열중하는 것만큼 좋은 처방은 없었을 것이다. 그는 직업적인 축구 선수가 되기를 꿈꿨다.

얼마 후, 데리다는 축구 선수가 아니라 북아프리카를 떠나 파리의 학생이 되어 있었다. 그러나 1947년 6월 대학입학시험에 낙방하면서 불면증에 시달리게 되고 은둔생활을 한다. 이때 루소, 지드, 니체, 발레리, 카뮈를 집중적으로 읽으면서, 자신이 쓴 시를 북아프리카 어느 작은 잡지에 기고하고 발표한다. 훗날 이 시를 두고 겸손하게 '부끄러운 시'라고 자평했다. 1948년 고등사범학교 준비를 위해 뷔고 국립학교 문과 상급반에 등록하고 전공을 철학으로 하고 교직에 몸담고 지극히 평범한 삶을 살겠다는 결정을 한다. 그러나 1949년 고등사범학교 시험에 낙방하고 1950년 계속 루이즈-르-그랑의 고등사범학교 준비반에 있었다. 이때 건강 악화로 기숙사를 떠나 라그랑 가에 방을 얻어 혼자 생활하다가 신경쇠약 불면증으로 수면제와 뇌신경중추를 흥분시키는 암페타민을 복용해 이 부작용 때문에 시험 응시를 포기한다.

그러나 두어 번의 낙방을 맛본 후, 19살이 되던 해 데리다는 고등사범학교에 입학하여 학업을 마친다(1952~1956). 여기서 잠시 동안 푸코의 강의를 듣게 된다. 《후설 철학에서 생성의 문제》라는 논문을 썼고, 1956년 교수자격시험에 합격한다. 세계 인문학사에서 큰 호랑이가 될 새끼 호랑이가 마침내 학계에 첫발을 내딛은 것이다. 1956년에는 하버드대학에서 받은 장학금으로 후설의 현상학을 더욱 깊게 연구했으며, 1961년에는 《후설의 기하학 기원에 관한 서론》으로 프리 카바이예스라는 영예의 상을 받는다. 이 사이

1957년, 마그리트 오쿠튀리에(심리학 박사)와 결혼해 아들 피에르와 장을 두게 된다. 그리고 1960년 초기, 데리다는 《크리티크》와 아방가르드 잡지 《텔켈》에 가담한다. 《텔켈》은 모택동 사상, 초현실주의, 그리고 언어의 물질성, 소리, 리듬, 그리고 다의미를 탐색하는 실험적 글쓰기를 지향했던 전위적인 출판사였다. 그러나 얼마 안 가 데리다는 이 그룹이 지녔던 이념에 동의할 수 없었기 때문에 몰래 탈당하고 거리를 유지했다. 솔레르와의 우정도 결렬되었다. 데리다의 글쓰기가 지극히 실험적인 한 가지 이유는 이때의 영향이다.

데리다는 유수의 대학에서 가르쳤다. 소르본대학(1960~1964), 고등사범학교(1964~1984)를 거쳐, 1984년부터는 고등사회과학연구원의 학장으로 봉직했다. 1970년대부터 그는 미국의 뉴욕대학, 예일대학, 스탠퍼드대학, 캘리포니아주립대학 어바인 캠퍼스에서 정규적으로 일 년에 한두 번씩 5주 동안 강의하면서 자신의 입장과 글쓰기를 세계적으로 확산시키는 발판으로 삼았다.

1966년은 데리다 해체의 원년이 되는 해였다. 이해 데리다는 미국 존스홉킨스대학에서 열린 대규모 학술회의에 참석한다. 유럽의 구조주의를 미국학계에 소개하는 것이 목적이었던 그 학술회의에서 〈인문학 담론 속의 구조, 기호 그리고 유희〉(《글쓰기와 차이》 10장)를 발표함으로써 구조주의를 해체한다. 구조주의 학술회의에 데리다가 들고 들어간 이 논문은 트로이의 목마였다.

1967년 데리다는 세 권의 책 《글쓰기와 차이》, 《그라마톨로지》, 《목소리와 현상학》을 동시에 발표함으로써 서구 아카데미아 최고의 학자로 부상한다. 프랑스에서는 유명 작가 혹은 철학자들은 마치 팝스타처럼 대중들의 주목을 받는다. 데리다는 팝스타처럼 《유령의 춤》(1982), 그리고 비디오 아티스트 게리 힐의 《교란》(1987)에도 출현한 바 있다. 이 이후에도 자신의 다큐멘터리 두 편, 《다른 곳에서, 데리다》(1999)[11]와 《데리다》(2002)[12]에도 출현했다. 데리다의 인기는 영화에서만 국한된 것이 아니었다. 1986년에는 건축가 피터 아이젠만과 함께 공원 설계에 동참한다. 루브르 박물관의 눈멂에 대한 기획전을 조직했을 뿐만 아니라, 미술에 관한 그의 저서 《눈먼 자들에 대한 기억들 : 자화상 그리고 다른 폐허들》(1990)도 펴냈다. 또한 1997년에는 라 빌레트 재즈 페스티벌에도 참석한다.

그러나 중요한 사실은 1968년 5월에 일어난 '68혁명'을 바라보면서 데리다는 대학이라는 제도권 안에서 시대를 역행하는 가장 보수적인 세력들의 분노와 재반격에 주목하게 되었으며, 이때부터 교수라는 직업에 보다 가시적으로 '전투적' 형태를 부여해야겠다는 결심을 한다. 소수그룹이나 소수민족에 대한 관심은 그가 유대인으로써 받은 경험들이 계기가 되었을 것이다. 그러나 이러한 이유보다도 더 큰 동기는 그의 천성이나 기질에서 찾아볼 수 있을 것이다. 그 어떤 부조리와 불의를 목격해도 자라목이 되거나, 내전보살로 가득 채워지는 이 거친 세상에서 세상과 정의를 위해 용감하

---

11 사파 파티가 감독한 다큐멘터리.
12 커비 딕과 에미 코프만이 감독했다.

게 투신한다는 것은 천부적인 재능과 축복이 아니면 불가능한 일이 아니던가. 어쨌든 '68혁명'을 계기로 그는 1974년 '철학교육연구회'[13]를 결성하게 된다. 프랑스의 '68혁명'이 혁명론과 자연주의적 유토피아에 대한 환상을 통해 인위적인 체제를 전복하려 했다는 점에 대해서는 데리다도 심정적으로 동조했지만, 그 실제적인 전략에는 동의할 수 없었기 때문에 거리를 유지했다. 혁명은 그렇게 쉽게 오는 것이 아니다. 실질적 전략과 축적된 물량이 필요한 것이다. 진정성 하나만으로는 사회적·정치적 제도의 변화는 오지 않는다. '68혁명'은 데리다에게 적극적인 현실 참여를 전투적으로 해야 한다는 사실을 각성시켜준 사건이다.

1980년 데리다는 50세가 되어서야 소르본대학에서 국가 박사학위를 받았다. 이후 그는 적극적으로 현실에 참여한다. 1981년 탄압받는 체코 지식인들을 돕기 위해 얀위스 협회를 창설하고, 프라하에 가서 여러 날 지하 세미나를 고무한 후 프랑스에 돌아오려다 공항에서 체포된다. '마약 소지 및 운반'이라는 혐의로 구속되고 감옥에 갇히지만, 미테랑 대통령과 프랑스 정부의 적극적인 중재로 풀려나면서 데리다는 체코로부터 추방된다. 그의 현실 참여는 꾸준히 계속되었다. 동시에 남아프리카공화국의 인종차별주의 철폐를 위한 여러 가지 모임을 적극적으로 주도하기 위해, 미술전을 기획하고 문화기금 창설을 조직했으며, 넬슨 만델라를 위한 작가협의회를 구성했으며(1983), 프랑스에 살고 있는 소수민족들의 권

---

13  Groupe de recherches sur l'enseignement philosophique (약자로 Greph).

리보호를 위해 앞장서기도 했다. 말년에는 사형제 폐지를 위해 동분서주했다. 완벽한 정의와 법이 없는 이상, 사람의 목숨을 끊을 수 있는 절대적인 벌도 있을 수 없다는 것이 그의 입장이다. 역사와 현실에 대한 데리다의 관심은 서양에만 국한된 것이 아니었다. 인권과 사형제 철폐를 위해 중국도 서너 차례 방문했으며, 한국에 끼친 범죄에 대한 일본의 사과는 제대로 된 사과가 아니라고 말하기로 했다.[14]

데리다의 명성이 정점에 올랐을 때 하나의 사건이 터진다. 1987년《뉴욕 타임스》는 폴 드 만이 1940~1942년 사이 벨기에서 발행된 나치 신문《르 스와르》에 약 170개의 글을 기고했는데, 이 중에 몇 개의 글은 친나치, 반유대주의를 표방했다는 사실을 밝혀냈다. '유대인 식민지를 유럽으로부터 소외시킴으로써 유대인 문제를 해결하는 것은 서방의 문학적 삶에 그 어떤 슬픈 결과도 초래하지 않을 것'이라고 쓴 드 만의 글을 통해 결국 드 만이 유대인 수용소 설립을 옹호했다는 사실이 폭로된 것이다. 이뿐만이 아니다. 하이데거가 일시적으로 나치에 가담한 것이 아니라, 1933년에서 1945년까지 줄곧 당원회비를 낸 골수 나치당원이었음도 밝혀졌다. 그동안 데리다를 늘 못마땅하게 생각해오던 진영의 사람들은 이러한 사실이 데리다를 공격할 수 있는 좋은 빌미가 될 수 있다고 생각했다. 데리다의 사유가 하이데거로부터 영향을 받았고, 드 만은 데

---

14 Jacques Derrida, *Foi et Savoir suivi de le siecle et le pardon: Entretien avec Michel Wieviorka*, Paris: Éditions de Seuil, 2000, 107.

리다의 해체를 문학비평에 응용하여 미국에 확산시킨 사람이었기 때문이다. 이러한 상황에 데리다는 자의 반 타의 반으로 《드 만을 추모하며》(1988)를 썼다. 요약하면, 드 만이 그런 글을 쓴 이유는 그가 20세를 갓 넘긴 청년으로 세상에 대한 경험과 이해가 많이 부족했기 때문이며, 글을 쓰는 것 이외에는 생계를 꾸려가기가 매우 막연했다는 사실과 그리고 드 만의 글에서 문학을 지키려 했던 문학 지망생으로서의 고뇌를 함께 읽어야 한다는 것이다. 하이데거에 대해서도 하이데거가 철학사에 공헌한 사실을 그의 행적 때문에 지워버리거나 폄하할 수 없다는 취지의 글을 발표한다. 나치에 가담했던 드 만과 하이데거를 이해하고 용서를 하는 것은 나치즘의 피해자였던 데리다의 진정한 힘이고 미덕이지 결코 데리다를 비방할 이유가 될 수 없다. 그러나 데리다를 반대하는 사람들은 드 만과 하이데거의 과거 행적이 밝혀졌음에도 불구하고 데리다가 드 만과 하이데거를 비방하지 않고 옹호했다는 사실에 분노했다. 데리다의 특이한 글쓰기로 드 만을 너무나 잘 옹호했으며, 그런 글쓰기라면 히틀러도 반유대주의에 대해 갈등을 느꼈던 것처럼 설득할 수 있을 것이라고 분개했다.

    데리다에게 예리한 아픔을 주었을 또 하나의 사건이 터진다. 1479년부터 영국의 명문 케임브리지대학은 뛰어난 인물에게 명예학위를 수여해왔다. 1992년 3월 21일, 케임브리지대학의 위원회는 그해 영예의 상을 수여할 사람을 결정하기 위해 모였다. 이는 물론 요식행위에 불과한 것이다. 29년 동안 이 영예의 상을 타기 위해 뽑혀진 사람을 선거 당일 탈락시키거나 반대한 적이 없었기 때문이다. 그러나 데리다에 대해서는 위원들 중 네 사람이 '불만족'을 표시했으며, 이들은 《문학적 역사》의 편집인인 헨리 어스킨-힐, 영문과 교수인 란 잭, 철학과 교수인 데이비드 휴이 멜로, 그리고 앵글로-색슨 문화 전공 교수인 레이먼드 페이지였다. 이들은 데리다가 과연 케임브리지대학이 부여하는 영예의 상을 받을 자격이 있는지 투표에 붙이자며 케임브리지대학 당국을 압박했다.

그들이 이의를 제기한 이유는 다음과 같다. 데리다가 어느 학문 분야에 소속되는지가 명확하지 않다는 것이다. 명예학위를 받도록 추천한 교수들은 주로 영문학과 교수들이었는데, 데리다는 무엇으로 보나 철학 전공자이니 혼란스럽다는 것이었다. 케임브리지대학 교수들은 데리다의 사고나 방식, 표현이 부적절하며, 기분 나쁘고 전복적이라는 점이 못내 못마땅한 것이었다. 앵글로색슨의 피를 이어받은 케임브리지대학 교수들은 '프랑스 철학은 국가 공무원, 정신적 지도자, 그리고 패션에 따라 운영된다. 영국 철학자들이 볼 때 정확성과 견고함 그리고 힘의 척도가 프랑스 철학에는 없다' 라고 하는가 하면, '요즈음 많은 사람들이 "이론"에 대해 이야기하는데, 그건 철학자들이 관여하는 부분이 아니다. 대체 데리다는 어떤 종류의 글쟁이란 말인가? 실패한 이론가? 이것도 아니라면, 대체 그는 무어란 말인가?' 라고 힐난했다. 데리다에 대한 비판은 이제는 정치적 층위로까지 번진다. '우울한 함의가 들어 있는 부조리의 학설이다. 이는 위험하기 짝이 없는 비합리적 이데올로기라는 무기로 대항하면서, 우리의 온건한 마음을 박탈해버린다.' (데이비드 멜러 교수 외 일동—반 데리다 전단지 중에서) 또, '그의 사유를 허무주의라고 하는 것은 그의 사유를 지적이라고 평하는 것만큼이나 극구 칭찬하는 것이다'(철학지 《더 모더니스트》 편집인인 베리 스미스 교수가 《타임스》에서 밝힌 말). 즉 허무주의라고 평하는 것도 데리다 담론에 대한 지나친 칭찬이 된다는 뜻이다. 《타임》에 보낸 편지에서 데리다를 이렇게 기소했다.

데리다 씨[15]는 자신을 철학자라 한다. 하지만 그의 영향력은 기이하게도 철학이 아닌 전적으로 다른 분야에 끼치고 있다. 전 세계에 걸쳐 명실공히 유명 대학 철학과에서 연구하고 있는 철학자들이 볼 때, 데리다 씨 작업의 철학적 명증성과 논리성은 기존 수준에 미치지 못한다. 데리다 씨의 글 대부분은 공들인 농담과 풍자가 차지하고 있다. 데리다 씨는 테러리스트이거나, 아니면 시인들의 특이한 속임수와 사기 비슷한 것을 학계에 옮겨 놓는 것으로 그의 경력을 쌓아가고 있다고 해도 과언이 아닐 것이다. 수많은 프랑스 철학자들은 데리다 씨의 어릿광대적인 익살로 인해 작금의 프랑스 철학이 조롱의 대상이 되었다는 인상을 확산시켰기 때문에, 당황한 나머지 침묵을 지키고 있을 뿐이다. 데리다 씨의 엄청난 양의 글들은 우리가 볼 때 학계의 학문적 규범과 양식을 벗어나 있어 인지할 수 없는 것이다. 무엇보다도 그의 문체는 이해가 불가능하다. 노력 끝에 모든 것이 분명하게 드러났을 때, 통일성을 가진 그의 주장은 진실이 아니거나 하찮은 것이다.

---

15 물론 상대방을 씨(氏)라고 부르는 것은 공손한 어법이다. 그러나 대학자에게 교수라는 명칭을 쓰지 않고 '씨'라고 호칭하는 것은 아주 교묘하게 데리다를 모멸하는 어투이다.

이는 베리 스미스와 〈철학을 위한 국제 아카데미〉 동문 18명 일동이 리치탠스탠에서 5월 6일에 쓴 탄핵이었다.

로마인의 기질로 상업과 자본주의를 잉태시켰고, 경험주의와 실증주의를 발전시키고 세계를 제패한 앵글로색슨의 피는 현상 세계와 학계의 현존 구도와 질서의 안온함을 흔드는 데리다의 사유와 이의 영향력에 몹시도 불안했던 것 같다. 그들은 데리다가 엉터리 문인 정도이기를 바랐다. 그런데 데리다의 어릿광대적인 익살과 농담이 오랜 세월 동안 지켜온 학계의 위상과 철학에 그토록 큰 위협이 되었다면, 이는 단순한 익살, 농담과 허구적 유희가 아님을 스스로 반증하는 것이 아닌가?

반反데리다 진영에서 날아온 총알에 데리다 지지자들도 맞대응을 했다. '전통주의자들은 권위라는 것을 등에 업고 데리다를 비판했지만, 그들의 논지는 지극히 미미한 것에 불과하다. 그들은 기존 체계에 대해 비판할 수 있는 가능성 자체를 거절하고 있는 것이다. 기존 체제, 그리고 그들의 입장이란 철학적이지 못한 것이다.' (조나단 레이)

이렇듯, 기존 체제에 동승(편승?)하면서 세계 최고 명문대학들의 철학 교수들은 데리다가 철학하는 방식은 철학적 명증성과 힘이 없으며 기껏해야 재주 있는 사기꾼이라고 몰아붙였고, 데리다를 옹호하는 쪽에서는 데리다를 비판하는 사람들의 사고야말로 철학적이지 않다는 공방전이 벌어진 가운데, 1992년 5월 16일 투표 결과, 반대 204표, 찬성 336표로 데리다는 케임브리지대학 명예학위를 받았다.

그러나 데리다에 대한 원성, 비판, 중상모략, 의도적인 오해가 모두 잠재워진 것은 아니다. 라캉[16]이 데리다에게 파놓았던 함정은 집요했으며, 여전히 많은 철학과 교수들은 데리다를 정규과목으로 가르치지 않는다. 프랑스 학계에 종사하는 사람들의 2분의 1정도와 데리다는 끝까지 불화했다. '반어적인 무기로 혹은 깊이 있는 척, 글을 애매모호하게 만드는 것은 여전히 나쁜 방법이다. 데리다의 지적 능력에도 불구하고 그의 지적인 문체는 부패되어 있고, 부패의 증거는 포스트구조주의와 포스트모더니즘이 뿌리를 내릴 앵글로색슨 학계에서 보여진다.' (웨일즈대학 철학과 R. A. 샤프 교수)

데리다가 세상을 떠났을 때에도 반응은 혹독했다. 특히 《이코노미스트》와 《뉴욕 타임스》 일요일판에 실린 데리다 부고 기사는 상상을 초월하는 비방이었다. 특히 《뉴욕 타임스》에 부고 기사를 쓴 조나단 켄덜의 말은 이러했다. '데리다의 글은 너무 어려워 악의가 없는 사람들조차도 데리다의 해체가 사망했으면 하고 속으로 바랐다.' '터무니없이 엄청난 돈을 받으면서 미국 각 대학에서 가르쳤다.' 그리고 또다시 친나치주의 글을 기고했던 드 만과 나치당 골수당원이었던 하이데거에 대해 데리다가 관대했다는 사실을 부각시키는 등, 세상을 떠난 데리다에게 흠집을 내기 위한 부고 기사

---

16 라캉은 포스트구조주의자들 중에 지적 사기를 가장 많이 친 사람이다. Alan Sokal & Jean Bricmont, *Intellectual Impostures*, London: Profile Books, 1999 참고. 데리다가 지적하고, 이에 더해 필자가 지적한 라캉의 지적 사기에 대해서는 필자의 졸저 《데리다의 정신분석학 해체―프로이트와 라캉을 중심으로》, 부산대학출판부, 2000, 352~9 참고.

였다. 나치의 희생자였던 데리다가 나치주의자인 하이데거와 드 만을 이해하고 용서한 것이야말로 데리다가 지닌 진정한 힘이 아닌가? 또한 그들이 치명적인 도덕적 과오를 저질렀지만, 이들의 학문적 공헌까지도 부인하고 폐기하는 것이 공평한 일인가?

사실 데리다가 하이데거에게 영향을 받았다는 것을 누누이 밝혔지만, 데리다의 저서 《정신에 관하여》를 읽어보면, 데리다가 하이데거에 대해 품고 있는 감정은 소름이 끼칠 만큼 무섭다(이 책 81~3, 《해체》 30, 303). 그럼에도 불구하고 서구 철학사에 끼친 하이데거의 공헌을 인정해야 한다고 데리다가 말한 사실을 가지고, 데리다가 하이데거만큼 위험한 인물이라고 치부하는 것은 상식 밖의 일이다. 데리다는 아주 의미심장하게, '지금 드 만을 질책하는 수많은 사람들 중에 똑같은 상황이 벌어지면 나치에 가담하지 않을 사람이 몇 명이나 될까', 그리고 '노도와 같은 무차별의 폭력적 비방이 나치의 폭력과 상통하지 않는다고 장담할 수 있겠는가'라고 물었다.

물론 데리다를 높이 평가하는 교수들과 독자들은 《뉴욕 타임스》와 《이코노미스트》에 항의 편지를 보냈다. 데리다는 미국과 프랑스 그리고 영국에서 가장 영예로운 상을 17개나 탔으며, 프랑스 최고의 명예로운 훈장인 레지옹 도뇌르 훈장을 포함하여 가장 많은 상을 받은 지식인임을 상기시켰다. 그리고 1959년에서 1998년 사이 대충 세어보아도 420여 곳[17] 이상에서 강의를 했다(자신이 태어났던 쾨니히스베르크를 한 번도 떠나지 않고 집 가까이에서 산책만 하면서 평생을 보낸 칸트와 얼마나 대조적인가!). 20개가 넘는 대학에서 강의를 정기적으로 했으며, 약간의 공저를 포함해 80권의 책을 썼으며(필자는 양보다도 질을 더 강조하고 싶다), '엄청나게 비싼 돈을 받고 강의했다'는 증거 없는 비방에 대해서 캘리포니아주립대학 어바인 캠퍼스 교수들은 '정규 교수 월급의 3분의 1에 해당하는 돈을 받았다'(5주를 가르친 데 대한 보수)는 사실을 밝히며 미국인들답게 철저하게 물적 증거와 통계를 가지고 반박했다. 또한 '"악의가 없는 사람들조차도 데리다 해체의 죽음을 염원했다"고 말한 사람이야말로 악의가 있는지 없는지 그것은 상식을 가진 많은 사람들의 판단에 맡긴다'라고 되받아쳤다.

이제 정리하자. 서구의 지성을 대표한다는 교수들이 이렇게 데리다를 비판하는 이유를 단도직입적으로 말하면, 지엽적으로는 미국과 영국의 건국이념과 이데올로기의 토대가 되어 있는 벤저민 프랭클린 류의 실용주의, 그리고 경험주의와 공리주의, 그리고 더 넓게는 서구의 정신적 근간이 되고 있는 신학과 형이상학을 데리다가 훼파하고 있다고 생각하기 때문이다. 더 구체적으로 설명하면, 신학과 공모관계에 있는 구조주의가 주장하는 중심이 사실은 중심이 아니라 공空이라고 데리다가 주장하기 때문이다. 서양은 공, 즉 뻥 뚫린 구멍(hole)을 중히 여기는 동양의 종교나 문화를 예의상 혹은 겉으로는 '흥미롭고 아름답다'라고 공치사를 할지 모르지만, 속으로는 현실을 개선하고 삶을 풍요롭게 하는 데 아무런 도

---

17 알제리, 예루살렘, 버지니아, 부다페스트, 버펄로, 로마, 멕시코, 프랑크푸르트, 이스탄불, 오슬로, 모스크바, 상하이, 도쿄 등에서 강의했다.

움이 되지 못하는 공空에 공을 들이는 것은 어리석은 짓이라고 생각한다. 다음 포웰의 말은 서구인들의 힘찬 자신감을 생생하게 드러내고 있다. '도교나 불교를 숭상하는 사람들은 벽을 마주하고서 "오! 신성한 공空이여"하며 경건한 마음으로 웅얼거리지만, 서구인들은 부재(absence) 대신 현존(presence)을, 비존재자(non-existence) 대신 아이콘(icon)을, 구멍/공(hole) 대신에 유기적 전체성(whole)으로, 이 세계를 가득 채웠던 사람들의 후계자이며 그 세계의 시민들이다.'[18] 서구인들의 이러한 힘찬 자신감을 두고 데리다는 '눈멂', '폭력', 혹은 '속된 사유', '계몽주의의 탈을 쓴 신비주의'라고 했으니 그 원성이 오죽하겠는가. 데리다에게 향한 저항들, '주변을 돌며 추는 악마의 춤', '가슴 서늘하게 하는 회의주의', '샐러드에 모래 뿌리는 짓(다 된 밥에 재 뿌리는 짓)', '지적 테러리즘', '텍스트 쾌락주의', '젖은 담요(데리다 사유가 주는 느낌이란 젖은 담요를 덮고 잘 때 느끼는 기분과 동일하다는 뜻)' 그리고 데리다의《글라》를 두고 보들레르의《악의 꽃》(1858)으로 비유하면서 '악의 철학'이라고 하는 것은 어쩌면 당연한 것이다. 그러나 이들의 저항에 저항하는 데리다의 저항이 훨씬 값진 것이었음은 두말할 필요가 없을 것이다.

한 국가의 교육기관은 그 국가의 이데올로기, 정신, 문화, 종교를 온전히 지키고 발전, 계승시키는 데 그 일차적 기능을 가진다. 그런데 데리다가 이러한 그들의 기본 이념을 해체하려 하기 때문

---

18  Jim Powell, *Derrida*, Danbury: WRP, Inc., 1997, 14.

에 유례없는 저항을 경험하게 된 것이다. 프랑스 학계에서도 데리다는 철저한 아웃사이더였다. 프랑스 지식인의 절반 정도만이 데리다를 이해하고 있을 정도다. 그러나 데리다는 프랑스와 미국 최고의 대학에서 강의를 함으로써 그의 담론을 가장 효율적으로 세계에 전파시킬 수 있었다. 이는 한때 일본의 식민지였던 한국의 인문학 교수가 도쿄대학과 일본 학계 안으로 파고 들어가 일본의 신교를 해체한 것에 비유할 수 있을 것이다.

데리다는 대부분의 프랑스 지식인들이 잘 가는 센 강변 왼쪽의 카페에 나타나는 일이 없었고, 파리 남쪽 교외의 조용한 리스-오랑지스에 있는 작은 집에서 살았다. 그의 연구실 문에는 데리다가 자신의 이름을 손으로 갈겨쓴 조그마한 종이 쪽지만 한쪽 구석에 붙어 있었다. 그의 연구실은 대석학의 연구실이라고는 믿기 어려울 정도로 좁았고, 그 안에 있는 가구 또한 테이블 하나와 서너 개의 의자가 전부였다. 그가 타고 다니는 흰색 차는 필자가 16년 전에 구입해 지금까지 타고 다니는 기아의 최소형 프라이드보다 별로 크지 않았다. 그는 한국 여성 중에서도 체구가 왜소한 편인 필자보다 별로 크지 않았다. 차와 함께 그의 겨울 털목도리도 흰색이었다. 검소한 옷차림이었지만 가끔씩 멋을 부릴 때 그의 색 감각은 탁월했다.

데리다는 TV를 멜로드라마에서 뉴스까지 열심히 본다고 했고, 농담 겸 진담으로 '모두 해체적으로 비판한다'고 했다. 또한 데리다 해체에 영감을 얻어 우디 앨런이 만든 영화《해리를 해체하며》는 마음에 들지 않는다고 했다. 평범과 비범의 절묘한 조화, 이것이 데리다의 삶이자 사유였다.

데리다는 기존의 서구 사유 체계를 뒤흔든 가장 큰 호랑이었다. 그 호랑이는 지극히 영악했고 현실적이었다. 그를 허무주의자이자 데카당이고, 추상적이며 애매모호한 문체로 진리와 객관성을 파괴하면서 텍스트에만 코를 박고 있는 사람으로 이해하는 사람들은 20세기 후반에 나타난 이 위대한 사람에 대한 이해가 지극히 미흡하거나, 일부 구미 학자들이 의도적으로 폄하하거나 윤색해 놓은 데리다를 눈먼 상태에서 앵무새처럼 따라 하기 때문이다. 수많은 사람들이 데리다를 폄하하고 오해하지만, 그것은 그들이 스스로 풀어야 할 문제일 것이다. 사유와 글쓰기, 그리고 현실참여(앙가주망)를 통해 기존의 대학 체제와 구조주의 그리고 인종차별주의를 향해 데리다가 일으킨 전쟁은 그의 승리로 끝났다.

타계하기 이미 15년 전부터, 담당 의사는 데리다에게 여행을 줄이라는 충고를 했었다. 물론 건강상의 이유였다. 그러나 데리다는 별로 개의치 않았다. 그 때문인지 그는 2004년 10월 9일 췌장암으로 2년을 고생하다가 74세의 나이로 타계했다. 데리다는 수없이 많은 동료 학자들을 먼저 떠나보냈다. 롤랑 바르트(1980), 폴 드 만(1983), 에드몽 야베스(1991), 사라 코프만(1994), 레비나스(1995), 리오타르(1998)가 타계할 때마다, 사후의 선물로, 그리고 우정의 표시로, 그는 조사弔詞를 썼다. 그리고 그는 늘 이들에게 빚지고 있음을 강조했다. 이러한 사람들의 글이 있었기 때문에 자신의 글이 가능했다는 의미에서 빚에 대해 말했다. 전통이 있음으로 해서 자신이 사유할 수 있는 터전이 가능했다는 것이다. 인문학자라면 전통과 역사와 글을 가장 중히 여기는 동시에 이것들에 대해 고유한 질문을 끊임없이 하라는 뜻이다.

  그가 떠난 지금, 데리다가 우리들에게 전달하려고 했던 메시지와 우리가 그에게 진 빚은 적지 않다. 전통을 무조건 따라가는 것이 아니라, 책임 있고 고유하게, 독창적으로 응대하는 것, 사유의 깊이는 글쓰기를 통해서만 드러나는 것이니만큼, 언어가 사유의 죽음을 몰고 오지만 그렇다고 해서 글쓰기를 포기한다는 것은 최악의 재앙을 불러온다는 것, 허무주의와 독단주의가 글쓰기와 현실에서 나타날 때마다 끝까지 저항하는 것, 요식행위가 되어버린 철학 체계와 문학 담론에 저항하는 것, 글 너머에 있는 신비에 대한 탐구가 유한한 철학자들의 가장 중요한 의무이기에 포기하지 말 것, 그러나 그 전략은 신비주의적이거나 종교적이어서는 안 되고, 글로 승부해야 한다는 것, 구원을 희구하되 절대 신을 섬기는 기성 종파에 매몰되는 구원주의는 반드시 폭력을 가져온다는 것, 인간과 동물의 차이가 인간이 생각하는 것만큼 크지 않은 만큼 동물학대를 금지할 것(동물에게는 감정이 없다고 말한 데카르트와 얼마나 대조적인가!), 인종차별은 하지 말 것, 절대진리와 정의가 없다는 것이 아니라 아직 역사에 한 번도 드러나지 않았다는 것, 그러나 정의를 위해 사는 것이 진정으로 사는 법임을 알고, 현 체제를 철저하게 그리고 끊임없이 분석하면서 정의를 추구할 것, 거대 담화와 이분법적 사고는 반드시 폭력을 불러온다는 것 등, 그는 추상의 구름 위에서가 아니라 때로는 비바람을 맞고, 때로는 불타는 태양 아래, 거친 대지 위에 굳건히 두 발을 딛고 선 채 지극히 현실적이면서도 아름다운 메시지를 끊임없이 설파한 후 영면했다.

　이러한 메시지를 남길 수 있었던 것은 주변적 사유로 중심적 사유를 해체하기 위해 세계 학계의 중심 깊숙이 파고 들어갔기 때문에 가능한 것이었다. 그렇다면 주변적 사유자가 차지한 중심 자리의 운명은 앞으로 어떻게 될까? 데리다는 한 인터뷰에서 단 한 사람만이 그의 글을 이해한다고 해도 염려하지 않을 것이라고 했으며, 동시에 자신보다 자신의 글을 더 잘 이해하는 독자도 앞으로 분명히 있을 것이라고 했다(《입장들》). 데리다가 차지했던 그 중심 자리는 아마도 데리다의 글을 데리다 자신보다 더 잘 이해하는 독자의 독법에 의해 언젠가는 탈환될 것이다. 최소한 서구 인문학의 역사는 그렇게 역동적으로 흘러가는 것이다.

데리다 입문　　　　Jacques Derrida: An Introduction

# 2
# 데리다에게 영향을 끼친 사람들

데리다에게 영향을 끼친 사람들은 몇몇 개인에 한정되어 있지 않고 서구 인문학 전통 그 자체라고 해야 옳을 것이다. 왜냐하면 앞에서 상술한 대로 그의 해체는 철저하게 전통을 사용했기 때문에 가능했고, 심지어 그가 사용한 모든 단어(기표)들도 이미 다른 사람들이 사용했던 것으로 이를 경미하게 수정하면서 파격적 변화를 유도했기 때문이다. 한마디로 데리다 해체는 전통 자체에 대한 철두철미한 숙독과 분석에 기초한, 기존의 사유와 체계에 '고유하고 책임 있는 응대'이기 때문에 영향을 몇몇 사람들로 국한시킬 수가 없지만, 여기에서는 특히 중요한 5명만 선별했다.

데리다에게 영향을 끼쳤다는 말은 데리다가 일방적으로 영향만 받았다는 의미가 아니다. 말라르메만 제외하고, 데리다는 영향을 받은 사람들을 모두 비판하며 넘어서는, 즉 연결과 동시에 단절되는 이중적(non-break and break) 관계를 맺었다고 할 수 있다.

## 1. 소쉬르 Ferdinand de Saussure, 1857~1913

소쉬르는 스위스 언어학자로서 구조주의적 혹은 공시적 언어학을 창설한 사람이다. 이러한 그의 구조주의적 언어학은 구조주의를 몰고 온 막강한 근원이 되었다. 왜냐하면, 전 인문학 분야―문학비평(롤랑 바르트), 기호학(그레마스), 인류학(레비-스트로스), 맑시즘(알튀세르)―에서 구조주의(공시적) 언어 이론이 도입되어 응용되었기 때문이다. 그의 책 《일반 언어학 강의》(1916)는 소쉬르 자신이 집필한 것이 아니라, 그의 강의를 들었던 두 학생[20]이 강의 노트를 편집해서 세상에 내놓은 것이다.

공시적(共時的/synchronic) 언어학은 통시적(通時的/diachronic) 언어학에 반대되는 연구방법이다. 통시적 분석이란 역사적 방식이며, 공시적 분석이란 언어의 구조를 통해 언어의 규칙과 속성을 알아내는 방식이다. 어근을 찾아 고유한 뜻을 찾고자 한다면 이는 통시적 접근이며, 문법의 구성이나 구조를 통해 언어의 근본적 성질을 알아내는 것은 공시적 접근이다. 19세기 언어학은 통시적 접근을, 소쉬르 이후 언어학은 공시적 분석을 중요시했다.

소쉬르가 발견한 것은 언어에 대한 역사적 혹은 전통적 접근이 언어의 성질이나 의미 생성 과정을 이해하는 데 도움이 안 된다는 것이었다. 단어는 언어의 폐쇄 체계 안에서 그 단어가 다른 단어와

---

20 1907년에서 1911년까지 강의를 들었던 샤를 바이와 알베르 세슈에가 소쉬르의 강의 노트를 편찬한 것이 《일반 언어학 강의》이다.

관계를 가질 때 의미가 생성된다는 것을 발견했기 때문이었다. 즉 단어는 단독적이고 자체적으로 의미를 갖는 것이 아니라, 다른 단어와 차이의 관계를 맺음으로 의미를 갖게 된다는 것이다.

'차이의 관계'란 무엇인가? '자랑'과 '사랑'이라는 단어가 두 개의 다른 뜻을 지니고 있다는 것을 우리는 무엇 때문에 알 수 있는가? 그것은 우선 '자'와 '사'가 서로 관계를 가지면서도 '자'와 '사'의 철자(소리)의 차이가 있기 때문이다. 영어에서도 마찬가지다. peg가 의미를 가질 수 있는 이유는 p, e, 그리고 g라는 서로 다른 철자(소리)들이 모여 관계를 맺고 있기 때문이다. 더 큰 스케일에서 보면, pen, pin, pan 등이 서로 다른 뜻을 지니게 된 것은 철자(소리) e, i, a의 차이로 가능해진 것이다.

따라서 단어의 의미란 그 단어가 다른 단어와 연결된 채 맺고 있는 관계, 즉 차이의 관계에 의해 결정되는 것이다. 이를 차이성(diacriticity)이라 한다. 즉 소리나 글자는 독립적으로 혹은 단독적으로 의미를 지니지 못하고 반드시 다른 소리나 글자와 관계를 맺어야만 의미가 가능해진다는 뜻이다.

그러나 언어에 대한 전통적인 믿음은 소리 자체에 의미가 있다는 것이다. 그리고 소리가 선행하고, 글자는 소리 후에 오는 것으로 생각했다. 따라서 직접적으로 의미를 전하는 소리는 글자보다 우위에 있다고 믿었다. 그래서 글자는 소리의 모조, 가짜로 취급된 것이다.

글자나 소리 그 자체가 아니라 차이성이 의미를 만든다고 하지만, 이때의 의미는 철학자들이 찾고자 하는 항구불변의 고유 의미가 아니다. 왜냐하면 차이성을 따랐기 때문에, 모든 단어(기표)가 어떤 대상이나 의미(기의)를 곧바로 직접 드러내지 못하기 때문이다. 먼저 폐쇄된 언어의 구조 안에서 철자의 차이로 의미가 가능하기 때문에 체계나 구조 바깥에 있는 것들—예를 들면 책상이나 사랑의 속성이나 의미—을 직접 가리키거나 드러내지 못한다는 말이다. 그렇다면 사랑을 가리키는 기표 '사랑'은 무엇을 가리키나? 우리 가슴속에 혹은 다른 곳에 있는 매우 미묘하고 복잡한 그 무엇을 드러내거나, 아니면 '눈에 낀 콩깍지'를 가리키는 것이 아니라 또 다른 기표(단어/글자)를 가리키는 것이다. '사랑'이라는 두 글자의 뜻을 몰라서 사전을 찾는다고 가정해보자. 사전에서 사랑은 '애모'로, '애모'는 '연정'으로, '연정'은 '정념'으로 끊임없이 다른 단어(기표)를 가리키고 있을 뿐이다. 가슴속의 그 무엇(기의)이 아니라, 사랑의 또 다른 기표로 연결된다. 즉 우리가 여태 존재한다고 전제했던 기의는 다만 그 이전의, 또 다른 기표일 뿐이다. 이를 두고, 기표(단어)와 기의(단어가 드러내야 하는 것)는 직접 일대일로 상응(one-to-one correspondence)되지 않는다, 혹은 기표는 기의를 조회(refer), 현전(現前/present)시키지 못한다고 표현한다.

의미가 생성되려면 차이성, 그리고 자의성과 함께 폐쇄된 체계가 먼저 있어야 한다. 체계 안에 있어야 모든 철자와 소리는 비로소 의미를 가지게 되기 때문이다. 또한 폐쇄된 체계의 규칙 따르기도 필수다. 따라서 언어를 사용한다는 것은 자의적인 규칙을 따르는 게임과 다르지 않다. 이런 뜻에서 소쉬르는 언어 체계와 언어 사용을 장기놀이에 비유했다.

(1) 장기알의 가치는 장기판 안에서 다른 장기알과 가지는 관계에 의해 정해진다. 단어 또한 이러하다.

(2) 장기를 두기 위해서는 법칙을 따라야 한다. 마찬가지로 언어를 바르게 사용하기 위해서는 언어의 문법이나 규칙을 알고 따라야 한다.

(3) 소쉬르는 '장기 두는 것과 언어 사용이 전적으로 동일하다는 것을 주장하기 위해서는 장기 두는 사람이 그냥 아무 생각 없이 장기를 두어야 한다'라고 했다. 이 말은 언어 사용이 장기를 두는 것보다 개인의 선택이나 자유가 더 없다는 뜻이다.

언어의 자의성이 움직일 수 없는 근거로 작용하는 예는 '아자 아자'라는 훌륭한 우리말 대신 우리나라 사람들이 가장 즐겨 사용하는 '파이팅!'이다. '파이팅'은 원래는 치고받고 때리는 싸움을 뜻한다. 그래서 영어 선생인 필자가 소명감을 가지고 '파이팅'이라고 외치는 응원석 관중들을 향해 '이보세요! Go, go, get them, get them!이라고 해야 해요'라고 말한다고 가정해보자. 아마도 관중들은 필자를 좀 이상한 사람으로 취급할 것이다. 더욱 재미있는 것은 이제는 미국이나 영국 사람들도 한국인들이 '파이팅'하고 외치는 것이 무엇을 뜻하는지 알고 나서는 활짝 웃으며 함께 '파이팅'하며 외친다는 것이다(겹겹의 마스크인 그들의 미소 뒤에는 무엇이 있는지 필자는 그것이 늘 궁금하다. 이 책 29, 주 1). 이처럼 언어는 정확성이나 논리에 좌우되는 것이 아니라 사용에 그 존폐 여부가 좌우되는 것이다. 즉 근거 없는 자의성('치고받고 때려라'라는 '파이팅'이 '이겨라'를 뜻하게 된 것은 근거 없는 자의성이다)에서 출발했지만 일단 많은 사람들이 사용하면 전적으로 틀린 영어라도 절대로 바꿀 수 없게 된다. 즉 출발은 지극히 자의적이지만 일단 정해진 의미는 쉽게 바꿀 수 없으니 자의적이지 않다는 말이다. 이 사실을 두고 데리다는 끊임없이 '언어는 자의적이면서도 자의적이지 않다'는 말을 한다. 이 말은 완벽한 논리에 근거한 것이지 결코 논리를 모호하게 만들려는 의도가 아니다.

그런데 모국어인 한국어를 사용할 때 왜 이토록 자연스럽고 자유롭게 나의 감정이 표현된다고 느끼는 것일까? 영감도 얻는 것 같기도 하고 말이다. 이는 오랫동안 상과 벌을 통한 반복 훈련 과정을 통해 전혀 나의 것이 아닌 이물질에 불과한 언어의 효과를 내 몸과 마음속에 내재화시켰기 때문이다. 따라서 이러한 언어가 지닌 차이성, 자의성, 폐쇄성은 바야흐로 언어가 '주체의 죽음' 혹은 '작가의 죽음'을 몰고 왔다는 논리의 근거로 치닫게 된다. 우리는 언어로 의사소통을 하게 되지만, 언어는 절대적으로 내밀한 나만의 고유한 감정이나 사유를 드러내는 것이 원천적으로 불가능하다. 나를 내어준 대가로 우리는 자의성과 폐쇄된 체계 안에서 의사소통을 하게 된다. 언어란 나만의 소유물이 아니라 이 사회, 우리의 공적 소유물이다. 자신의 고유성을 없애는 엄청난 희생(죽음)의 대가로 우리는 다른 사람들과 의사소통을 한다는 뜻이다. 나만의 언어는 없다. 우리들의 언어가 있을 뿐이다.

이러한 사실을 소크라테스는 이미 알고 있었다. 플라톤의 대화편 중 《크라튈로스》를 보면, 언어란 사회적 관습에 근거한 지극히 자의적인 것이지 고유 의미를 지니고 있는 것이 아니라고 소크라테스는 크라튈로스에게 말한다. 또한 《파이드로스》를 보면 언어는 약(파마콘)과 같이 치유이자 독이며, 동시에 최음의 미약 같은 유혹으로 비유했다.

언어가 사실 그것이 지칭하는 것과는 아무런 관계도 없으며, 그래서 아무런 의미를 담고 있지 않다는 것은 줄리엣(셰익스피어)도 알고 있었다. 첫눈에 반해 버린 로미오가 원수 집안의 아들이라는 것을 안 직후, 그 유명한 발코니 장면에서 줄리엣은 로미오라는 이름을 버리라는 독백을 한다. 로미오라는 이름은 로미오와는 아무 상관이 없다고 말하면서.

줄리엣 : …… 몬터규란 그대 이름은 당신의 손도, 다리도, 팔도, 얼굴도 아니에요. 그러니 다른 이름으로 바꾸세요. 이름이 무엇입니까? 장미를 무슨 이름으로 부르더라도, 똑같은 향기를 풍깁니다. 그러니 당신은 로미오라는 이름이 아니더라도 그대가 지닌 그 완벽한 사랑스러움을 그대로 지닐 것입니다. 그러니 당신과는 아무런 상관이 없는 그대 이름은 버리고 대신 제 모든 것을 가지세요. (《로미오와 줄리엣》 II, ii, 33~58)

언어가 무자비하게 우리의 내적 의식까지도 파괴한다는 인지는 19세기 낭만파 시인 셸리에 의해 더욱 참혹하게 표현된다. '언어는 우리의 모든 기억을 모래로 만든다' (《생의 개선식》 I, 405) (1824).

외국어를 어느 정도 배워본 사람이라면 다 알 수 있는, 이토록 간단한 사실을 대체 서구 인문학 중심에 있었던 사유자들은 왜 그렇게 오랫동안 보지 못했는가? 왜 언어분석철학은 음성의 최소 단위인 음성소에 고유 의미가 있다고 전제하면서, 음성의 최소 단위를 얻기 위해 소리를 마치 분쇄기에 넣어 갈려고 했을까? 왜 통시적 언어학은 가장 오래된 단어에 고유한 의미가 있다고 생각했던 것일까? 사실인즉, 적지 않은 서구 사유자들은 언어가 고유 의미를 가지고 있지 않다는 것을 확연하게 알고 있었다. 그러나 이를 인정하지 않고 억압했던 이유는 지극히 신학적이고 형이상학적인 신념 때문이었다. 〈요한복음〉(1장 1절)에 나와 있는 '최초에 말씀이 계셨느니라' 구절에서 알 수 있듯이 '말(씀)'이 진리라는 믿음 때문이었다. 가장 근원적인 언어는 글자가 아니라 '말씀'이라고 믿었기 때문에 말을 글자보다 우위에 놓았고, 말은 진리와 동일하다는 믿음이 그들의 사유를 그토록 오랫동안 지배했던 것이다. 서구 철학의 중심에 있는 칸트, 헤겔, 하이데거, 후설, 바디우까지, 이들은 모두 기독교인들이다. 이들은 비록 말이 진리가 될 수 없다는 사실을 인지했지만, 인지하는 순간 이를 억압하고, 성경의 '말씀'을 보존하고 지키기 위해 철학 용어를 빌려 자신들의 종교를 썼던 것이다.

소쉬르도 이러한 형이상학적 신념으로부터 완전히 벗어난 사람은 아니었다. 데리다는 소쉬르의 《일반 언어학 강의》에는 서로 다른 세 명의 소쉬르가 있다고 했다. 헤겔, 루소, 하이데거처럼 전통적 혹은 통시적 언어관을 그대로 유지하려는 소쉬르, 심지어 의성어까지 가능하다고 생각하는 소쉬르, 그리고 이런 소쉬르에 스스로 반反하는 소쉬르, 즉 통시적 언어분석이 아니라 공시적 언어분석만이 언어의 성질을 밝힐 수 있다는 것을 피력하는 소쉬르, 이렇게 서로 다른 세 명의 소쉬르가 있어《일반 언어학 강의》의 담론은 자체적으로 세 갈래로 갈라져 통합과 봉합이 불가능하다는 것을 데리다가 드러내었다. 이것이 바로 데리다 해체이다. 즉 데리다 해체란 무엇을 억지로 부수어 없어지게 하는 것이 아니라, 있는 그대로를 드러내는 것이다. 즉 데리다 해체란 이원구조에 의지하고 있는 모든 담론들은 이미 자체적으로 균열되어 심하게 갈라져 있는 모순을 있는 그대로 노정시키는 것이기 때문에, 데리다 해체를 '자동 해체(auto-déconstruction)'라고 부르기도 한다. 데리다가 조명하여 구조주의를 포스트구조주의로 전환시키는 데 커다란 지렛대로 사용한 소쉬르는 세 번째 소쉬르, 즉 통시적 언어분석이 아니라 공시적 언어분석만이 언어의 성질을 밝힐 수 있다고 주장하는 소쉬르이다. 소쉬르는 언어학자로서 단어의 의미가 차이에서 기인한다는 것을 자명하게 알았지만, 과감하게 조명할 수 없었던 이유는 바로 신학적·형이상학적 믿음 때문이었다.

소쉬르가 서구의 움직일 수 없는 형이상학 전통을 따랐기 때문에 보았지만 보지 않으려고 했던 것, 고려할 수 있었지만 고려하지 않았던 것은 바로 문자 모델이…… 언어체계를 표상하는 도구가 된다는 사실이었다.[21]

---

21  필자가 편역한《자크 데리다: 해체》, 문예출판사, 1996, 79 참고. 이 책은 앞으로《해체》라 표기한다.

그리고,

문자학은 일반 언어학에서 더 이상 제외되는 것이 아니며, 언어학 속에서 언어학을 지배하며 언어학 속에 내재하고 있다. 그렇다면 언어학 경계 밖으로 쫓겨나간 것, 즉 추방당하여 떠돌아다녔던 것이 바로 언어의 존재를 가능케 하는 첫 번째이자, 가장 긴요한 요인으로 언어 자체를 매료시키고 있는 것이다. 한 번도 이야기된 적이 없는 어떤 것이, 그리고 문자 이외에는 아무것도 아닌 것이, 언어의 기원으로 소쉬르의 언어학 담론 속에서 스스로 쓰이고 있는 것이다. 우리는 여기서 소쉬르의《일반 언어학 강의》6장에서 소쉬르가 유린과 덫이라고 혹평한 바로 그 글자에 대한 심오하고도 진실한 설명이 싹트고 있음을 볼 수 있다. (《해체》 80)

데리다에 의하면 소쉬르는 언어학자로서 분명히 값진 발견을 했지만, 형이상학적 신념 때문에 문자학을 이끌어내지 못했다는 것이다. 그 이유는 '태초에 말씀이 있었다' 라는 〈요한복음〉에 있는 이 '말씀'에 대해 서구 철학은 오랫동안 의문을 가져본 적이 없었기 때문이다. 신념과 믿음은 산도 움직일 수 있는 힘을 발휘하지만, 때로는 매우 간단한 상식조차도 보지 못하게 하거나 무시하는 양가적 측면이 있는 것이다.

소쉬르에 덧붙여 데리다 해체의 기반이 되는 또 하나의 중요한 사건은 20세기 말 비엔나를 중심으로 형성되었던 언어분석철학에 의해 정초된다. 이들은 처음에는 말(소리)의 원자(atom)에 해당되는 것을 드러내고 분석하면, 의미가 드러날 것이라는 믿음으로 출발했었다. 그러나 비트겐슈타인은《철학적 탐구》(1953)에서 초기의 신념을 버리고 '의미란 사용'이며 소리나 단어에 그 의미가 있는 것이 아니라는 사실을 밝혔다. 이 결과로 그는 언어는 '의미 없는 묘한 웅얼거림에 불과하다', '모든 논리적 명제는 중언부언에 지나지 않는다'는 파격적인 선언을 한다. 또한 언어의 함정이 너무나 교묘하고 엄청나다는 것을 상기시키기 위해, 그는 '철학한다 함은 병 속에 갇혀 있는 파리를 병 밖으로 유도하는 것'이라 했다. '병 속에 갇혀 있는 파리'는 언어라고 하는 폐쇄된 그물망 속에서 꼼짝도 못하고 있는 우리의 의식(사유)을 비유적으로 표현한 것이다. 그는 '영악한 사람들이 언어라는 덫에 걸려 있다. 그러니 언어는 흥미 있는 덫임에 틀림없다' 그리고 '문법은 신학'이며, '모든 것은 문법이라는 방울 속으로 압축되었다'고 했는데, 바로 비트겐슈타인의 이 말이 데리다의 그라마톨로지이다. 비트겐슈타인은 '회의주의도 문법이 꾸며낸 농담'이라 했다. 이렇듯 의식, 무의식, 존재, 의미, 진리, 이 모든 것이 언어의 문법이 만드는 효과로 대체되었다는 것을 인식한 것을 서구 인문학사에서는 '언어적 전회'라 부른다. '우리가 말을 하는 것이 아니라, 언어가 우리를 말한다(We do not speak language; language speaks us).'[22]라는 하이데거의 말은 '언어적 전회' 이후, 우리가 확연히 깨달은 사실, 즉 나만의

---

22  Martin Heidegger, *Poetry, Language, Thought*, trans. Albert Hofstadter, New York: Harper & Row, 1971, 208.

주체, (무)의식, 사유가 언어(차이성)에 의해 부재되면서 언어의 효과로 대체된다는 인식을 잘 표현한 말이다. '언어적 전회' 직후 뒤따른 '해체적 전회'는 이미 예정된 수순이었다. 언어학이나 기호학이 실인즉 그라마톨로지임이 확연하게 드러난 것이다.

이러한 역사적 배경을 언급하지 않더라도, 우리 모두는 언어가 우리가 말하려고 하는 것을 그대로 드러내지 않는다는 것을 느꼈고 경험했을 것이다. 십대 후반, 한창 감수성이 예민할 때, 밤하늘의 무수한 별을 보면서 가슴으로 느꼈던 그 벅찬 무엇을 시로 적어보려 했으나 결국 모두가 다 알고 있는 단어 몇 개 사이를 맴돌 뿐, 밤하늘에 무수히 박혀 있는 별들의 그 빛과 이것이 일으키는 감흥과는 연결되지 않는다는 것을 경험한 적이 있을 것이다. 논문을 쓰는 학인들도 마찬가지다. 논문을 구상할 때는 바다를 가로지르는 싱싱한 은빛 갈치의 율동이 논문 안에서 그대로 드러날 것이라고 기대하고 시작하지만, 막상 활자로 출판이 되고 나면, 완전히 타버려 먹지 못하는 한 토막의 갈치구이에 불과하다는 것을 절절히 그리고 알알이 깨닫게 된다. 데리다라고 해서 이와 같은 낭패감에서 면제된 것은 결코 아니다. '실은즉, 이전에 한번도 무엇을 써본 적이 없거나, 어떻게 써야 하는지 모른다는 느낌이다······ 매번 새 글을 쓸 때마다, 미지의 접근 불가능한 것 앞에서 절망하고, 어정쩡하고, 경험이 없고, 힘이 없다는 우울함이 나를 엄습한다.'[23]

---

23 Jack Reynolds and Jonathan Roffe(ed), *Understanding Derrida*, New York: Continuum, 2004, 107에서 재인용.

## 2. 하이데거 Martin Heidegger, 1889~1976

데리다의 해체를 두고 '프랑스 하이데거주의'라고 하는 이유는 데리다의 해체가 하이데거의 사유로부터 많은 것을 빌려왔기 때문이다. 데리다 역시 자신의 사유가 하이데거의 사유에 힘입은 바가 크다는 사실을 자명하게 밝혔다. 데리다는 '내가 시도하는 것은 하이데거가 사유한 존재와 존재자와의 차이, 그 이전까지는 사유되지 않았던 이 차이가 없었더라면 불가능했을 것이다'(《입장들》 13/9)라고 했는가 하면, '내가 말하는 차연이 결국은 하이데거가 말한 존재와 존재자와의 차이로 되돌아간 것 같이 보일 수 있다'(《여백들》 10/10)라고까지 말하면서, 하이데거의 사유와 자신의 사유에는 겉으로 보기에는 큰 차이가 없어 보일 수 있음을 데리다 스스로 말했다. 사실 데리다와 하이데거를 깊이 읽지 않으면 두 사람은 매우 유사하게 보인다.

서구의 형이상학을 비판하고 극복하기 위해 파괴(Destruktion)(《존재와 시간》 6장)(1927)라는 말을 제일 처음 사용한 사람은 하이데거다. 하이데거 자신은 '파괴'라는 이 용어에 긍정적인 면이 있다고 말했으나, 데리다는 너무 부정적인 뉘앙스를 지니고 있다고 생각해서(데리다의 하이데거 읽기를 읽고 나면 전적으로 파괴적이라는 생각이 든다) '해체(déconstruction)'라는 신조어를 만들었다. 두 단어가 매우 비슷하지만 다르기 때문에 데리다가 하이데거의 '파괴'를 '해체'로 '번역'했다라고 말할 수 있다. 데리다 스스로 '해체는 번역이다'라고 말했다. 번역이 그러하듯 해체란 기존의 것을 상이하게 반복하는 것이다. 그리고 이 상이함, 즉 차이가 파격적인 차이를 가져온다. 그러나 완벽한 번역이 아니기 때문에 번역의 여지를 여전히 남겨놓는다.

데리다가 하이데거로부터 빌려온 또 다른 것은 삭제(sous rature/under erasure) 전략이다. 원래 이것은 하이데거가 기존의 전통적 철학 용어를 사용한 후, 기존의 철학 용어가 충분하지 않기 때문에 지우는 것을 말한다. 삭제란 이미 소쉬르에서 설명한 대로 비록 단어가 대상을 가리키고 표상하는 능력이 없음에도 불구하고 우리가 사용할 수 있는 유일한 매개가 언어뿐이라면, 언어를 사용할 수밖에 없지만 이 언어가 턱없이 부족하다는 사실을 상기시키기 위해 '사랑'이라는 말을 쓰고는 그 위에 X를 쳐서(✖) 삭제를 해야 한다는 것이다.

데리다는 하이데거의 사유를 두고 '비켜갈 수 없는 중요한 사유(incontournable méditation heidggerienne)'(《입장들》 64/47)라고 했다. 이 말은 하이데거의 사유는 포스트구조주의의 사유를 잉태하는 데 결정적 공헌을 했다는 뜻이다. 이뿐만이 아니다. 데리다는 자신의 해체적 독법과 쓰기를 '두 개의 손으로, 두 개의 비전으로, 두 개의 텍스트를 쓴다'(《글라》 77/65)라고 했다. 그런데 데리다는 하이데거의 《존재와 시간》을 두고도 '두 개의 손으로, 두 개의 비전으로, 두 개의 텍스트를 썼다'라고 평가했다(《여백들》 75/65).

그렇다면 하이데거와 데리다의 글쓰기는 같다는 말인가? 두 사람의 텍스트 혹은 글쓰기는 아포리아를 품고 있다는 점에서는 같지만, 파격적으로 다르다. 그렇다면 파격적인 차이는 어디에 있는가? 하이데거 역시 이원구조가 성립될 수 없다는 사실을 인지했다. 그러나 여전히 하이데거의 담론은 기독교가 말하는 타락 이후와 타락 이전이라는 틀에 의지해 있고, 타락 이전(supralapsaire/prelapsarian)(《입장들》 64/47)으로 되돌아간다는 것을 상정하고 있지만, 데리다의 사유와 해체적 글쓰기에는 이런 것들이 없다는(《입장들》 73/53) 점이 파격적인 차이이다. 데리다는 자신의 사유와 하이데거의 사유가 동일하게 '보일 수 있다'고 했지만, 동일하게 보일 뿐, 치밀하게 두 사람의 텍스트를 읽으면 전혀 '동일하지 않다'는 것이 드러난다는 말이다.

데리다와 하이데거 모두 철학을 문학적 글쓰기를 통해 풀어내려고 했다는 점 역시 두 사람이 지닌 공통점이다. 하이데거는 트라클과 횔덜린 그리고 릴케의 시를 읽었고, 시와 예술이야말로 진리로 가는 길이라고 주장했으며, 예술작품을 진리를 도출시키는 산파에 비유하기도 했다. 데리다와 하이데거 모두 문학적 글쓰기에 많은 기대를 걸었고 철학을 문학적 글쓰기로 풀어냈다는 점에서는 유사하지만, 두 사람 사이에는 커다란 차이가 있다. 여러 비평가들이 평가한 대로 하이데거가 의지한 트라클은 기독교인이었다. 또한 하이데거의 사유는 하이데거 자신이 밝힌 대로 루터에 의지하고 있다. 루터에 의지한 하이데거가 그의 존재론을 펼칠 때, 기독교인인 트라클의 시가 사용한 여러 가지의 은유와 이미저리를 거의 그대로 따라가고 있다는 사실을 데리다는 《정신에 관하여》에서 조목조목 세세하게 드러내었다. 데리다는 다음과 같이 말했다. '하이데거는 자신이 말하는 정신은 서구의 형이상학적 인식 지평에서 벗어난 것임을 주장했지만, 서구의 형이상학뿐 아니라, 독일 중심주의로 고정 결정된 허구의 집합이다. …… 네 가지 실로 짜여진 그물세공, 즉 허구에 불과하다는 것이다'(《해체》 27). 하이데거는 죽음이야말로 인간의 삶의 '속 중의 속', '뼈 중의 뼈'라 했으며, 따라서 하이데거에게 가장 가치 있는 삶이란 죽음을 바라보며 사는 삶이라고 했다. 이는 이미 지극히 종교적인 말이다. 동시에 하이데거가 그리스 문화의 정수로 되돌아가는 것이 진리로의 접근(알레테이아)이라고 믿었다는 것은 여전히 기원과 종말을 상정했다는 것을 뜻한다. 즉 하이데거에게는 돌아가야 할 고향이 그의 사유에서 중요한 요인으로 작용하지만(신학과 변증법의 프로그램), 데리다의 해체는 바로 이러한 하이데거의 전제가 하이데거의 사유를 어떻게 진퇴양난에 빠트리는가를 낱낱이 드러낸다.《언어로 가는 도중에》(1959)에서 하이데거는 말(die Sage)의 본질이 사물들의 본질을 소유할 수 있다고 했다. 또한 예술작품은 존재들의 존재를 드러낸다고 했다. 이에 대한 데리다의 패러디와 희화화가《그림 속의 진리》(1978)에서 그 절정을 이룬다. 데리다는 하이데거가 '그림은 진리를 말한다'라고 한 말에 대해, '그림이 귀신인가보다. 진리를 말한다고 하는 걸 보니 ……'라고 했다.

두 사람의 차이는 니체에 대한 두 사람의 읽기가 다르다는 사실에서도 극명하게 드러난다. 하이데거가 쓴 두 권의 책,《니체》(1961)에서 하이데거는 '니체는 마지막 형이상학자'라고 했다. 그러나 데리다는 하이데거가 니체를 마지막 형이상학자라고 말했지만 니체의 텍스트에서 드러나고 있는 비결정성 그리고 다양한 문체를 하이데거는 다 읽고는 있었으며, 그럼에도 불구하고 마치 이런 것들이 텍스트에서 전적으로 중요하지 않는 것처럼 언급하지 않거나 혹은 못했기 때문에 하이데거는 니체로부터 아무것도 이끌어낼 수 없었고, 이것이 하이데거가 니체를 나치즘의 철학자로 전유한 이유라는 것이다. 하이데거 역시 이원구조가 성립될 수 없다는 것을 알고 있었지만 도리어 뒷걸음질 치며 앞으로 더 이상 나아가지 않았다는 것이 데리다의 평가이다.

하이데거에 대한 데리다의 혹평은 여기서 끝나지 않는다. 서구의 형이상학이 어떻게 하이데거로 하여금 나치당의 골수당원이 되게 했는가를 파헤치고 있다. 우선 데리다는 하이데거 사유에 들어 있는, 형이상학 속에 내재된 폭력성과 인종차별주의를 드러낸다. 하이데거 사유의 폭력성은 독일인들은 불을 좋아한다는 사실을 강조함으로써 드러난다. 하이데거가 극구 칭찬하는, 정신 속에 들어 있는 폭력, 즉 강타와 죽음 그리고 대방화와 함께 하이데거가 오직 독일인들의 정서만이 불을 좋아하고, 독일인들만이 불을 가질 수 있는 특권을 지녔으며(《정신에 관하여》 161~2/136), 정신의 속성인 불을 되살릴 수 있다고 주장하면서 이런 독일 우월주의 속에서 하이데거가 다른 언어들을 열등한 언어로 배제시킨 사실을 노정시키면서 데리다는 다음과 같이 말한다.

힘과 담론들의 조합이 잔혹한 전쟁을 일으키고 있는 것 같다. 그리고 여기에 있는 담론들의 조합은 심연의 늪에 다름없다. 강고하게 이 프로그램은 그들의 힘을 교환할 수 있다. 그러나 이 중 그 어떤 담론도 해명되지 않았다. 자의적인 권위는 이로써 감추어져 있다. 나치즘은 사막에서 생겨난 것이 아니다. 유럽의 숲 속, 침묵 속에서, 거대한 나무 그늘 아래, 무관심 속에서, 동일한 토양에서 나치즘은 버섯처럼 자랐던 것이다. 《정신에 관하여》 179/109)

하이데거가 말하는 정신은 독일인들이 생물학적으로 제일 우수하다는 자연주의, 인종주의로부터 나온 것이며, 이것을 형이상학으로 전환시킨 것이 하이데거가 말하는 독일 정신, 순수한 불의 정신이라는 것이다. 이는 전적으로 독단적 생각에 불과한 것이다. 그럼에도 불구하고 이는 하이데거의 전 담론과 사유를 통제하고 있다고 데리다는 말한다.

폰 밀렌도르프가 나치에 반대하여 사임한 프라이부르크대학 총장직을 하이데거가 물려받고 난 후 한 취임 연설에서 드러나는 위험(모험)과 악은 우연하게 발생된 것이 아니라는 것이 데리다의 말이다. 이 악은 오랫동안 장착된 채 아무런 문제제기 없이 지나쳤던 공모에 기인하고 있다는 것이다. 데리다는 하이데거의 사유와 나치즘과의 연계에 대해 철저하게 가장 끔찍한 악을 투자하여 자산으로 삼았으며, 그것도 양쪽 모두에서 가장 끔찍한 악, 즉 하나는 나치의 허락, 그리고 또 다른 하나는 여전히 형이상학적 제스처인 순수 정신, 이 두 가지의 비호 아래 하이데거는 나치당의 골수당원이 된 것이다. 쉽게 말하면, 이원구조 속에서의 독일 정신이 보편적 자유와 해방을 가져온다는 전제와 이것을 실제로 구현하기 위해, 나치가 기도한 대량 학살에 하이데거가 동조했다는 것은 이중의 악을 하이데거가 구현했다는 뜻이다. 철학자로서 정신(형이상학)에 대해서 강의만 한 것이 아니라, 실지로 대량 학살과 인종차별주의에 동의했다는 말이다. 도미니크 장이코드는 하이데거를 이보다 더 힐책한 비평은 전무후무하다(〈니체와 기계〉 42)고 평가했다. 물론 하이데거는 나치즘과 파시즘은 인간 해방과 자유를 위한 것이라고 주장했다. 그러나 해방과 자유는 이원구조에 근거하고 있었기 때문에 허구이고 환상이었는데, 이것을 실체로 간주했기 때문에 지옥에서나 벌어졌을 잔혹한 대량 학살이 현실에서 발생된 것이다.[24]

데리다의 해체는 한편으로는 하이데거의 사유로부터 빌려온 것이 많지만, 또 다른 한편으로는 하이데거를 통해 형이상학적 이원구조에 근거하는 사유가 때로는 얼마나 위험한 것인가를 지적하는

---

24 국내 어느 평자는 데리다가 말하는 주체에 대해 동의할 수 없다고 하면서, 어떻게 피의 폭력성을 허용하는 주체성이 가능한 것인지 이해할 수 없다고 했다. 하이데거에 대한 데리다의 평을 읽어보고, 두 번의 세계대전이나 지금도 끝나지 않는 종교전쟁을 보면 이해가 될 것이다(Jacques Derrida, *Mémoires : for Paul de Man*, New York: Columbia University Press, 1986, 18 참고). 데리다는 우리의 일상에서도 죽음을 요구하고 담보하라는 논리와 전쟁이 편재해 있음을 지적했다(이 책 269, 277). 이 평자는 또한 어떻게 극도의 폐해나 황폐 혹은 실패가 주체성으로 가능한가에 대해 이해할 수 없다고 했다. 영양실조에 걸린 북한 주민들과 아동들, 마녀사냥, 마루타, 홀로코스트, 그리고 성전이라는 이름 아래에 지금도 자행되는 자살폭탄 테러 등을 기억하면 이해할 수 있을 것이다. 지금의 세계와 과거 역사에서 벌어졌던 수많은 폭력과 피가 주체(성)에서 발생되지 않았다면 어디로부터 발생하는 것인가? 완벽한 정의가 한번도 역사에서 발생되지 않는 것은 무엇을 뜻하는가? 또한 계몽과 이성, 진리, 구원, 해방이라는 이름으로 저질러진 참학은 어디에서 나온 것인가? 변화를 원하지만, 이것의 실현과는 차이가 있는 것은 사실이다. 차이를 좁히는 것이 우리 모두의 책임이다. 그리고 데리다는 이를 위해 고뇌와 인고가 필요하다는 말을 한

이중적 제스처를 취하고 있다. 다르게 표현하면 데리다는 하이데거에게 깊이 영향을 받았고, 이 결과 하이데거의 존재와 존재자와의 '차이'에서 '차연'을 이끌어냈기 때문에 이 둘은 연결되어 있으나, 동시에 '차연'으로 '차이'를 해체함으로써 '차이'와는 단절된다. 연결되면서도 단절되었다는 이중적 관계를 다시 설명하면, 데리다는 하이데거의 '차이'를 '차연'으로 다르게 반복, 재해석, 번역함으로써 '존재와 존재자와의 차이'를 해체한 것이다. 이는 하이데거가 망각되었다고 말한 '존재와 존재자의 차이'는 존재조차 하지 않았다는 사실을 데리다가 입증했다는 말이다.

## 3. 니체 Friedrich W. Nietzsche, 1844~1900

철학자이자 시인, 언어학자, 역사문헌학자인 니체는 목사의 아들로 태어났지만 '신은 죽었다'고 외친 파격적인 사유자였다. 니체는

---

바 있다. 또한 이 평자는 데리다가 구체적인 주체를 포기하라고 말했다고 했으나, 데리다는 구체적인 현실 속에서의 주체를 포기하라고 말한 적이 없다. 데리다가 강조하는 '지금 그리고 여기'는 화행이론이 말하는 철저하게 수행적 차원에서의 행동과 말이 이루어지는 현실의 현장을 뜻하기 때문에 구체적인 주체는 데리다의 해체에 있어 필수다(이 책 270~1). 이 평자가 자신의 근거로 사용하는 것은 여전히 칸트와 헤겔의 주체이다. 즉 이성만이 허락하는 주체를 상정하고 있다. 그런데 칸트와 헤겔이 말한 주체야말로 이미 폭력을 감추고 있다는 사실이 밝혀진 지 오래다. 칸트와 헤겔이 말하는 주체야말로 주관적인 환상(illusion), 즉 절대 보편성을 위해 주체는 인간을 역사라는 이름하에 감추었고 희생시켰다(이 책 303). 따라서 이 평자가 데리다에게 제기하고 있는 이의는 사실은 칸트와 헤겔에게 제기해야 할 이의다.

철학자들 중에서 데리다가 심정적으로 가장 가깝게 느끼고 있는 철학자이다. '신은 죽었다'라고 외친 것 말고도 니체가 포스트모더니즘과 포스트구조주의에서 정신적 지주(mentor)로 부상한 이유는 언어의 수사성에 대한 그의 비판 때문이다. 부친이 목사였음에도 불구하고 왜소한 체구와 지나치게 예민한 감성의 천재였던 그는 신학과 형이상학을 향해 '노예도덕' 혹은 '교수형리'라는 항변과 거칠 것 없는 조소로 당시 전 유럽을 경악케 했다.

니체는 근엄한 표정을 짓고 있는 철학자들을 조롱했다. '여성의 성처럼 유혹적인 언어에 넋이 빠진 채, 철학자들을 어디에서 출발해 어디로 흘러가는지도 모르는, 강물 위를 부유하는 부평초'에 비유했다. 교수들에 대해서도 신랄하게 비판했다. '교수들이란 귀만 거대하게 발달한 사람들이다. 그들에게는 창발적 사유란 없기 때문에 오직 남의 말을 듣고 받아쓰기만 하는 필경사일 뿐이다.' 이미 1873년 니체는 그의 저서 《초도덕적 의미에서 진리와 허위》에서 소위 철학자들이 말해온 '진리'를 현존시킨다는 고유 과정이 은유(허구)에 불과하다고 말한다. 물론 여기서 '은유'란 19세기 낭만주의자들과 전통주의자들이 환유와 은유를 구별하고 은유를 우선시해왔던 의미에서의 은유가 아니라, 언어 자체의 속성인 수사를 뜻한다. 언어는 결국 나타내고자 하는 속성이나 사물을 다른 것으로 바꾸는 것, 혹은 옮기는 것을 뜻한다. 은유의 원래의 뜻은 이동이다. 니체가 서구의 신학이나 형이상학을 향해 던졌던 고발은 이렇게 계속되었다.

개인적인 고유한 것을 보존하는 수단인 지성(이성)은 위장 속에서 이의 힘을 증가시킨다. 형식이나 구조에 저항 없이 이를 받아들이는 것은 정직성의 결여를 뜻한다. 우선 우리의 신경을 자극하는 것으로 이미지로 진리를 바꾸어 표기하는데 이것이 첫 번째 은유이다. 이 이미지는 다시 소리로 바꾸어 기록되는데 이 또한 두 번째 은유이다. (《해체》 176)

이 은유는 정체성 혹은 고유성을 이와는 상이한 것과 연결시켜 동일한(Gleich machen) 것으로 위장한다. 독일어 Gleich machen은 같게 하다, 평평하게 하다, 폐허로 만들다, 일체를 평등케 하는 죽음을 의미한다. 그런가 하면 Gleich는 직유, 유사함, 비교, 알레고리, 우화, 비유 등 수사를 뜻한다. 이미 독일어가 말하듯, 언어(수사)는 죽음을 뜻한다.

데리다와 니체와의 유사성은 바로 위에서 밝힌 대로, 우리의 사유를 사상捨象/死傷시키는 언어의 수사성에 주목하는 데 있다. 아래는 니체가 《초도덕적 의미에서 진리와 허위》에서 말한 것을 데리다가 〈백색신화〉에서 인용한 것이다.

그렇다면 진리란 무엇인가? 은유, 환유, 신인동형동성설神人同形同性說, 즉 인간은 신의 형상대로 만들어졌다(Imago Dei)는, 그래서 인간은 신과 유사하다는, 즉 신을 의인화하는 의인법擬人法으로 만들어진, 수없이 많은, 움직이는 수사에 불과하다.…… 진리란 진리가 망상이라는 사실을 잊어버렸기 때문에 생긴 망상들에 불과하다.…… 진리는 수사이고, 이 수사는 동전의 양면이 지워져버려 더 이상 가치를 표시하지 못하는 쇠붙이에 불과한 것이다. (《해체》 176, 《여백들》 258/217)

데리다와 니체를 이어주는 또 다른 끈은 두 사람 모두 문체의 다양성이 사유에 필수임을 인지했다는 데 있다. 왜냐하면 문체의 다양성이 사유를 직선적 논리로부터 방어할 수 있다고 생각하기 때문이다. 니체는 '펜과의 춤'이 매우 중요하다고 말했는데 이는 '유동적인 글쓰기'로서 개념화에 종속되지 않는 글쓰기를 말한다. 이것이 데리다의 해체적 글쓰기 혹은 열린 글쓰기다(이 책 5장).

데리다와 니체를 이어주는 또 다른 가교는 이 두 사람 모두 형이상학의 틀과 가치를 믿지 않는 데 있다. 형이상학적 틀과 가치란 창조(기원), 고통, 시험, 구원, 그리고 종말이라는 《성경》의 시간표와 프로그램을 말한다. 대신, '영원한 회귀 혹은 반복'만이 있다는 것이다. 데리다의 모든 상호텍스트들은 '영원한 반복'을 상기시키듯, 어휘를 조금씩 변형시키면서 진행되는 상이한 반복이다. 반복하면서 기원과 종말을 전제로 하는 담론들 속에 이미 내재되어 있는 모순과 균열을 조명하여 드러내는 것이다. 니체는 《우상의 황혼》(1889)에서 '아직도 우리는 신을 제거하지 못했다. 왜냐하면 우리는 여전히 문법에 신념을 두고 있기 때문이'라 했다. 데리다의 《그라마톨로지》는 '문법에 대한 신념'이 루소, 레비-스트로스, 소쉬르의 담론들을 어떻게 진퇴양난에 빠트렸는가에 대한 '방사선 검사'이다.

데리다의 해체가 니체로부터 영감을 받은 것은 또 있다. 니체의 관점주의(perspectivism)이다. 절대진리가 우리의 인식이나 언어로 알 수 없는 것이라면 우리의 인식과 앎은 한 가지 관점에 불과하다는 니체의 말이다. '관점'이라는 말 대신에 데리다는 '입장들'이라는 말을 사용했다. 데리다의 입장(관점)은 상황에 따라 끊임없이 바뀐다. 완벽한 입장과 관점은 있을 수 없기 때문이다. 따라서 데리다는 레비나스 같은 종교 윤리주의자를 비판할 때는 마치 경험주의자와 같은 입장을 취하고, 구조주의를 비판할 때는 구조주의가 구조 밖에 있는 신비에 대해서는 전혀 고려하지 않기 때문에 '허무주의' 혹은 '데카당'이라고 질책했으며, 언어의 '경제성' 안에 갇혀 있는 채, 상식적인 사유가 전부인 화행이론(Speech Act Theory)[25]

---

25 화행이론은 철저하게 실용주의에 근거하고 있는 언어이론이다. 구조주의가 언어를 랑그와 파롤로 구분하고, 추상 체계인 랑그를 더 중히 여기고 이를 찾아내려고 열중한 것과는 대조적으로, 화행이론은 일상에서 우리가 언어를 사용할 때 이에 수반되는 행위와의 관계를 연구하는 것이다. 이런 이유로 화행이론이 중시하는 것은 언어 사용 시에 우리의 의도(intention), 행위(action), 그리고 이것들이 이루어지는 콘텍스트이다.
《단어들과의 화행법 How to Do Things with Words》(1955)에서 오스틴(John Langshaw Austin)은 항구적(constative) 발화와 수행적(performative) 발화에는 분명한 구분이 있다고 주장했다. 앞의 것은 사실의 진위 여부만을 말하는 것이고, 후자는 이와 대조적으로 행위나 결정을 수반하는 발화이다. 예를 들면, 결혼, 약속, 내기, 이름 짓기, 상속 등이다. 항구적 발화는 사실의 진위 여부가, 그리고 수행적 발화는 발화가 수행에 적절(felicitous)한가, 부적절(infelicitous)한가가 판단의 기준이 된다. 그리고 오스틴은 수행적 발화를 다시 세 가지로 나눈다. 즉 진위(locutionary) 발화, 그리고 진위 여부가 아니라, 행동과 관련되는 비진위(illocutionary) 발화, 그리고 세 번째 발화의 결과가 감정, 생각, 행위에 영향을 끼치는 감응(perlocutionary) 발화이다. 오스틴 자신도 이러한 구분이 개념적 혹은 추상적 작업으로 상대적인 용어에 불과하며 명

을 비아냥하면서 화행이론을 주장한 오스틴과 설 등을 '합자주식회사' 주주라고 패러디한다. 따라서 데리다의 입장(관점)을 하나로

확한 구분이 불가능하다고 했다. 그러면서도 이러한 구분을 하려 했다는 것은 이분법이 성립될 수 없음을 알았음에도 불구하고, 이를 고수하려고 했던 다른 사상가들(소쉬르, 헤겔, 후설, 루소 등)의 제스처를 반복하고 있는 것이다.
그런데 화행이론이 데리다로부터 심각한 비판을 받은 이유는 문학적(literary) 발화는 공허하기 때문에 정상적 발화에 기생적이며 정상적 발화를 암중퇴화 (etiolations)시킨다고 주장했기 때문이다. 데리다는 〈서명 사건 콘텍스트〉(《여백들》에 실린 마지막 논문)에서 이러한 이분법을 여지없이 해체한다. 그러자 존 설(John Searle)이 데리다가 오스틴을 심각하게 오해했다며, 〈차이들을 거듭 반복하면서: 데리다에 대한 응답 Re-iterating the Differences: A Reply to Derrida〉이라는 글을 발표하자, 데리다는 〈유한회사, a b c... Limited Inc, a b c...〉(1990)라는 글을 발표했다. 매우 긴 이 글의 절반이 지나도록 데리다는 직접적인 논쟁을 하지 않고 패러디만 한다. '달팽이처럼 기어가는 나의 논의를 상대방이 용서해줄까?' 하면서, 설(Searle)을 여러 차례 Sarl로 호명한다. 얼핏 보면, 조이스가 밤의 언어를 창출할 때처럼 설의 이름을 약간 잘못 발음하는 것이 아닌가라는 생각을 하게 된다. 그런데 사실인즉 패러디이다. 프랑스어 SARL 은 Société à responsabilité limitée, 즉 유한책임 회사를 뜻한다. 동시에 SARL 은 Searle, Austin, Ricour, Lenann, 즉 대표 화행이론가들 성의 첫 글자만을 모은 것인데, 이들을 회사 주주에 비유하며 패러디한 것이다.
학계에서는 도저히 용인될 수 없는 형식과 스타일을 지닌 데리다의 이 특이한 글이 발표되고는, 설은 그 이후 영영 침묵해버렸다. 더 이상 그 어떤 논문도 쓰지 않았다는 말이다. 데리다로부터 받은 상처는 컸던 모양이다. 상처를 받으면, 어떤 이는 치유하기 위해 걷고, 어떤 이는 두문불출 음악만을 듣는데, 설은 역시 실용주의자 미국 남성답게 미국 대학의 체계와 제도 개선에 열을 올리며 상처를 치유한 듯하다.
언급해야 할 중요한 사실은 데리다가 화행이론을 공중 산화시켜 해체했지만, 그럼에도 불구하고 화행이론이 가장 중시 여겼던 것, 즉 언어에 관한 연구대상은 일상에서의 언어사용에 따르는 행동, 결정, 판단, 그리고 콘텍스트가 되어야 한다는 철저하게 실용적인 화행이론의 강령은 여전히 매우 중요하다고 강조했다는 사실이다. 바로 이런 이유로 화행이론의 이 부분을 해체의 기초로 데리다는 사용한다. 따라서 필자가 이 입문서에서 반복해서 지적한 대로, 데리다 해체는 해체 대상이 되는 담론을 모두 다 버리는 것이 아니라, 버리면서, 동시에 취하는 이중적 관계인데, 데리다 해체와 화행이론과의 관계도 이중적이다.

고정할 수 없다. 그가 주조한 '차연'이 끊임없이 다른 '차연'의 기표로 대체되어 움직이고 있듯이, 그의 문체와 기표의 선택은 데리다가 누구를 상대하여 논증하는가에 따라 달라지듯, 그의 입장(관점)도 누구를 상대하는가에 따라 끊임없이 바뀐다.

데리다와 니체 두 사람의 지향점은 체계 안에 있는 여백과 체계 밖에 있는 사유다. 텍스트 안에서의 철저하고 면밀한 데리다의 체계적 읽기는 궁극적으로 텍스트 바깥에 있는 '타자'에 대한 욕망에서 유발된 것이다(《그라마톨로지》 232/162). 데리다가 텍스트 안에서의 엄정하고 미세한 읽기를 강조하기 위해 한 말, '<u>텍스트 바깥에는 아무것도 없다(Il n'y a pas de hors-texte)</u>' (강조의 밑줄은 데리다의 것)(《그라마톨로지》 227/158)는 데리다가 텍스트에만 관심을 갖는 데카당이라는 오해를 낳았다. 그러나 앞에서 반복해서 지적한 대로 데리다 해체의 모든 것은 이중적이다. 데리다의 해체가 철저하게 텍스트의 안을 분석하고 점검하는 이유 중 하나는 이 방법이 해체를 가장 효율적으로 할 수 있기 때문이다. 구조주의자들처럼 폐쇄의 텍스트 안에 안주하기 위해서가 아니다. 그렇다면 무엇 때문인가?

우리가 주목해야 할 것은 '텍스트 바깥에는 아무것도 없다'라는 말을 다시 프랑스어로 쓰면 '텍스트 바깥에는 무(rien)가 있다(il y a rien dehors texte)'가 된다는 점이다. 데리다는 폐쇄 혹은 체계 밖에 있는 무에 대한 욕망이 거의 광적이라는 사실을 스스로 고백한 바 있다. 특히 《그림엽서》 전반부에서는 이러한 사실을 서간체 연애소설의 형식을 빌려 길게 드러내었다. 따라서 텍스트 안에서의 철저한 읽기와 분석은 체계 밖에 있는 '무'를 향한 것이다. 바로 데리다 해체의 이러한 이중적 포석에 대해 데리다는 '먼 거리와 가까운 거리는 서로 다르지 않다'고 했으며, 철저한 텍스트 안의 읽기를 '초월적 읽기'라고도 했으며, 자신의 '텍스트에는 겉과 속이 있다'라고도 했다. 텍스트 밖에 있는 '무'는 체계와 언어로 표상되지 않는 사유이며, 따라서 무의미의 상태로 남아 있는 것이어서, 침묵, 백색(blanc), 공(blank), 빈 공간, '괴물스러운'(이 책 267~8)이라는 말로 데리다는 표현하기도 했다. 데리다의 해체가 체계 안, 텍스트 안을 철저하게 분석, 점검하는 이유는 체계 밖에, 혹은 체계의 여백에서 잠자고 있는, 아직 프로그램 되지 않은 타자 혹은 사유를 깨우기 위한 것이다. 마찬가지로 니체는 앞으로 철학의 목적은 칸트가 말하는 '목적 없는 합목적성(purposeless purposiveness)'의 철학이 아니라 공空이 되어야 한다고 했다. 체계 밖에 있는 사유를 '공'이라 표현한 것이다. '목적 없는 합목적성'이란 니체나 데리다에게는 인간적인 모든 것을 제거하는 폭력을 동반하는 추상 그 자체를 의미한다. 니체는 《도덕의 계보학》(1888)의 시작과 끝에서 '미래 철학의 목적은 공이어야 한다'는 말을 거듭 강조했다. 이것이 데리다와 니체를 잇는 또 하나의 견고한 끈이다.

데리다는 니체를 두고 '잘은 모르겠지만 아마도 가장 미친 사람일 것이다.…… 가장 많은 고통을 받았기 때문에 가장 많은 자유를 경험한 사람인 것 같다. 이러한 광기에 따른 그의 고통과 그의 자유를 스트레이트 재킷에 넣듯, [개념에 맞추는] 그런 해석은 하지 않아야 한다'[26]라고 했다. 동시에 데리다는 우리가 평상적으로 이해하고 있는 니체—도덕, 기독교, 신이라는 개념들로 인해 함정에 빠진 인류를 구출하는 초인—보다 훨씬 더 복잡한 니체가 있음에 유념해야 한다고 말한다. 따라서 데리다는 비결정성 혹은 고정불가성의 니체의 철학을 '아마도(peut-être/maybe)의 논리'라고 불러야 한다는 것이다.[27] 기술에 대해서 니체는 좋을 수도 있고 나쁠 수도 있다고 했다. 민주주의에 대해서도 마찬가지였다. 따라서 니체의 철학에는 개념이나 동일성이 없다. 모든 면에서 니체는 이중적이다. 이것이 니체의 모든 용어와 선언을 매번 서로 반대되는 입장에서 동시에 평가하고 읽어야 하는 이유이다. 또한 니체에게 있어서 모든 것은 해석이었다. 데리다는 니체의 이 모든 것을 유산으로 그대로 물려받았다. 그러나 하이데거는 이런 니체를 거절했다. 물론 기술에 대한 하이데거의 사유 역시 매우 복잡하다(《니체와 기계》 53). 그러나 그럼에도 불구하고 하이데거는 기술은 존재에 해가 된다고 결론 내린다.

데리다는 니체가 형이상학의 진리를 다룰 때 이원구조에 완전히 구금당하지 않았음을 《박차: 니체와 문체》(1972)에서 다음과 같이 말했는데, 이는 하이데거가 니체의 사유를 구조화 혹은 체계화시킨 것에 대한 반대 논쟁으로 데리다가 제시한 것이다. '그는 이렇듯 거세된 여자(ㄱ)였고 거세된 여자(ㄴ)를 혐오했다. 그는 이렇듯 남자를 거세하는 여자(ㄷ)였고 남자를 거세하는 여자(ㄹ)를 혐

---

26  J. Derrida and E. Rottenberg, *Negotiations: interventions and interviews: 1971~2001*, Stanford University Press, 2002, 217.
27  Jack Reynolds and Jonathan Roffe(ed), *Understanding Derrida*, 143.

오했다. 그는 이렇듯 삶 자체인 긍정적 여자(ㅁ)였고, 삶 자체를 긍정하는 여자(ㅂ)를 사랑했다.'(《해체》268)

여기서 여자란 '차연'으로 사산死産 혹은 사상捨象/死傷된 진리 (거세된 남자)를 뜻한다. 여성이 남성을 유혹하듯 언어의 수사(은유)가 순진하고 단순한 철학(자들)이 정의한 진리를 이미 거세했다는 뜻이다. 언어와 여성을 니체는 동일하다고 유추하는 것이다.

그렇다면 니체는 왜 여성의 특성을 말(글)의 특성과 등식화했는가? 앞에서 소쉬르를 설명할 때 나만의 고유성 혹은 나만의 목소리를 제거하는 것이 언어의 고유속성임을 말했다. 고유속성을 다 비워내지만, 언어는 끝없이 나만의 고유성이나 진리를 가지고 있는 듯, 어리석고 순진한 철학자들을 유혹하여 함정에 빠트린다고 생각하기 때문이다. 니체는 여자가 남자를 유혹하는 방식이 거미가 거미줄을 쳐놓고 파리를 잡는 방식과 유사하다고도 했다. 그래서 니체는 글(언어)을 거미줄에 비유하고, 거미줄에 걸려 죽은 파리를 순진한 철학자들에게 비유하기도 했다.

위에서 인용한 데리다의 말을 더 구체적으로 설명해보자.

ㄱ. 니체가 언어를 사용하는 한, 니체 자신도 글에 불과하다는 뜻이다. '시인은 시詩다' 라는 말이다.

ㄴ. 언어는 형이상학이 말하는 진리와 의미를 실제로는 지니고 있지 않다는 사실을 모르고 쓴 글쓰기, 즉 거세된 글쓰기라는 뜻이다.

ㄷ. 형이상학적 진리(남근, 혹은 남성으로 상징되는)가 진리가 아

님을 니체가 드러내는 글쓰기라는 뜻이다. 전통적인 체계에 따라 관념화된 글(남자)을 해체하는 글을 뜻한다.

ㄹ. 진리나 의미를 사상捨象/死傷시키는 언어(의 수사)라는 뜻이다.

ㅁ. 삶이 유희임을 알고 쓰는 글쓰기를 뜻한다.

ㅂ. 형이상학에 결박되지 않는 유희적 글쓰기, 유동적 글쓰기를 사랑했다는 뜻이다.

여기서 보듯, '여자'라는 단어는 여러 가지 각도에서 쓰였다. 한 단어를 여러 가지 다른 각도에서 혹은 다른 뜻으로 사용한다는 것은 한 단어에는 고정된 한 가지 의미만 있는 것이 아니라는 뜻이다. 사전을 펼쳐보자. 가장 쉬운 영어 단어 take를 보면 다른 의미로 쓰이는 예가 엄청나게 길게 나와 있다. 동사로 알고 있는 이 단어는 명사로도 쓰이면서 다양한 전치사가 붙으면 또 다른 뜻으로 변한다. 바로 이런 이유로 데리다의 해체를 뜻하는 '차연' 역시 비슷하게, 때로는 상이하게 다른 뜻으로 끊임없이 대체된다. 끊임없이 다른 것으로 대체될 수 있다는 것은 '차연'이라는 기표가 무엇을 고유하게 표상하지 못한다는 뜻이다. 한 기표가 끊임없이 다른 것으로 대체되는 것은 미시적 층위에서의 해체다. 끊임없이 다양한 관점을 수용하면서도 어느 관점을 수용하지 않는 것은 거시적 층위에서의 해체이다. 이러한 사실, 즉 고정된 기표도 없이, 고정된 관점도 없이, 끊임없이 다른 것으로 대체되는 기표와 입장들을 수용한 글쓰기를 니체는 '펜과의 춤(유동적 글쓰기)'이라 표현했다.

찾을 수 없는, 고정된 절대불변의 진리에 강박되는 대신, 무한대로의 유희를 웃음과 함께 긍정적으로 받아들인다는 뜻이다. 이렇게 함으로써 이원구조나 언어에 의해 사산되거나 거세되지 않는 글을 쓰고자 했던 것이다. 니체는 《이 사람을 보라》(1888)에서 '나는 왜 이렇게 좋은 책을 쓰는가'라며 뽐내기도 했고, 자신이 가장 많은 문체를 구사할 수 있다고 자랑하기도 했다. 데리다 또한 타의 추종을 불허하는 다양한 문체를 구사하고 있다. 《목소리와 현상학》과 《글라》, 《그림엽서》, 《그림 속의 진리》 등을 보면 데리다 한 사람에 의해 쓰인 문체라고는 도저히 믿을 수 없을 정도로 해체되는 사유자들의 문체를 교묘하게 흉내 냄으로써, 전적으로 서로 다른 여러 문체들을 구사한 것이다.

데리다가 일거에 진리를 잡으려 하다가는 오히려 언어의 함정(미망)에 되잡히는 결과를 초래한다는 사실을 누누이 강조하는 것도 니체를 통해 배운 것이다. 또한 소위 진리라고 하는 것도 결국 멀리서 언어가 만들어내는 유혹이고 미망이기 때문에, 언어가 일으키는 진리, 즉 미망에 빠지지 않기 위해서는 언어로부터 진리가 가지고 있는 거리에서 다시 거리를 유지하며 글을 쓰는 것이 중요한 전략이라는 것도 니체로부터 습득한 것이다(《해체》 23~5). 데리다는 《글쓰기와 차이》에서 푸코, 레비나스, 아르토, 프로이트를 재독하면서, 이들이 형이상학의 틀로부터 벗어나려고 했으나, 다시 되잡히는 과정을 세세하게 드러냈다.

데리다가 니체로부터 배운 것은 또 있다. 니체의 '가치 전복(transvaluation)'이다. 이것에 영향을 받지 않는 현대 서구 지성인들은 거의 없을 것이다. 그러나 단순한 전복은 이원구조 안에 있기 때문에 여전히 이원구조에 되잡힌다. 프로이트, 라캉, 아르토, 주네, 아방가르드가 시도한 형이상학의 전복이 여기에 속한다.

니체의 광기와 장광설 또한 데리다가 이어받고 있다. 그러나 데리다의 치명적인 죄에 해당하는 광기 어린 과장(hubristic and hyperbolic)은 그리스 비극의 주인공들의 치명적인 죄(hubris)인 과도한 자신감이나 열정적 광기와는 전적으로 다르다. 니체와 데리다가 보이는 광기는 그리스 비극이 말하는 치명적인 죄와 속죄, 그리고 깨달음(구원)의 패턴이 강화된 구약과 신약이 말하는 죄와 구원 그리고 약속의 프로그램 속에 속해 있는 죄가 아니다. 니체와 데리다의 광기 어린 과장, 즉 죄는 죄에 관한 기존의 틀과 기존의 인식 지평에 구멍을 내기 위한 것이다. 이런 이유로 니체의 《이 사람을 보라》와 《차라투스트라는 이렇게 말했다》(1883~1885)는 기존의 구원주의에 대한 반구원적 텍스트이다. 니체는 반예수이다. 그러나 반구원적인 동시에 구원적인 텍스트라고 데리다는 평가한다(〈니체와 기계〉33). 데리다의 텍스트 또한 이러하다.

데리다는 영향을 받은 철학자들을 해체했듯이 니체도 해체한다. '니체는 텍스트라는 거미줄 속에서 길을 잃었다.'(《해체》268) 이 말은 니체가 선언한 것에는 미진한 글쓰기와 사유가 있다는 말이다. 우선 하이데거와 유사하게 니체도 《비극의 탄생》(1872)에서 그리스 문화를 기원으로 삼고 있다는 사실이다. 니체는 디오니소스와 아폴로라는 이원구조로 비극의 탄생을 설명하고 있다. 또한 낭만주의자들이 모두 그러했듯, 니체 또한 음악의 통시성을 우선시함으로써 그 역시 이원구조로부터 완전하게 자유롭지는 못했다는 것이 데리다의 지적이다. 따라서 데리다가 니체와 갖는 관계 역시 이중적이다. 연결되어 있지만 동시에 떨어져 나오기 때문이다.

이쯤에서 이런 질문을 할 수 있을 것이다. 언어가 이렇듯 원래 우리가 전통적으로 전제하고 있었던 기능을 하지 못한다는 사실을 데리다가 철저하게 밝히고 있다는 것은 언어를 폐기하자고 그가 말하고 있는 것인가, 라고. 데리다의 대답은 결코 언어를 폐기해서는 안 된다는 것이다. 전통과 언어를 포기하는 것이야말로 '최악의 폭력'과 '재앙'을 부르는 것이며, 몽매주의의 나락으로 떨어지는 것이라고 한다(《글쓰기와 차이》 191/130). 개념을 폐기해야 하는가? 결코 아니라는 것이다. '형이상학의 개념들을 해체하기 위해서 개념들을 폐기하는 것은 아무런 의미가 없다'(《글쓰기와 차이》 412/280)는 사실을 데리다는 강조한다. 폐기할 것이 아니라 오히려 개념과 언어를 사용하되, 특이한 글쓰기로 이원구조, 언어, 개념이 우리에게 던지는 덫에 함락당하지 않는 글쓰기를 해야 한다는 것이다. 이를 위해 데리다가 권면하는 글쓰기는 바로 말라르메의 백색 글쓰기다.

## 4. 말라르메 Stéphane Mallarmé, 1842~1898

데리다는 말라르메의 시학이야말로 해체를 위해 '가장 신중하고 가장 참을성 있으며, 가장 효과적'(《산포》 255/207)[28]이라고 했다.

데리다가 보기에는 말라르메의 시학이야말로, 전통적·철학적 개념에 대항하는 데 가장 효율적이라는 뜻이다. 크게 보면 문학(언어)의 허구를 드러내는 문학(글쓰기)을 말라르메가 했다는 말이다. 문학이 허구임을 드러내는 문학을 문학 전공자들은 메타(meta) 문학, 자기반영적(self-reflective) 문학, 혹은 반문학이라고 칭한다. 그러나 많은 작가들이 반문학을 했다고 해서 모두 데리다가 원하는, 말라르메의 반문학과 동일한 수준의, 동일한 층위의 글쓰기를 했다는 말은 결코 아니다. 전통적 문학에 반대하는 반문학을 하다가 종국에는 전통적 문학의 틀에 오히려 다시 붙잡히는 문학이 부지기수였음을 데리다는 증거하고 있다. 예를 들면 앙토냉 아르토, 장 주네, 드 만이 그러했다. 그러나 말라르메의 글쓰기는 서구 전통에 가장 깊숙이 박혀 있어 '가장 강고하여 가장 변화시키기 어려웠던 형이상학적 전통을 깰 수 있는 역사적 사건'(《그라마톨로지》 140/92)이었으며, '문학의 지침서'(《산포》 275/223)라고까지 평하며 데리다는 극찬했다.

불문학 전공자들은, '말라르메? 골치 아파!'라고 할 만큼 그의 시는 난해했고, 톨스토이는 말라르메의 《주사위 던지기》(1897)를

---

28 많은 한국 학자들은 'dissémination'을 '산종(散種)'으로 번역했다. 혹 민들레 씨앗이 바람에 퍼져나가는 모습을 생각해서 산종이라고 한 것 같은데, 씨가 퍼지는 것은 씨를 잃어버리는 것이 아니라, 다시 그 씨를 몇 배로 증산시키는 것이 아닌지. 그러나 '차연'에는 씨앗(種), 즉 기의가 원천적으로 없다. dis-를 부정의 접두사(prefix)로 보고 씨가 없다는 뜻으로 풀이하는 것이 옳을 듯하다. 이 말은 '차연'의 또 다른 기표로서, 종에 해당하는 기의는 없고 쭉정이에 해당하는 기표만이 퍼져나가는 것으로 이해되어야 할 것이다.

읽고 난 후, 이 시가 무엇을 말하는지 도통 모르겠다며 화를 냈다고 한다. 너무나 난해했기 때문에 말라르메는 많은 독자들을 가지지 못했다. 이 결과 적빈의 생활 속에서 생을 마감했던 말라르메의 시가 파리 문인들의 관심의 대상이 되기 시작했던 것이 1950년대 후반과 60년대였다. 말라르메의 시 해석자로써 높은 명성을 가지고 있었던 장-피에르 리샤르의 평전, 《스테판 말라르메의 상상적 우주》가 1961년에 출간되었다. 데리다도 말라르메에 대해 비상한 관심을 가지고 오랫동안 읽었다. 데리다가 1963년에 《크리티크》에 발표한 글, 〈힘과 의미화〉(《글쓰기와 차이》 1장)는 장 루세의 《형식과 의미화: 코르네유에서 클로델까지 문학 구조에 대한 연구》의 논지—말라르메의 시에 구조적 혹은 유기적 통일성이 있다—에 대한 비판이다. 그리고 리샤르와 루세의 말라르메 읽기에 대한 데리다의 비판이 〈이중환영 La double séance〉(《산포》)에서 더욱 구체적으로 진행된다. 이는 루세와 리샤르의 오평으로부터 말라르메의 시학을 구출하기 위한 데리다의 말라르메 다시 읽기이다. 이뿐만이 아니다. 《글쓰기와 차이》 맨 앞 헌납 페이지에는 《주사위 던지기》의 서문 일부가 마치 말라르메를 추모하는 비석인 양 서 있다. 그만큼 말라르메는 데리다에게 움직일 수 없는, 절대적 영향을 끼친 시인이다.

읽는 행위를 공간화하는 경이로움
이것 이외는 그 어떤 경이로움도 없는 전체성

여기서 '공간화'란 언어의 속성, 즉 '차연'의 속성 때문에 의미가 없어지는 것을 뜻한다. 말라르메의 글쓰기가 진행시키는 것은 평상시 단어가 지니고 있다고 우리가 생각했던 의미들이 없어지는 것을 보여주는 것이며, 이것으로 시 전체가 구성되는 것을 경이로운 전체성이라 말하는 것이다. 따라서 공간화된 책의 페이지는 통상적인 뜻에서의 의미가 다 빠져나간 결과, 그저 하얀 종이일 뿐이다. 보다 선명한 이해를 위해 서문을 더 읽어보자.

먼저 하얀 것들이 사실상 중요해지고 그 하얀 것들이 소리를 낸다.
시구를 만드는 데는 이 하얀 것들의 두드리는 행위가 요구된다.
이 결과 침묵이 시 모두를 점령한다.
몇 개의 시구들이 페이지의 3분의 1을 점령할 때까지.
나는 시 형식을 이탈하는 것이 아니라, 다만 흩뿌리는 것이다.

'시 형식을 이탈하는 것이 아니라, [시 형식 안에서] 다만 흩뿌리는 것이다'라는 말에 주목할 필요가 있다. 데리다는 이원구조 안에서 이원구조를 해체해야 하고, 언어를 사용해서 언어의 허구성을 드러내며, 전통 안에서 전통을 해체해야 함을 강조했는데, 이는 바로 말라르메의 시학으로부터 받은 영감에서 기인한 것이다. 시 형식을 이탈해서는 전통 시를 효율적으로 해체할 수 없기 때문에 말라르메는 시 형식 안에서 전통 시의 구조를 백색의 글쓰기로 약화시키는 것이다. 데리다의 해체 또한 철저하게 해체 대상이 되는 기존 텍스트 안에서 진행된다. 말라르메는 시 형식을 빌려, 시를 쓴다. 그래서 시가 가지고 있는 아름다운 운율은 그대로 살리지만, 시어 하나 하나에는 이미 의미가 없다는 것을 드러낸다. 의미 없음이 드러나니까, 시에 있는 것을 하얀 것, 즉 침묵에 비유한 것이다. 그러나 의미가 없어 침묵이지만, 시의 운율과 리듬은 그대로 유지된다. 이것이 '하얀 것들이 두드리는 행위'다. 이런 이유로 '하얀 것들이' 말라르메의 시학에서 매우 중요해진다. 또한 말라르메의 '흩뿌리다'라는 말에서 데리다는 《산포》와 〈백색신화〉의 제목과 '차연'의 속성을 생각해낼 수 있었을 것이다.

    말라르메의 시학을 따라 데리다는 글쓰기를 했다. 글자가 쓰인 페이지는 의미나 유기적 통일성 혹은 중심이 있는 것이 아니라, 이 모든 것이 삭제된, 의미가 비어 있는 공空, 침묵뿐이다. '비어 있는(blank)'이라는 말과 '백색(blanc)', 이 두 프랑스어 단어의 소리가 같다는 사실에 주목하라. 말라르메의 백색 글쓰기에 의해 도출된 침묵(무의미, 백색)이야말로 다의미가 생성될 수 있는 가능성의 공간이며, 이러한 공간이 가능해진 것은 '차연'에 의해 발생된 의미(논리실증주의자들과 경험주의자들에게는 의미이지만, 그러나 데리다나 말라르메에 의하면 무의미)를 몰아내는 백색 글쓰기 때문이다. 이렇듯 그리고 데리다가 사용하는 모든 기표가 그러하듯, '백색' 혹은 '빈 공간'이란 말도 이중적으로 이해해야 한다. 의미가 비워져 있다는 뜻과 더 많은 의미가 발생할 수 있는 잠재력을 지닌 공간으로 이해해야 한다. 죽은 의미를 몰아내는 것은 새로운 의미를 이입하기 위한 것이지, 마냥 무의미의 공간으로 비워두기 위한 것이 아니니다.

20세기 말 서구는 이렇듯, 전통적으로 언어에 대해 가졌던 신념이 급속도로 와해되는 것을 목격하게 된다. 언어 체계와 언어 사용에 있어서의 폐쇄성은 여러 가지 이미지로 부각된다. 소쉬르, 엘리엇, 뒤샹은 장기놀이로, 말라르메와 데리다는 주사위놀이로, 레비-스트로스는 원판놀이(roulette)로, 베케트는 밑 없는 심연의 게임(abyssal game)으로, 밑도, 시작도, 끝도 없는 무한 반복의 놀이 혹은 유희로 해체당한 우리들 사유의 발가벗은 모습을 부각시켰다.

## 5. 헤겔 G. W. F. Hegel, 1770~1831

  말라르메만 제외하고 데리다에게 영향을 지대하게 끼친 사유자들과 데리다의 관계는 이중적이었음을 보았다. 데리다가 헤겔과 맺고 있는 관계 또한 이중적이다. 데리다는 자신과 헤겔과의 관계에 대해, '절대적으로 근접되어 있지만, 파격적으로 다르다'(《입장들》 60/45)고 했다. 이는 '차연'과 '차이'가 떨어져 있으면서 이어져 있는 '경첩(la brisure/hinge)'처럼, 데리다와 헤겔과의 관계 또한 분리(break)되었으나, 동시에 연결(non-break)되어 있어 이중적 관계에 있다는 말이다.
  데리다는 '헤겔은 책의 마지막 저자이며, 그라마톨로지의 첫 번째 작가'(《입장들》 103/77)라고 말한다. 이는 전통적인 의미에서의 책, 즉 작가의 고유한 목소리와 의도가 유기적 통일성을 통해 담긴 책이란 없으며, 이런 것들이 다 빠져나간 그라마톨로지라는 것을 확실하게 깨닫고 있었던 사람이 헤겔이라는 말이다. 이 말은 해체적 혜안을 헤겔이 이미 다 가지고 있었다는 뜻이다. '차이에 대해 헤겔만큼 철저하게 사유한 사람이 없다'(《글쓰기와 차이》 168/114)라고 말했는가 하면, 데리다는 헤겔의 담론은 아무리 읽어도 다 읽지 못한다고 말한다. 헤겔의 담론은 수없이 많이 갈라져 있는 담론이기 때문에 데리다 자신이 헤겔 담론에서 집중적으로 드러내는 폐쇄 속의 악순환만이 있는 것이 아니라, 헤겔이 헤겔 자신의 텍스트를 넘어서는 순간도 있기 때문이라는 것이다(《입장들》 103~4/77~8). 자신의 해체적 읽기로 헤겔 사유가 지니고 있는 복잡성이 다 밝혀진 것이 아니라는 뜻이다. 이는 헤겔에 대한 극찬이다. 헤겔 사유의 복잡성과 깊이를 지적하는 말이기 때문이다. 그러나 앞에서 우리는 데리다의 하이데거에 대한 평가가 철저하게 이중적이었음을 보았다. 데리다의 헤겔 읽기(해체) 또한 철저하게 이중적이다.

데리다의 글쓰기가 지나간 수없이 많은 길은 이미 그리고 궁극적으로 헤겔을 향한 조준을 위한 포석이자 포문이다. 눈에 띄는 초기의 포문은 《글쓰기와 차이》 9장 〈제한적 경제성에서 일반적 경제성으로: 보유 없는 헤겔주의〉와 《여백들》 3장 〈구멍과 피라미드〉이다. 이렇듯 데리다가 헤겔의 변증법을 향해 중단 없는 전쟁을 일으키는 이유는 서구의 인문학 담론 거의 전부가 철저하게 헤겔의 영향 아래에 놓여 있고, 많은 경우 이 사실조차도 모르고 있으며, 알았을 경우에도 헤겔의 영향에서 벗어나고자 했던 담론들까지 결국에는 헤겔의 틀로 다시 흡수될 만큼 헤겔의 영향력은 너무나 막강하기 때문이다. 이런 이유로 데리다는 헤겔의 사유를 제국주의적이라고 했는가 하면, 거대한 '무적의 개념기계'라고도 했다. 따라서 모든 데리다의 글에는 이미 헤겔이 승선하고 있다. 특히 《그라마톨로지》,《그림엽서》,《입장들》,《그림 속의 진리》,《누가 철학을 두려워하랴》(1990)에서 헤겔이 전면에 부각되고 있고,《글라》는 헤겔에 대한 가장 깊이 있고, 가장 광범위하고 가장 치열한 비판이자 해체이다. 데리다는 서구의 사유 거의 모두가 얼마나 철저하게 헤겔에 예속되어 있는가를《글라》첫 페이지에서 다음과 같이 말함으로써 드러난다.

결국, 오늘, 여기, 지금, 우리를 위해 헤겔이 남긴 것이 무엇인가? 우리를 위해, 지금, 여기: 지금부터 그것에 대해. 그 사람 없이는 사유조차 불가능한 그것에 대하여. 우리를 위하여, 지금, 여기: '지금', '여기'라는 이런 단어들조차, 벌써, 항상, 우리가 그로부터 배우게 될 인용들에 불과한 것에 대하여.

한국어로 번역해놓아도 위의 인용에서 리듬과 흐름은 포착된다. 다만 되풀이되는 흐름 아닌 흐름은 반복적인 파편들을 통해서다. 마치 고장난 테이프 레코더로 인해 테이프에 실린 음악이 앞으로 나아가지 못하고 계속 투탁 투탁 소리를 내는 것처럼 이는《글라》의 전체 모습, 즉 반복과 파편의 콜라주를 예고한다. 동시에 헤겔의 변증법 사유에 포섭되지 않고 있는 나머지 사유는 무엇이며, 동시에 헤겔이 남겨놓은 사유가 무엇인가를 데리다는 물으면서 《글라》를 시작한다. '지금 그리고 여기'는 주지하다시피, 모든 전통적 사유자들이 전력을 다해 도출시키려고 했던 것이다. 그러나 '지금 그리고 여기'에 대한 우리들의 사유조차도 이미 헤겔의 변증법 안에서 사유되고 있기 때문에, '지금 그리고 여기'에 대한 우리들의 사유는 사실은 변증법을 그대로 복사한 인용에 불과하다는 것이다. 그러나 데리다는 즉시 헤겔을 비판하고 패러디한다.

그 사람, 누구?
그, 누구? 그의 이름은 매우 이상하다. 독수리로부터 이 이름은 제국주의적 혹은 역사적 힘을 끌어내고 있다. 그의 이름을 프랑스어로 부르면 상당히 우습다. (그를 이미 읽은 사람들에게는 의미상으로는 전혀 잘못[추락]을 하지 않는 완벽한) 대체, 이 대체는 제국주의적 차가움과 철옹성 같은 심각함으로 이루어진 것으로, 이 독수리는 얼음과 서리, 유리와 젤(gel) 안에 갇혀 있다.

그 사람은 물론 헤겔이다. 그렇다면 왜 헤겔은 프랑스어로 그 이름을 부르면 우스운가? 헤겔(Hegel)의 이름을 프랑스어로 부르면 H가 묵음이 되기 때문에 '에글(aigle)', 즉 독수리가 된다. 헤겔은 서구 철학사에서 그 영향이 가장 막강하기 때문에, 뛰어난 사람이기에 독수리로 비유한다. 그러나 데리다의 헤겔 읽기를 따라가다 보면, 헤겔은 '얼간이'가 된다. 그런데 독수리라는 프랑스어는 속어로 '얼간이'라는 뜻이다. 그 이유는 헤겔이 변증법을 정신의 지양을 위한 가장 확실한 기제라고 주장하고, 정신은 결코 단순히 외부적 우연성이 아니라고 하지만(《글쓰기와 차이》 168/114), 데리다에 의하면 헤겔은 정과 반이라는 이원구조에 의해 거세당하고 고유성을 잃어버린 뒤 추락하고 거세당했다는 사실을 모르고 있기 때문에 얼간이라는 것이다. 변증법은 절대정신으로 다가가는 지양이 아니라, 추락이고 거세로 향하는 가장 확실한 길이다. 헤겔이 말하는 절대진리는 거세된 남자, 즉 여자가 된다. 그럼에도 불구하고 헤겔의 변증법은 역사적으로 서구의 모든 사유자들의 사유를 흡수하여 제패한 제국주의적 힘을 지니고 있고, 철옹산성과도 같다는 것은 그 힘은 너무나 막강하여 거의 꿰뚫을 수 없다는 뜻이다.《글쓰기와 차이》9장에서 이 이유가 자세히 설명된다.

순수정신이라는 이름하에 진리, 존재, 정신을 잃어버리고 난 후 (부정당한 후), 이것들을 다시 되찾을 수 있다는 대체의 담론인 헤겔 철학은 즉 부정과 죽음이 복음이고 구원이라는, 비인간적인 차가운(차갑다는 말은 부정의 논리로 이성 이외에는 모든 것을 제거해야 된다는 것) 메시지를 담고 있다는 뜻이다. 심각하다는 말은 절대정신을 말하니 심각하다는 것이지만, 동시에 헤겔 담론에는 유머와 유희가 없으며, 이 결과 헤겔의 담론에는 엄청난 피곤증이 있다는 뜻이다. 그래서인가, 헤겔은 평생 지독한 불면증 환자였고, 우울증 환자였다. 그는 절대정신이나 지양이 아니라, 도수가 아주 높은 술과 항우울증 약으로, 평생을 견디면서, 스스로 자신의 우울증 전문 치료사가 되었다.

유리(glass) 안에 갇혀 있다는 독수리는 죽어 있는, 박제당한 독수리 헤겔이다. 헤겔의 철학은 죽음을 찬미하는 사유이며, 죽은 사유라는 뜻이다.《글라》는 서구 인문학 중심에 있는 정전(canon)에 해당하는 수많은 텍스트들이 모두 헤겔의 변증법 안으로 포위된 채 죽어 있는 모습을 눈으로 볼 수 있게 한 글쓰기다. 《글라》는 프랑스어로는 거울 혹은 체경體鏡이다. 즉 수많은 서구의 텍스트들이 변증법을 복사했기 때문에 서로를 비추는 거울이 된다는 뜻이다. 동시에 헤겔의 정신주의 역시 여러 담론들의 복사(거울)에 불과하다는 뜻이다. 그런가 하면 글라는 독일어로는 죽음을 알리는 종소리, 조종이다. 즉 서로를 복제한 무수한 상호텍스트들만이 있기 때문에 고유성이 다 빠져 나간 서구 인문학 담론의 죽음, 특히 철학의 죽음, 그리고 이러한 철학의 죽음조차 보지 못하는 철학의 죽음의 조종이자, 이를 알리기 위해 데리다가 울리고 있는 조종이기도 하다

또한 칸트가 그랬듯이, 헤겔 역시 기독교가 가장 우수한 종교라고 주장했다. 헤겔의 사유는 기독교의 교리, 즉 성부, 성자, 성신이라는 3단 논법을 그대로 복사하고 있다. 그러나 데리다에 의하면 기독교의 구약은 말할 것도 없이 원시종교, 아프리카 종교, 조로아스터교, 그리스 신화 등 많은 상호텍스트들과 얼기설기 짠 직물에 불과하다는 사실을 드러낸다.

그렇다면 glass와 glas에 있는 두 철자 gl을 가진 젤(gel) 안에 갇혀 있다는 말은 무슨 뜻인가? 젤은 풀(glue) 같은 물체이고, 이것은 상처를 보호하거나 부러진 뼈를 연결시키는 데 사용되는 약이다. 헤겔의 담론은 절대정신으로 나아가기 위해 절대적 요소인 부정을 무한대로 진행시킨 결과로 잘려나간 남근(이성중심주의)을 풀로 대신하거나, 이의 모순을 감추거나, 이에 따른 상처를 봉합하는 반고체의 바르는 약으로 겨우 지탱된다는 뜻이며, 동시에 젤처럼

약한 사유라는 뜻이다. 이것이 데리다가 제국주의적 무적의 개념 기계, 혹은 독수리로 상징되는 헤겔 사유의 실상이라는 것이다. 젤이 지니고 있는 gl은 glass, glas와 공통되는 철자이며 이는 헤겔 담론은 모조, 혹은 거울에 비친 반영에 불과해 젤처럼 연약하며, 또한 죽음이라는 뜻을 함축한다. 젤로 봉합, 대체하는 것은 비단 헤겔의 절대정신뿐만이 아니다. 의미, 개념, 그리고 단어 모두는 바로 이 젤에 의해 붙여지고 떨어지며, 순간적으로 혹은 잠정적으로 만들어진다는 것이다. 따라서 풀(glue)인 젤은 단어 그리고 개념 형성에도 없어서 안 되는 것이다. 철자가 끊임없이 다른 철자와 떼었다 붙였다 하면서 의미를 혹은 개념을 순간적으로 또는 잠정적으로 만들기 때문이다. glas, glass, gel이라는 단어가 공통으로 품고 있는 철자 g와 l은 죽음을 알리는 조종, 복제(거울)와 상처, 이 모두는 불가분의 관계에 있다는 뜻이다. 따라서 변증법으로 정신, 무한, 자유를 결코 담아내지 못한다고 데리다는 말한다.

이것의(Ça)/그녀의 것(Sa)/그의 Ça/Sa에 대한 그의 서명, 나머지의 사유로써, 이것을 편지 봉투에 집어넣을 것이지만, 그러나 확실히 편지 봉투에 모두 다 넣지는 못할 것이다.

여기서 Sa는 절대진리를 말하는 프랑스어 Savoir absolute의 약자이다. 그리고 이와 발음이 같은 Ça는 존재를 뜻하는 '이것(Es)'이다. 이는 프랑스어 여성 소유대명사 Sa와 발음이 같다. 이는 서구 철학이 말하는 이것(존재)과 헤겔이 말하는 절대진리(Sa)는 거세된 남성, 즉 여성임을 동시에 함축한다. '편지 봉투에 다 집어넣지 못한다'는 말은 무한 혹은 절대진리는 헤겔이 주장한 것과는 달리 헤겔의 변증법의 폐쇄 안에 다 담기지 못한다는 뜻이다. 데리다의 해체는 이러한 폐쇄가 남긴(reste) 것이 무엇이며 이 폐쇄 속에 담기지 못하고 남아 있는 나머지(reste)가 무엇인지에 대한 사유다.

데리다가 헤겔을 이토록 비판하는 이유는 니체와 동일하다. 니체가 《인간적인 너무나 인간적인》(1880) 137구절에서 헤겔을 약탈자에 비유했던 것은 유명하다. 즉 헤겔의 변증법이란, 우리의 사유와 무한 안으로 급하게 쳐들어가, 원하는 것만을 재빨리 약탈하고 빠져나가는 사유이기 때문이다. 어떻게 변증법이 약탈적이며 제국주의적 힘을 지닐 수 있었던 것인가? 대부분 우리는 '무한'이 무엇인가, 혹은 이것을 어떻게 얻을 수 있는가라는 물음에 대해서 주저한다. 그러나 헤겔은 변증법이야말로 가장 효율적으로 무한을 쟁취할 수 있는 체계임을 주장했고, 그리고 이 체계가 경제적이고 효율적이며 명확해 보였기 때문에 거의 모든 서구의 담론과 사유는 이에 종속되었다. 물론 기독교가 이를 크게 뒷받침했다. 더 깊은 이유는 무한을 알아내고자 하는 우리의 조급한 욕망이 헤겔의 변증법과 맞물리면서 변증법의 유혹은 저항할 수 없는 것이 되어버렸기 때문이다. 헤겔의 변증법은 헤겔 자신의 의도와는 다르게 무한을 경험적인 것으로 환원했으며, 자신의 종교적, 종족적, 주관적 환상을 뒷받침하기 위한 강력한 체계를 수립함으로써 환상적 이데올로기를 낳았다. 구조가 지니고 있다고 전제했던 중심은 신학적 함정이었고, 신은 지극히 경험적 표상으로서의 우상이 된 것이다. 흄과 니체가 그랬듯이 데리다도 모든 기성종교가 자연주의와 경험주의적 표상 차원에서 벗어나지 못했다고 풍자한다. 데리다는《글라》에서 술을 예수의 피로, 빵을 예수의 몸으로 생각하고 먹고 마시는 종교의식이 결국 식인 풍습과 무엇이 크게 다른지 묻는다.

변증법이란 무엇인가? 자연적·감각적·주관적 요소를 제거, 부정하고 억압하는 객관화 과정을 뜻한다. 헤겔은 인간의 의식 발달 과정, 혹은 객관화 과정을 세 단계로 보았다. 의식의 첫 번째 단계는 주관적 의식(《정신현상학》)(1807), 두 번째 단계는 객관적 의식(《법철학》)(1821), 그리고 세 번째 단계는 절대정신(《엔치클로페디》)(1817)이다. 인간의 의식은 점차 교육과 사회제도로 이입되면서 지극히 개인적이고 주관적 감정과 욕구와 갈등하지만, 점차 이를 부정하고 억압하는 과정에서 둘의 갈등 관계는 해결되고 의식의 객관화가 강화된다고 헤겔은 말한다. 이 과정을 지양(Aufhebung)이라 했다. 이 독일어는 억압과 제거, 그리고 지양이라는 서로 모순되는 뜻을 가지고 있다. 이 사실을 두고 헤겔은 독일어 우수성의 증표라 했다(《글쓰기와 차이》 168/114). 제거, 억압, 부정이 지양의 절대적 조건이라고 주장하는 변증법의 모순적 논리, 혹은 역설을 뒷받침하기 때문이다. 의식만 변증법 과정을 통해 절대정신으로 나아가는 것이 아니다. 헤겔은 언어 역시 변증법 과정을 통해, 지양되면서 살아 있는 개념과 의미를 복원한다고 주장했다.[29]

그러나 변증법 과정은 전적으로 무한의 소실이라는 것이 데리다의 평가이다. 이원구조 자체가 허구이기 때문에 서로 대조된다고 주장하는 정과 반은 서로 동일한 것이다. 따라서 동일한 것들이 합해지는 것은 정과 반의 합이 아니며 둘은 기실 거울에 비추어지는 복사이거나 접기를 하면 동일해지는 모조에 불과하다는 것이다.

데리다의 헤겔 읽기는 여기서 끝나지 않는다. 절대정신은 변증법 과정을 통해 드러난다고 주장하는 헤겔의 공식 선언과 이 공식 선언과 모순되는 포스트구조주의적 혜안이 헤겔 담론 안에 공존함으로써 갈라져 있음을 데리다는 지적한다. 《예나 논리》이후 헤겔은 종전의 자신의 믿음으로부터 급회전한다.[30] 변증법은 자체적으로 초월적이 되지 못하기 때문에 미완의 사유이며, 이것에 근거한

---

29 헤겔은 기호가 정신을 드러낸다고 주장했다. '차이에 의한 관계로가 아닌, 이 자체와는 외부적인 타자와 다양한 관계를 맺는 것이 아니라, …… 관계 자체 내에서 이루어지는 관계이기 때문에, 순수 자체와는 필연적으로 상이한 관계를 갖는다. 즉 상이하게 됨으로써 맺는 관계이다. 이러한 관계는 존재하는 현재이다.' (《해체》 136~7) 능동적인 관계란 외부의 대상과는 무관하게 체계 자체의 차이와 관계를 맺는다는 뜻이다. 그러나 이러한 부정, 이질적인 것과의 관계가 정반합이라는 변증법을 통해 무한히 되풀이되며, 기호의 차이성에 의해 소실되지만, 소실(제거, 부정)되기 때문에 정신을 되찾을 수 있다는 역설의 논리가 헤겔 변증법의 논리이다.

이런 언어란 바로 내면의 목소리로 마음의 귀에 존재의 이름을 속삭이는 언어가 되는 것이다. 데리다는 이러한 헤겔의 말이 바로 로고스 중심주의라고 부른다. 후설 또한 이와 동일한 전제를 했던 것이다. 이것이 현상학적 목소리이며, 로고스 중심주의의 핵은 이 자체와 가장 근접한 지점에서 목소리의 내용이 즉각 현존하면서 스스로 말하는 것을 듣는 것이다. 즉 내용이 즉각 현존하는 순간, 기호란 정신이 육화된 것으로 여겨졌기 때문에, 현전이지만 동시에 절대진리의 표상이다. 마치 기독교가 철학의 현전인 것처럼(John Leavey, *Glassary*, Lincoln: University of Nebraska Press, 1986, 44). 이러한 헤겔의 기호학은 부정을 토대로 소쉬르 이전의 기호학, 즉 기의와 기표 혹은 말과 글자라는 이분법으로 되돌아가는 것이다.

30 이는 코레가 먼저 지적했고, 장 이폴리트가 1966년 미국 존스홉킨스대학에서 열린 구조주의 담론 세미나에서 발표한 논문에서 조명했으며, 데리다 역시 이 사실을 알고 있었다.

변증법은 '상상력'이고, 경험적 무한성, 감각적 무한성, 죽음의 무한성은 위조의 추상화라는 사실을 헤겔 스스로 인정한다. 변증법은 개념의 전체성 혹은 보편성으로 결코 도달하지 못한다는 말이다. 헤겔은 《논리학》(1812~1813)에서, 변증법은 '미신'에 불과하며, 《정신현상학》에서는 존재자의, 혹은 의식의 카테고리 혹은 단순 통일체는 '차이'로 이루어진 것이며, 이 결과 무한성으로 향한다고 믿었던 변증법 과정은 일반적 심연(공)의 전유(appropriation)에 불과한 것이라고 말한다.

데리다는 모든 담론이 그러해야 하듯 헤겔 담론은 열어놓아야 한다고 강조한다. '헤겔 담론 속에 나 있는 많은 샛길들을 확인하고 그의 계략을 이해하고, 그가 어떻게 카드놀이를 하고 있는가, 헤겔 스스로가 그의 전략을 전개하도록 [하고] 그의 텍스트가 전유하도록 그대로 놓아둔 채, 헤겔을 읽기 위해서는 전적으로 다른 훈련, 전적으로 다른 사유가 필요하다'(《글쓰기와 차이》 371/252)고 데리다는 말한다. 이 말을 범박하게 표현하면, 헤겔의 텍스트를 꼼꼼히 읽으면 훨씬 더 풍부한 자원(해체적 혜안)과 동시에 모순을 볼 수 있다는 말이다. 헤겔 담론은 스스로 이미 해체되어 있다는 뜻이다. 따라서 헤겔의 공식적 입장만을, 혹은 일부분만을 발췌해서 헤겔의 텍스트를 빈곤하게 만들지 않아야 한다는 말이다. 단적으로 말하면 데리다 해체란 역사적 혹은 계보학적 관점을 지니고 동시에 기존의 상호텍스트를 치밀하게 읽어, 이의 모순과 동시에 감추어진 자원(해체적 혜안)을 찾아내는, 풍부한 읽기를 뜻한다.

하이데거가 말한 '존재와 존재자의 차이'를 '차연'으로 대체(번역, 재해석, 상이한 반복)했듯이, 데리다는 헤겔이 말하는 지양 (Aufhebung)을 프랑스어 relever로 '번역' 했다. re-는 다시 혹은 반복을 말하는 접두사이고, lever는 '들어 올리다'는 뜻도 있고 '제거한다'는 뜻도 있다. 이렇게 보면 relever는 변증법이 뜻하는 것을 다 포함하고 있다. 그러나 중요한 것은 변증법의 정반합의 무한 반복은 절대정신으로의 지양이 아니라— '차연'이 다른 '차연'으로 대체되듯이—제거를 반복하는 것에 지나지 않는다는 뜻에서 헤겔의 지양을 데리다는 relever로 번역한 것이다. lever는 leverage로 지렛대라는 뜻이다. 다시 들어 올려 움직이는 것이지 지양까지는 아니라는 뜻도 포함되어 있다. 또한 프랑스어 relever는 영어 relieve하고도 매우 유사할 뿐만 아니라, 프랑스어 relever는 포위 따위를 푼다는 뜻이 있다. 이는 구금당한 사유가 데리다의 해체적 읽기에 의해 풀려난다는 뜻도 포함되지만, 동시에 헤겔에 따르면 정과 반의 모순이 지양되면서 해결된다, 즉 풀린다고 헤겔이 주장한 것도 포함된다. 동시에 데리다는 헤겔이 말하는 '절대(ab-solute)' 정신의 절대는 절대 풀리지 않는(in-solute) 모순을 그대로 재위치, 교체시킨다는 뜻도 relever는 동시에 품고 있다. '차연'이 '차이'를 품고 있으면서 동시에 '차이'에 대한 비판이듯이, relever 역시 헤겔이 말한 지양의 원래의 뜻을 품고 있지만 동시에 파격적인 비판이기도 하다. 이로써 relever의 의미는 확장된다. 헤겔이 뜻했던 것과 데리다가 뜻하는 것이 다 포함되면서, 헤겔의 주장이 근거가 없음이 드러나기 때문이다. 이것이 데리다가 '해체는 번역이다'[31]라고 말할 때 '번역'의 의미이다. 이때의 번역은 번역이 그러하듯, 상이한 반복이다. 반복이어서 기존의 것과 연결되어 있지만 상이하기 때문에 기존의 것을 수정, 변화시킨다는 것을 뜻하는 동시에, 완벽한 번역이 아니어서, 또다시 번역(수정, 변화, 해체)의 가능성은 여전히 남는다. 기원과 종말 모두 알 수 없는 상태에서 우리가 할 수 있는 것은 번역, 혹은 상이한 반복일 것이다. 그러나 이 사실을 우울한 염세주의나 데카당으로 받아들이면 곤란하다. 알 수 없는 절대진리를 알 수 있다고 믿다가 결국 찾을 수 없다는 것을 알게 되면, 고민에 빠지고 우리는 우울해진다. 때로는 무서운 폭력을 동반한다.

이상에서 살펴본 것과 같이, 또는 데리다 자신이 거듭 강조한 대로 데리다 해체는 데리다 이전의 사유자들, 즉 데리다가 해체하는 사유자들의 사유에 힘입은 바 크다. 그래서 데리다는 누누이 이들에게 빚지고 있다고 말했다. 그러나 동시에 이전의 사유자들의 사유의 한계를 지적하는 위치에 도달한다. 개인적 차원에서 말하면, 데리다는 청출어람의 한 예이다. 니체는 '스승보다 못한 제자는 제자가 아니'라고 했다. 그렇다면 데리다는 헤겔, 하이데거, 소쉬르, 프로이트를 그토록 비판하고 해체했지만 진정한 제자임에 틀림없다. 또한 말라르메의 글쓰기를 전폭적으로 차용했지만 말라르메가 하지 못했던 것, 즉 인문학 전 학제 간에서 발생되었던 접기

---

31 Jack Reynolds and Jonathan Roffe(ed), *Understanding Derrida*, 203에서 재인용.

(반복)를 드러내면서, 전 인문학 담론이 백색 글쓰기였음을 밝혔다는 점에서 데리다는 말라르메의 진정한 제자이다. 데리다 해체를 보다 넓은 층위에서 표현하면, 데리다 자신의 표현대로 '전통에 대해 고유하게 그리고 책임 있게 응대하'는 것이고, 이것이 인문학자들의 책무라는 것이다. 우리말로는 법고창신, 혹은 온고이지신, 즉 오래되어 낡은 전통을 새롭게 만드는 것이다. 달리 표현하면 데리다의 해체는 엘리엇의 말대로 '개인의 재능은 전통을 철저하게 이해하고, 그래서 이 전통을 수정할 수 있을 때, 비로소 드러난다'(〈전통과 개인의 재능〉)(1917)는 사실을 증거해준 사례다.

데리다 입문  Jacques Derrida: An Introduction

3
─────── 데리다의 '차연'

《여백들》에 실린 〈차연 différance〉은 데리다 글 중에서 다른 책 안으로 가장 많이 편집되어 실렸다. 이 글이 이토록 중요한 이유는 '차연'이라는 신조어에 대한 설명이 데리다의 다른 글에 비해 비교적 쉽게 기호학적 차원에서 정리되어 있고, 이 〈차연〉에서 데리다 해체가 지향하는 것, 그리고 데리다의 해체적 글쓰기의 양상이 매우 소박하게나마 드러나기 때문이다. 이런 뜻에서 〈차연〉은 데리다 글 모두를 가리키고 있고, 데리다의 글 모두는 이 〈차연〉 안에서 압축되어 있다. 이러한 관계를 제유(提喩, synecdoche)[32]라 한다. 따라서 〈차연〉을 철저하게 이해하기 위해서는 데리다의 글 전부를 읽어보아야 한다. 〈차연〉은 데리다 글 모두를 배태하고 있는 세균 같은 것이다.

---

32 부분은 전체를, 그리고 전체는 부분을 가리키며 드러낸다는 말이다. 동양 의학에서 인간의 작은 몸이 거대한 우주를 설명하고, 우주를 다시 인간의 몸으로 유추하는 것을 뜻한다. 제유는 많은 수사—은유, 환유, 직유, 인유, 알레고리, 상징, 아이러니, 수사의 남용 혹은 오용(catechresis) 등—의 한 가지다.

## 1. '차연'

《여백들》의 〈차연〉에서 데리다는 그의 신조어 '차연'은 개념도 말도 아니라고 말한다. 그러나 동시에 이 '차연'은 철저하게 하이데거의 '존재와 존재자의 차이(différence)'가 없었다면 불가능했음도 강조한다. '차이'의 철자에서 'e' 대신 'a'를 넣었으나 프랑스어로 읽으면 '차이(différence)'와 '차연(différance)'은 둘 다 똑같이 들린다. 따라서 글자에 의해서만 이 둘의 차이가 드러나기 때문에 읽을 때 반드시 '차이'는 'e의 différence'로, '차연'은 'a의 différance'라고 읽어야 한다고 말한다. 〈차연〉을 청중들 앞에서 읽었을 때, 데리다는 그렇게 했다. 귀로 들어서는 차이가 나지 않지만, 글자로 쓸 때에만 차이가 드러나는, 매우 미미한 듯한 이 '차이'와 '차연'의 차이는 사실 엄청나다. 왜냐하면 구조주의를 포스트구조주의로 전회시킨 지렛대였기 때문이다.

'차이'와 '차연'이 소리로는 구별되지 않는다는 데리다의 섬세한 위트와 단단한 논리가 은연 중 내포하는 것은, 전통적으로 소리가 문자보다 우위에 있다고 전제되어왔지만 사실 문자가 소리보다 더 우수할 수 있다는 논리다. 사실 일상 생활에서는 말보다 글이 훨씬 더 무게를 갖는다. 가장 중요한 집문서나 모든 중요한 약속과 계약, 그리고 시공간을 불사한다는 종교인들이 믿는 절대진리는 모두 경전 안으로 귀착되어 그 권위를 유지하고 있다는 사실을 감안하면, 소리(말)보다 글자가 더 막강하다. 그러나 이러한 지적이 글자(letter/writing)가 소리(sound/speech)보다 우위에 있음을 주장하는 것이 결코 아님을 데리다는 여러 번 강조한 바 있다. 왜냐하면 글자든, 소리든, 동일한 문법 체계의 폐쇄 속으로 들어와 그 폐쇄 속에서 다른 글자(소리)와 차이적 관계를 가질 때에만 의미가 가능하며 이것은 말과 글이 다 문법에 의해 관통된 것이기에 이 둘은 동일하다. 글자가 더 중요하다고 생각하면, 이 역시 이원구조(허구)에 빠지는 것이 된다. 프로이트나 아르토처럼.

데리다가 '차연'은 개념도 아니고 단어도 아니라고 했지만, 그가 편의상 기호학적 층위에서 설명한 것을 여기에 그대로 다시 옮긴다.

(1) 시간화 및 공간화에서 발생하는 '차이'를 뜻한다. 공간화란 글자가 페이지 왼쪽에서 오른쪽으로, 혹은 위에서 아래로 쓰이는 것을 뜻한다. 시간화란 공간화될 때 진행되는 일직선적 시간을 뜻한다. 이때 모든 단어(글자)는 서로 다른 단어(글자)와 배열되면서 단어와 단어가 서로 다르기(차이) 때문에 의미를 갖게 된다. 바로 이런 차이 때문에 언어가 드러낸다고 우리가 전제했던 고유성, 사유, 무한, 정신을 부재시킨다.

(2) 시간화와 공간화의 결과로 우리가 드러내고자 했던 것, 존재, 표현, 무의식, 정신은 영원히 연기延期 된다.

(3) 산포散布는 '차이'(1)와 무한 연기(2)의 결과다. 즉 단어는 기의(알갱이/고유한 의미)가 없는 기표(쭉정이/포장)가 되어 사방팔방으로 흩어진다. 따라서 전통적 사유자들이 전제했던 대로 기원으로 되돌아가는 것이 아니라, 무한대로 떠돌아다니는 것을 말한다.

지금부터는 데리다가 '차연'을 다른 기표로 끊임없이 대체한 것 중에 중요한 것부터 선별하여 설명하고, 그다음에는 '차연'이 기호학적 층위를 벗어나 정치경제적 측면으로 이동되다가, 끝내는 이 모든 층위를 초과(outrance)(초월이 아님)하고 있음을 지적할 것이다. 여기서는 대체되는 '차연'들을 끊어서 설명했지만 이는 단지 이해의 편의를 위해서이지 실지로 데리다의 글쓰기에서는 '차연'이 사라졌다 나타났다를 반복하면서, 끊어지지 않고 연이어져 있음을 말해둔다.

— '자동효과'

이 용어는 하이데거가 그의 저서 《칸트와 형이상학들의 문제》에서 상상력에 의해 선험적으로 혹은 자동적으로 주어지는 효과(offering/affecting)로, 여기에는 시간만이 있고 다른 것은 아무것도 없는 순수개념[33]이라는 뜻으로 사용했다. 그러나 앞에서 하이데거의 '차이'는 존재한 적이 없으며, 사실은 '차연'이라 해명하면서 '차이'를 '차연'으로 번역, 해체, 수정했듯이, 그리고 헤겔이 말하는 지양이 사실은 순수정신으로의 움직임이 아니라 '차이들의 효과'임을 드러내어 번역, 해체, 수정했듯이, 데리다는 하이데거가 말하는 시간만을 지닌 순수개념은 사실은 '차연'이 일으키는 '자

---

33 하이데거가 사용한 원어는 conceptus dati a priori이다. Martin Heidegger, *Kant and the Problem of Metaphysics*, tr. Richard Taft. Bloomington: Indiana University Press, 1990, 38. auto-affection에 대한 더 자세한 설명은 131~2 참고.

동효과(l'auto-affection)'로 번역, 해체, 수정한다. 하이데거가 말하는 순수개념에는 일직선상의 시간(그래서 사실은 시간 그 자체도 아니다) 이외에는 아무것도 없다. 따라서 하이데거가 말한 순수개념과 '차연'은 일직선적인 시간만 제외하고 모든 것이 부재된다는 점에서 동일하다.

'차연'은 폐쇄된 체계 안에서 자체적이며 동시에 자의적 법칙(문법)에 따라서 역동적으로 움직이고 있지만, 기실 아무런 의미나 내용이 없기 때문에 '자동효과'이다. 우리나라 학자들은 '자가 애정', '자가 정서 유발', '자가 정념 유발', '순수한 자기 감응', '자기애'로 번역했다. 이는 오류다. '차연(언어)'에서는 이 모든 것들―감응, 애정, 정서, 정념, 애, 그리고 (무)의식―이 다 사상된다고 데리다가 정의했기 때문이다.[34]

그러나 '자동효과'는 동시에 이것과 연결이 되어야 할 의미, 고유성, 진리와 아무런 관계를 맺고 있지 않기 때문에, 전적으로 이질적이고 외부적이며, 다른 '차이들'에 이미 오염되고 전염되며, 전염시키는 잡종적인 '타동효과(l'hetero-affection)'가 된다고 데리다는 말한다(《목소리와 현상학》 95/85, 《해체》 439~40).[35] '차연'이

---

34 'affection'은 데리다가 사용하기 이전, 이미 많은 철학자들이 '효과' 혹은 '영향'이라는 뜻으로 오랫동안 사용해온 철학 용어이다. 더 자세한 설명을 위해서는 필자의 졸저 《데리다의 정신분석학 해체》, 167~71 참고.
35 '…… un tel processus est bien que un auto-affection pure dans laquelle le même n'est le même qu'en s'affectant de l'autre, en devenant l'autre du même…… Cette auto-affection doit être pure puisque l'impression originaire n'y est affectée par rien d'autre que par elle-même…… cette

'자동효과'인 동시에 '타동효과'이기 때문에 '글이 무엇을 표상한다'는 것은 사실상 있을 수 없다. 무엇에 대한 대치도 사실 존재하지 않는다. 그럼에도 불구하고 이것은 단순한 부재不在도 아니라고 데리다는 말한다. 이때의 부재란 부재/존재라는 이원구조(허구)에 속하는 부재라는 뜻이다. 그러나 그 허구가 마치 실체인 양 간주되어 끝없이 펼쳐지면서(이원구조의 범람) 지속되어온 이유는 이 허구가 감각이나 경험으로 증명할 수 있는 것이 아니기 때문에(역의 논리, 여전히 이원구조 안에 있음으로 사실은 동일한 것) 형이상학이 추구하는 실체로 간주되어왔기 때문이다.

위의 말을 좀 쉽게 해보자. 평상시 우리는 영원한 진리와 실체

---

différence pure, qui constitue la présence à soi présent vivant, y réintroduit originairement toute l'impureté qu'on a cru pouvoir en exclure. Le présent vivant jaillit à partir de sa non-identité à soi, et de la possibilité de la trace rétentionelle. Il est toujours déjà une trace.'
직역을 하면 더 어려워지니, 개략적 뜻만을 말한다. 하이데거가 전제한 순수개념은 외부의 잡종적인 것을 제외시키기 위한 것이었는데, 순수개념을 만드는 순간 이런 것들이 이미 그 안에 다 들어가버렸다는 뜻이다. 하이데거가 전제한 순수개념은 이미 시작부터 비순수한 것으로 시작된다는 뜻이다. 즉 하이데거가 시간만 있는 개념(효과/영향)을 순수한 것으로 간주했지만, 데리다는 시간화에 따른 차이는 더 이상 순수하지 않다고 생각했다는 뜻이다. 따라서 하이데거가 순수개념으로 간주했던 자동효과(l'auto-affection)는 차이화에 의한 이질적인, 전혀 다른 것으로 대체된다. 따라서 더 이상 순수한 동일성을 그대로 보유할 수 없기 때문에 타동적·잡종적 차이들의 효과(l'hetero-affection)가 되는 것이다. 계속해서 다음 문단을 더 읽어보자. 'Il faut penser l'être-originaire depuis la trace et non l'inverse. Cette archi-écriture est à l'oeuvre à l'origine du sens. Celui-ci étant, Husserl l'a reconnu,……' (《목소리와 현상학》 95/85) 데리다의 이 문단을 많은 비평가들이 '태초에 "차연"이 있었다'로 약축한 것이다. 이 사실을 데리다 자신이 힘들여 알아낸 것이 아니라, 이미 후기에 후설이 알았음을 데리다는 밝히고 있다.

는 만질 수도 볼 수도 없으며, 무색무취의 상태에서, 모든 경험적, 사회적, 문화적, 경제적 상황과는 완전히 독립된 것으로 간주한다. 개인의 감정이나 주관도 없는 완벽한 절대 객관성 혹은 절대 보편성이 있다는 것이다. 또한 장소와 시간의 차이에도 불구하고 항상 영원히 동일하게 존재하고 반복될 수 있어야 한다는 것이다. 그런데 이러한 절대진리와 형식의 이상성, 즉 후설이 추구한 형식 중의 형식, 즉 이데아가 '차연'의 속성과 일치한다는 것이다. 모든 것을 부재시키면서 동일하게 그 어떤 상황 아래에서도 무한대로 반복되는 것이 글자이기 때문이다. 그런데 글자는 여태 논의한 대로 모든 것이 부재되는 공이다. 그러니까 이원구조에서 태어난 부재 혹은 공을 이상적 형식, 이데아, 혹은 진리로 간주한 것이다(《목소리와 현상학》 58~9/52~3).

— '흔적'

'차연'은 표상해야 할 것을 표상하지 못한 채 흔적만을 남긴다 하여, '흔적(la trace)' 혹은 '원(archi)흔적'이라고 하며, 이미 이전의 기표에 대한 또 다른 기표로 표시하기 때문에 '재표시(remark)'이다. 그러나 그렇게 많이 반복하며 기표를 바꾸면서 재표시하기 때문에 '지나친 표시(overmark)'이지만, 여전히 표상할 것을 표상 못하기 때문에 '모자라기 짝이 없는 표시(undermark)'이기도 하다. 이 모든 기표 중의 기표는 '원原문자'이다. 이는 '자체적 삭제(self-effacement)'이자 '대체(supplément)'에 불과하다. 우리나라 학자들은 이 단어를 '보충대리'라고 번역한다. 그리고 이 단어의 일반적 뜻은 '보충' 혹은 '보상하다'이다. 그러나 데리다 자신이 사용하는 suppléer의 뜻은 보충(complément)이 아니라, <u>외부적</u> 보탬임을 로베르 사전을 조회하면서 강조했다(강조의 밑줄은 데리다의 것)(《그라마톨로지》 208/145). 따라서 '보충대리'에서 '보충'이라는 말은 빼고 '대리'만 남겨야 할 듯하다. '차연'에서 '충(充, plenitude)'은 결코 발생하지 않는다(《여백들》 261/220, 《해체》 180).

— '(하)이멘/경첩/귀고막'

'차연'은 기표도 아니고 기의도 아닌 그 중간에 있는 무엇이다. 단순히 완전한 부재도 아니고, 그렇다고 충만한 유(有)도 아닌 상태에서 끊임없이 역동적으로 무한 생성되면서 이동된다. 혹은 바깥과 속을 구분하는 얇은 막으로 분리된 것 같지만, 동시에 연결되고 열려 있어, 이분법이 정확하게 적용되지 않는 처녀막, 즉 '(하)이멘(l' hymen)[36]이 '차연'과 유사하기 때문에 '(하)이멘'은 '차연'의 또 다른 기표이다. 동시에 '경첩/이음새(la brisure/hinge)'로도 대체된다. 이는 문과 문들의 관계처럼, 떨어진 것 같으나 동시에 연결되어 있는 것처럼, '차연'은 능동도 피동도 아닌, 정과 반이 아닌 중간 상태에 있는 것을 뜻한다. 그런가 하면, '차연'은 '귀고막(le tympan)'(《여백들》 〈탱팡〉)으로 대체된다. 고막도 처녀막 '(하)이

---

36  겉과 속이 분명하지 않다는 의미에서 (하)이멘이라는 말을 사용했지만, 동시에 처녀막 (하)이멘의 어근은 '천이나 베를 짜다' 할 때의 '짜다'이다. 이는 데리다 해체가 끊임없이 상기시키는 것으로 텍스트는 진리와 의미, 무의식을 담고 있는 것이 아니라, 무수한 잡종의 '차이들'로 짜인 직물과 같다는 것을 뜻한다.

멘'처럼 경계와 구분이 모호하다. 왜냐하면 내이(안)와 외이(밖)의 경계가 사선으로 되어 있어, 경계가 있는 것 같지만, 동시에 없는 것 같기 때문이다. 이는 '차연'은 이원구조를 피해간다는 뜻이며, 연결되어 있지만, 동시에 떨어져 나오는 해체적 전략의 이중성도 함축한다. 동시에 '차연'의 사선적 움직임의 특성도 인유한다.

— '유령'

'차연'은 모든 고유성을 부재시킨다. 그럼에도 불구하고 이 허구적 효과는 마치 살아 있는 실체같이 우리에게 두드러진다. '유령' 또한 죽은 것이지만, 마치 살아 있는 것으로 우리는 착각하기 때문에 '차연'의 또 다른 기표가 된다. '유령'[37]은 프랑스어 동사 '되돌아오다(revenir)'의 동명사 'revenant'이다. 데리다가 의미한

---

[37] 유령이란 말을 처음 사용한 사람은 플라톤으로《티마이오스》(71a)와《파이돈》(81d)에서다. 17세기에 들어와 홉스가《리바이어던》에서 '교황주의라는 유령이 유럽을 떠돌고 있다'고 했다. 근대에 와서 헤겔은 '정신이란 당신의 몸을 점령한 유령'이라고 했다(《글라》217/136). 서양 현대극의 세 거장들인 입센은《유령들》(1881)에서, 스트린드베리는《유령 소나타》(1907)에서, 그리고 오닐은《밤으로의 긴 여로》(1956)에서 꿈과 자아를 상실한 주인공들의 정체를 유령으로 극화했다. 사회경제를 논하면서, 유령이란 말을 사용한 사람은 슈타인(Lorenz von Stein, 1815~90)이다(《오늘날 프랑스의 사회주의와 공산주의 Der Sozialismus und Communismus der heutigen Frankreich》, Leipzig: Wigand, 1842, 4). 맑스가 쓴《공산당 선언》의 첫 문장, '유럽은 지금 공산주의자들의 유령에 사로잡혀 있다'에 있는 유령은 슈타인으로부터 빌려온 것이다. 슈트리너(Max Stirner)가《자아와 이것의 고유성 The Ego and His Own》에서, 맑스는《독일 이데올로기》에서 유령의 속성을 철저하게 분석한 것으로 잘 알려져 있다.
데리다의《맑스의 유령들》(1993)이 발간되고 난 후 관심의 대상이 된 용어이지만, 데리다가 '유령'이란 말을 사용한 것은 이미 초기 때부터이다.《글쓰기

'유령'을 우리말로 무리하게 전유하면 가유假有가 될 것이다. 서구 담론에는 수많은 유령들이 출몰한다고 데리다가 패러디한 것은 전통적 사유자들의 존재론이 이원구조에 결박된 채, 고유성을 잃어버리고(죽음) 기원으로 되돌아가려고 했기 때문에 수많은 전통 사유자들을 이 유령에 비유한 것이다. ontologie는 hantologie(데리다의 신조어)와 프랑스어로 읽으면 동일하다. 따라서 전통적 존재론은 유령론이라는 것이다. 동시에 좋은 유령이든 나쁜 유령이든 역사에 출몰한다. 프랑스어 'hanter(영어로는 haunt)'는 영어 'frequent'처럼 '자주 들리다'의 뜻이다. 과거로 회귀하려는 사람들이 역사와 사회에 늘 있다는 뜻이다. 이것 중에 여전히 이원구조의 사고와 이데올로기와 종교에 구금, 결박된 사람도 유령이다. 역사 발전을 방해하는 사람들이다. 그런가 하면 좋은 유령들은 우리가 추모하며, 우리의 정신 안에 내재시키기도 한다. 이런 설명을 하는 이유는 유령은 '차연'의 또 다른 기표이지만, 여기에 국한된 것만은 아니라는 것을 말하기 위해서다.

— '폭력'

'차연'은 (무)의식, 존재, 의미 등 모든 것을 다 뺏어가고 모든

---

와 차이》에서 그는 구조주의를, 《그림엽서》에서 프로이트를, 《정신에 관하여》에서는 하이데거가 말하는 정신을 유령으로 비유했으며(필자의 졸저 《데리다의 정신분석학 해체》 5, 201~2 참고), 《그림 속의 진리》에서는 '그림 속의 진리는 말을 한다'고 한 하이데거의 말을 두고, 데리다는 '그림이 귀신인가보다 말을 한다고 하니'(영문판 325)라고 패러디했다. 《글라》에서는 '존재하는 것, 사물은 항상 정신(유령)으로 변할 것이다'라고 했다.

것을 사상시키기 때문에 '폭력'이라는 뜻이다. 이는 '죽음' 혹은 시체를 담고 있는 '피라미드'와 '구멍'(《여백들》 79~127/69~108)으로 대체된다. '구멍'이기 때문에 또 '공(空/lacuna)' 그리고 '심연'으로 대체된다. '차연'은 이렇듯 대체이기 때문에 '대리인' 혹은 '대표(representative의 명사는 표상representation)'로 대체되는가 하면, 《그림엽서》에서는 '우편배달'로 대체된다. 왜냐하면, 우편 값을 내용(나만의 고유성)으로 정하는 것이 아니라, 송달물의 무게(일괄적인 체계 속에서 매겨지는)로만 값을 매기는 것이 언어의 무차별적 동질화와 같기 때문이다. 이렇듯 모든 것을 동질화시키면서, 부재시킨다는 뜻에서 '경제성(economy)'으로도 대체된다. '경제성'이란 언어 체계와 화폐 체계가 동일하기 때문이다.[38] 따라서 데리다가 '차연'의 대체로 사용하는 '경제성'의 의미는 우리가 일상 생활에서 뜻하는 저비용 고효율이라는 뜻과는 사뭇 다르다.

---

[38] 시장에 가서 2,000원을 주고 시금치 한 단을 산다고 하자. 시금치의 고유속성은 지폐 두 장과는 아무런 직접적 관련이 없음에도 시금치를 구입할 수 있는 것은, 단어는 단어가 조회하는 대상의 고유속성과는 아무런 관계가 없음에도 우리는 그 단어로 대상을 지칭하면서 의사소통을 하는 것과 상동한다. 1,000원짜리 지폐 두 장과 시금치 한 단을 맞바꿀 수 있는 것은 지폐 두 장이 한국 화폐 통화 체계 안에 있기 때문이듯이, 단어가 대상의 고유성과 직접 연결되지 않지만, 대상을 지시할 수 있는 이유는 언어 체계 안에서 다른 단어와 차이의 관계를 갖기 때문이다. 바로 이런 이유로 소쉬르는 언어의 속성을 화폐 체계에 비유한 것이다. 소쉬르가 언어의 속성을 보다 학문적으로 '경제성'으로 정의한 것에 대해서는 《해체》 177 참고. '경제성'을 사회와 정치에 적용한 사람은 맑스이다. 헤겔의 사유를 '제한적 경제성'이라고 평한 사람은 바타유다(《글쓰기와 차이》 9장).

— '그람므'

 '차연'은 '그람므(la gramme)'로 대체된다. 이 '그람므'의 뜻은 문법, 문자, 글쓰기이다. 또한 그라마톨로지(la grammatologie)에 들어 있는 그람므다. 더 자세하게 설명하자면 폐쇄된 체계 안에서의 분리, 재구성, 계산이라는 뜻이다. 즉 의미화는 하늘에서 들려오는 음성이나 직감, 혹은 말에서 가능해진 것이 아니라 역사적으로 탐색하고 분석해보면, 체계 안에서의 규칙에 따른 차이의 재구성, 계산에서 가능하다는 것(diacriticy), 그리고 언어의 기원은 하느님의 창조와 말씀이 아니라 역사적으로 고찰하면, 문자의 기원임을 인정하는, 문법과 문자가 말과 언어를 가능케 했다는 사실을 드러내는 글쓰기를 뜻한다. 즉 그람므는 '차연'의 또 다른 대체인 'écriture'이다. 데리다가 《글쓰기와 차이》 제목 첫 글자를 보통 대문자로 하는 규칙을 깨고 소문자로 한 이유(*L' écriture et la différence*)는 대문자 Écriture가 영어의 Scripture로 《성경》을 뜻하는데, 이것을 소문자로 기재함으로써 신학과 형이상학의 모든 전제들을 해체하기 위한 것이다. 또한 《목소리와 현상학》 제목도 대문자가 아니라 소문자(La voix)로 표기한 것도 전통적으로 목소리(말)에 대해 지니고 있었던 전제들을 해체하기 위한 것이다. 이를 위한 글쓰기가 그람므다.

— '앙탐므'

 '차연'은 절단하다, 침탈하다, 암흑으로 만들다, 다시 시작하다, 이 모든 뜻을 가진 프랑스어 'l' entame'라는 말로도 대체된다.

'차연'은 우리의 (무)의식, 기억, 고유성을 침탈하고 절단하고 모든 것에 먹칠을 하듯 동질화시키기 때문이다. 그럼에도 불구하고 '차연'으로 우리는 모든 것을 다시 시작하지 않으면 안 되기 때문에 '차연'의 모든 뜻을 가진 앙탐므는 '차연'을 대체한다.

— '이중 세앙스'

'차연'은 '이중 세앙스(la double séance)'로도 대체된다. 이 말을 단순히 한국 학자들이 하듯 '이중 회합'으로만 직역하면, 데리다를 이해하는 데 아무런 도움이 되지 않는다. 부언 설명이 필요하다. 프랑스의 《이론 연구 그룹》이 회의를 두 차례(1969년 2월과 5월) 한 세미나실의 물리적 혹은 지리적 환경이 이중 반영을 그대로 닮았기 때문에 붙여진 이름이다. 세미나를 진행한 회의실 천정에는 구식이지만, 화려한 샹들리에가 켜져 있었다. 이는 태양이 아닌 인위적인(허구의) 빛, 궁극적으로는 동굴(허구) 안에서 말라르메의 시어들이 던지는 허구의 빛을 뜻한다. 또한 사각의 세미나실 안은 외부와 폐쇄되었고, 세미나실 안에 걸려 있는 사각형의 흑판 위에, 또 사각의 종이에 적힌 수많은 인용 문구들이 붙어 있는 것이 언어의 이중 반영성, 즉 허구 속의 허구, 폐쇄 속의 폐쇄를 유추적으로 혹은 지형적으로 닮았기 때문에 사용한 말이다. 또한 '세앙스'는 죽은 자의 혼을 부르는 밤의 제식이다. 귀신은 죽은 자의 환영이다. 그러나 유령은 고유한 것(죽은 자)의 한 번뿐인 환영이지만, 언어는 처음부터 고유한 기의가 있는 것이 아니어서('태초에 "차연"이 있었다'), 이중으로 반영된 '환영'이라는 뜻이다. 사실은 이중인지 삼중

인지는 알 수 없지만 고유한 것의 직접 반영이나 환영이 아니라, 반영의 반영, 혹은 환영의 환영이라는 뜻에서 '이중'이라는 말을 사용하는 것이다.

물론 '이중 반영(séance)'은 위의 뜻만으로 고정되는 것이 아니다. 이와 비슷하게 발음되는 '이중 앎(science)'과 '이중 의미(sense)'로 다시 미끄러지면서 대체된다(《입장들》 56/41). 이는 '차연'은 이중적 앎임을 뜻한다. 즉 언어는 독이자 약(《플라톤의 약방》), 혹은 부재이자 유재라는 것, 죽음이자 자원임을 아는 것, 즉 이중적 앎이기 때문이다. 혹은 '차연'은 '자르는 것(incision)'으로 모든 것을 폭력적으로 잘라내어 무의미화시킨다는 뜻이지만, 동시에 '차연'은 이러한 '차연'에 폭력적으로 개입해서 이것의 효과를 가위로 자르듯 분절시켜야 되는 것을 알기 때문에 해체는 언어에 대한 앎이 이중적이라는 뜻이다. 데리다는 단어(기표)도 늘 이중적 의미로 사용했다(이 책 267~71). '차연'의 사유가 텍스트 안을 철저하게 점검하는 이유는 텍스트 밖에 있는 사유를 위한 것이라는 짐을 생각해도 데리다 해체는 이중적이다. 따라서 '이중 세앙스'는 이와 발음이 비슷한, '이중 앎(science)'과 '이중 의미(sense)'로 미끄러지는 것이다. 동시에 이중은, '이중 접힘(pli)', '이중 극장', '이중 장면'으로 대체되는데, 이때는 모든 글쓰기는 이중의 허구, 복사의 복사라는 뜻을 내포한다. 모든 글쓰기 ― 데리다 자신의 글쓰기를 포함하여 ― 의 진면목이 이러하다는 것이다. 이중 허구는 다시 '사견(私見/doxa)', 혹은 미망으로도 대체된다(《산포》 273/221).

― 백색의 공

모든 것을 무의미화시키는 '차연'은 결과적으로 백색 공간을 발생시킨다. 그리고 '백색'이란 말은 또다시 다른 기표로 미끄러진다. 그리고 위에서 언급한 '무의미(blank-sense)'는 이와 소리가 비슷한 '빈혈(blanc-sang)'로, 그리고 다시 이와 소리가 비슷한 '아무런 의미가 없는 흰 것(blanc-sans)'으로, 이는 다시 '백색을 닮은(blank-semblant)'으로 대체된다. '차연'이 모든 의미를 소진시켰기 때문에 빈혈 상태라는 뜻에서다. 생명력을 잃었다는 뜻이기도 하다. 따라서 '차연'은 아무것도 없는, 무無, 공空, 흰색을 닮았다. 이런 '차연'으로 쓰인 담론은 '백색신화'일 수밖에 없다. 그러나 이 공은 동시에 체계의 여백 혹은 체계 밖에 있는 여전히 언어로 드러나지 않는 사유라는 뜻으로도 사용된다. 이 기표 역시 이중적인 차원에서 사용된다.

이외에도 '차연'은 '재전유(reappropriation)', '보유 없는 지출', '폐쇄의 우회로(detour)'(헤겔의 변증법), 또는 '동굴'로 대체되기도 했다. 동굴은 플라톤이 《국가》에서 말한 동굴로 미망과 허구라는 뜻이다. 데리다는 이 동굴(허구)을 일거에 벗어나려고 하는 것은 매우 위험하다는 사실을 반복하여 증거하고 강조했다. 혹은 '차연'을 물리학에서 말하는 '쿼크(quark)'에 비유되기도 했다. 글자의 철자가 혼자서는 거의 아무것도 못하지만 다른 철자와 붙어 의미를 만들어내는 것이 물리학에서 말하는 '쿼크'와 유사하기 때문이다. 혹은 '이전의 방식(the anterior milieu)'이기도 하다. 이유는 언어는 이미 이전에 만들어진 방식을 따를 수밖에 없는 것을 뜻하는 동시에 언어가 사용하는 현재는 현재인 것 같지만, 이미 그 언어는 또 이전의 언어를 조회하는 과거의 현재에 불과하기 때문이다. 또한 '차연'은 '중간태(la voix moyenne)'로 대체된다. '차연'은 수동태도 능동태도 아니라는 뜻이다. 더 확대하면 이원구조를 믿으면 언어는 기표와 기의, 혹은 말과 글자로 나누어 각각 다르게 생각하겠지만, 이원구조를 믿지 않는 데리다에게는 언어는 기표도 아니고 기의도 아니거나 혹은 기표이기도 하고 기의이기도 하다. 혹은 소리도 아니고 글자도 아니거나 혹은 소리이기도 하고 글자이기도 하여, 중간적 입장 혹은 이중적 입장에 있다는 뜻이다. 데리다는 '차연'을 '선물'이라고도 했다. '차연'이 없었다면, 존재, 신, 의미가 부재되었다는 것조차 몰랐을 것인데, '차연'으로 인해 이러한 것들이 부재되었다는 사실을 알게 되고, 이때부터 고뇌에 찬(augural) 사유가 시작(inaugurate)되었기 때문에 '죽음'이자 '선물'이라는 뜻이다. 역시 이중적 입장과 관점이다. 이와 함께, '차연'이 선물이지만 동시에 독이듯, 기독교가 말하는 신의 은총과 약속뿐만 아니라 모든 약속과 법에는 폭력의 논리, 즉 이중성 혹은 아포리아가 있음을 데리다는 상기시킨다. 이외에도 기의가 없는 쪽 정이 기표만 있다는 뜻으로 '칼집'이라고도 했다. 또한 '차연'이란 순수한 것이 아니라, 잡종의 여러 개의 '차이들의 효과'라는 의미에서 '꾸러미(sheaf)'라 했다(《차연》). 그런가 하면, '차연'은 '여백'의 공간처럼 빈공간이며, '차연'으로 '기재(mark)'하기도 하며 이 '기재'는 앞으로 나아가는 걸음(marche/pas/ step)이지만 사실은 앞으로 나아가지 못하는 '부정(not/pas)'으로 다시 미끄러진다

(《입장들》 54~5/ 40~1). 프랑스어 'marche'는 '행보' 혹은 '걸음'이라는 뜻이다. 그런데 프랑스어 'pas'는 '걸음'인 동시에 '아님'이라는 부정을 뜻한다. '행보'는 '차연'이 끊임없이 역동적으로 움직이는 행보(marche)지만 동시에 '차연'은 이 모든 것을 삭제, 부정(pas/not)한다는 뜻이다(이중성). 우리는 '차연'의 역동적인 힘에 의해 앞으로 나아간다고 생각하지만, '차연'이 역동적으로 생성시키는 의미는 실인즉 고유한 의미를 폭력적으로 삭제, 부정한다는 뜻이다.

 그렇다면 데리다가 '차연'을 다른 기표로 끊임없이 대체하며 언어유희의 과정을 그대로 드러내는 까닭은 무엇인가? 무엇보다도 언어의 진면목이 이러하기 때문이다. 끊임없이 움직이는 것, 이것이 언어의 속성이다. 사전을 보면 한 단어에는 엄청나게 많은 다른 뜻이 가득 들어와 있다. 또한 때로는 콘텍스트에 따라, 혹은 어떤 전치사와 연결되느냐에 따라 그 뜻이 사뭇 다른 뜻으로 끊임없이 변한다. 외국어를 공부해본 사람들에게 이것은 상식이다. 따라서 한 단어에 고유한 한 개의 의미만 고정되어 있다고 생각하는 것 자체가 지극히 추상적인 '형이상학적' 발상이다.
 데리다가 이렇게 '차연'을 다른 기표로 대체하는 또 다른 이유는 '차연'이 내포하는 것이 하나의 의미로 침전되고 고정되는 것을 막기 위한 것이다. '차연'이라는 단어 하나만을 데리다가 줄곧 사용한다고 가정해보자. 그렇다면 우리들은 기호학적 차원에서 데리다가 정의해준 대로 '차연'이란 시공간의 '차이', 무한 연기, 무한 산포로 고정시켜 외우는 것으로 끝낼 것이다. 아직도 우리는 '명사적 사고'로부터 결코 자유롭지 못하다. 그런데 데리다에 의하면 고정시키려는 이러한 욕망이야말로 '유치하고 순진하기 짝이 없는' '악마적 근성'이라 했고, 니체는 '약탈적'이라고도 했으며, 말라르메는 '폭력'이라 했다. 스피노자는 인문학을 '섬세한 정신'으로 정의했다. 고정시키고 침전시키는 것은 궁극적으로는 섬세한 정신의 소멸을 말하는 것이다. 데리다 해체는 치밀하고 섬세한 정신의 발현과 다름이 없다. 데리다가 언어유희를 하는 이유는 이것이 언어의 진면목이기 때문이다. 동시에 이원구조에 구금되고 결박된 '명사적 사고'에 민활한 상상력을 복원하고 폐쇄된 사유를 열기 위한 것이다. 그런데 만약 데리다가 '차연' 하나만 줄곧 사용한다면, '차연'의 '침전화' 혹은 '고정화'는 피할 수 없으며, 이는 데리다가 도모하는 것을 데리다 스스로 어렵게 하는 것이 될 것이다. 이러한 이유와 의도를 충분히 살피지 못한 많은 사람들은 데리다가 말장난에만 열중하는 것이 아닌가 하고 의심하고 오해한다.

'이 지점에서 어느 시인의 말이 생각난다. "시를 써놓고 보니 어느 하나 꽃처럼 귀하고 아름답지 않은 것이 없지만, 또 한편으로 모두 잡풀 같아 다 쓸데없는 것이라 베어버리고 싶다."'[39] 데리다가 '차연'을 대체하는 수많은 '차연'도 이와 마찬가지다. 하나하나 다 그 나름대로 콘텍스트 안에서 논리가 있고, 빛을 발하고 있어 예쁜 꽃처럼 중요해 보이지만, 여전히 '차연'으로 거의 무의미만을 담고 있다는 점에서는 잡풀처럼 가치가 없는 것이기도 하다. 그러나 결코 폐기해서는 안 된다고 데리다는 반복하여 강조했다.

불교에서도, 이러한 데리다의 이중적 입장과 매우 유사한 전략을 사용하고 있다. 불교에서는 마음을 가장 중히 여긴다. 그래서 마음을 표현하는 말이, 유심唯心, 중도中道, 반야般若, 일승一乘, 일실제一實際 등, 50개가 훨씬 넘는다고 한다.[40] 그야말로 마음의 기표

---

39 한국어가 이토록 아름다울 수 있다는 것을 처음 깨달은 것은 김영민(《탈식민성과 우리 인문학의 글쓰기》의 저자)의 글을 통해서였다. 그의 글은 지적 강도와 깊이, 명쾌함과 속도, 그리고 서정성까지를 담아낸다. 여기서 서정성이란 인문학의 명제와 논제 너머에 있는 인문학의 향과 여백을 드러낸다는 말이기도 하고, 엄청난 응축을 뜻하는 동시에 그의 글이 산문이지만 놀랍게도 리듬을 지니고 있다는 말이다. 그가 '풍골론'이라는 말로 글의 리듬을 논하기 전, 일찍부터 그의 글은 리듬을 가지고 있었다. 글에 리듬이 흐른다는 것—그것도 산문에서—은 끝없는 글쓰기 훈련과 천부적 재능으로 가능한 것이다. 리듬은 사람의 숨과 같은 것으로, 리듬이 있는 글은 살아 있는 글이다. 김영민 산문의 리듬과 속도는 아주 빠르다(presto vivace). 지극히 정밀하고 경쾌한 그의 글쓰기는 완성된(consummate) 피아니스트가 피아노의 전(全) 옥타브 7개를 단 한 개의 반음계도 빠트리지 않고 순식간에 스케일로 처리하는 묘기(virtuoso)를 연상시킨다. 그의 글은 베토벤적이라기보다는 모차르트적이다. 10월의 가을 햇살처럼 차갑고 따스하고 투명하다. 그는 언어의 귀재이자 대학자이다. 몇 년 전부터는 대다수의 한국인들에게는 이미 잊힌 많은 한국어를 찾아내어 지속적으로 그의 글에 사용하고 있다. 그는 역사를 응시하고 있다.
다만 김영민이 한국 사회와 한국 지식인들에 대한 계몽의식 때문에, 그만이 지니고 있는 명상적 서정성—그의 산문에서도 구름 속 태양이 수시로 드러나듯 드러나고 있기는 하다—을 희생시키고 있지 않나 하는 생각이 들 때가 있다. 버나드 쇼는 페이비언 협회(Fabian Society) 주요 당원으로 산업 발달로 인해 어지러운 영국 사회와 다중들을 계몽하기 위해 자신의 재능을 다 소진했기 때문에, 후대의 비평가들은 예술가인 쇼가 계몽가인 쇼에 의해 희생당했다고 평했다. 그의 탁월한 글쓰기가 종교철학/인문학 명제를 논할 때도 어김없이 발휘되지만, 속세의 일상적 삶 속에서 비틀거리며 허우적대는 인간들을 밀착 묘사할 때, 더욱 생동감과 설득력을 지니는 듯하여, 감동의 파장이 훨씬 깊고도 넓은 것 같다. 더 설명하면 그의 글쓰기를 5월의 제비에 비유해보면, 종교철학을 논할 때는 이 제비가 새장 안에서 날고 있다는 느낌이 들고, 적나라한 인간들

가 무한대로 미끄러지면서 양산된 것이다.

불교는 '하나의 마음이, 동일한 마음이 어찌해서 이름을 이렇게 많이 갖는가'에 대해 이렇게 대답하고 있다. '이름은 실상이 아니요, 거짓이기 때문에 얼마든지 생각하는 대로 만들면 만들어지는 소리이다. 그러므로 마음이라는 이름도 거짓으로 이름한 것이요, 참이 아닌 것이니 참마음은 마음도 아닌 것이다. 마음만 그러할 뿐 아니라, 일체사물의 이름이 모두 거짓으로 이름한 것이요, 실이 아닌 것이니 사물 자체가 이름한 것이 아니요, 남이 거짓 명명하여

---

을 묘사할 때는 새장 바깥의 경계 없는 들판과 하늘 사이에서 비행하는 것 같다고나 할까. 그러나 독자로서 필자의 이러한 독후감은 어디까지나 감(感)일 뿐만 아니라, 필자가 종교철학 전공자가 아니라, 문학 전공자이고 개인적 편향으로 인한 편견과 오판일 수 있음을 분명히 말해둔다.
박재열(《아름다운 우리 낱말》의 편저자) 또한 잊히는 순수한 우리말을 찾아 기록하고 연구하는 영문학자이다. 이는 각고의 노력과 의식, 그리고 결기 없이는 할 수 없는 일이다. 이 땅의 서양 인문학자들이 지금은 비록 먼 길을 돌아가고 있지만, 궁극적으로 도달해야 할 목표가 무엇인가를 제시하고 있다.

40 본문에서 언급한 것 이외에도 '일의(一依), 공성(空性), 여래장(如來藏), 자성(自性), 자성청정심(自性淸淨心), 법성(法性), 불변역성(不變易姓), 이생성(離生性), 법주(法住), 진제(眞際), 무아(無我), 법신(法身), 불이법문(不二法門), 불생불멸(不生不滅), 불성(佛性), 부사의(不思議), 묘유(妙有), 실상(實像), 필경공(畢竟空), 여여(如如), 열반(涅槃), 허공(虛空), 진선(眞善), 묘색(杳色), 비안립(非安立), 진여(眞如). 이상은 교문(敎文)에서 나오는 마음의 명칭이고, 이것 외에도 주인공(主人公), 무공저(無孔笛), 몰현금(沒絃琴), 무저발(無底鉢), 본래면목(本來面目), 차개(遮個), 일물(一物), 니우(泥牛), 철우(鐵牛), 백우(白牛), 은산철벽(銀山鐵壁), 무봉탑(無縫塔), 의내명주(衣內明珠), 금강검(金剛劍), 가보(家寶), 활인검(活人劍), 살인도(殺人刀), 대법왕(大法王), 거지사자(踞地獅子), 대기(大機), 대용(大用), 취모검(吹毛劍), 목마(木馬), 석인(石人), 석녀(石女), 등은 선문(禪門)에서 칭하는 마음의 이명(異名)이다.' 《해안집 海眼集》, 제3권, 경전 해설편, 전등사 전등선림, 불기 2545, 23.)

부르기 때문인 것이다.' 그러나 불교는 '종이와 먹으로 된 경도 마음경임을 알아야 한다'[41]고 한다. 언어에 대한 불교의 입장이 이렇게 이중적이듯, 데리다의 입장도 이중적이다. 그 이유는 언어의 속성이 이중적(독이자 약)이기 때문이다. 일러두어야 할 것은 '태초에 "차연"이 있었다'라고 필자가 말했지만, 이때 '차연'을 전통 철학이 전제했던 시원이나 기원으로 전제하면 안 된다.

데리다는 끊임없이 언어와 글자란 자의적이고 헛것이라 말했지만 헤겔 이후 가장 방대한 사유를 한 사람이며, 약 80권에 육박하는 저서를 남겼다. 즉 언어는 '죽음'이자 '자원'이라는 이중적 면을 철저하게 알고 있었기 때문이다. 그리고 글자 혹은 언어를 빌리지 않고 사유하겠다는 생각은 몽매주의의 나락으로 떨어질 수밖에 없다는 사실을 반복해서 강조했다.

우리는 앞에서 '차연' 안으로 데리다 해체의 모든 것이 압축되어 있다는 말을 했다(이 책 119, 《해체》 16). 그런데 앞에서 우리는 '차연'은 단순히 언어의 속성만을 말하고 있는 것이 아니라, 해체의 양상, 그리고 해체가 전통과 맺고 있는 관계까지를 내포하고 있음을 보았다. 그러나 데리다의 '차연'은 또 다른 층위로 이동한다. 왜냐하면 데리다는 '차연 없이는 타자가 없고, 부재와 우회로, 위장, 그리고 차연 없이는 윤리도 없다(《그라마톨로지》 140/202)고 말했으며, '차연 없이는 정의도 없다'(《맑스의 유령들》)고 말했기 때문이다.[42] 이 말은 '차연'이 비록 부재이고 위장이지만, 최소한 '차연'으로 '차이'의 잘못된 점을 지적할 수 있었기 때문에, 보다 나

---

41 위의 책, 23~4.

은 윤리와 정의가 가능했다는 뜻이다. 그렇다면, '차연'이 이끌어 낸 보다 나은 정의와 윤리는 무엇인가? '차연'을 통해 '차이'의 구조, 즉 이원구조에 근거하고 있었던 이데올로기가 근거 없다는 것을 드러내었다는 말이다. 이원구조에 근거한 '차이'의 이데올로기란 서구중심주의, 이성중심주의, 인종차별주의, 남성중심주의 그리고 전체주의이고, 이것들이 '차연'에 의해 근거 없음이 밝혀진 것이다. 또한 말과 글자에서 늘 말을 우선시해온 음성중심주의와 존재 신학의 무한주의, 이 둘의 공모의 관계를 드러낸 것이다. 이 이원구조로 인해 3천 년 동안 서구 인문학이 제자리에서 멈춘 채, 맴돌기만을 했다는 것을 밝혀낸 것은 윤리이자 정의의 문제가 되는 것이다. 또한 이원구조가 유대인 대학살과 종교분쟁으로 인한 폭력, 그리고 세계대전을 일으킨 이론적 근거였다면, 이것을 밝히고 해체하는 것은 절대의 윤리이자 정의라는 말이다. 그렇다고 해서 이원구조를 없애버리자는 것이 결코 아니다. 이원구조를 해체하기 위해서라도, 이것의 허구성을 구체적으로 보기 위해서도 이원구조를 사용해야 한다는 사실과 형이상학 해체는 형이상학 안에서 해야 된다는 사실을 데리다는 되풀이해 강조했다(《글쓰기와 차이》 34/20). 이원구조를 가장 효율적으로 해체하는 방법은 이원구조를 유지하면서 진행되어야 한다는 뜻이다.

따라서 '차이'의 사유와 논리에 근거한 이데올로기와 정치·경

---

42  Michael Sprinker(ed), *Ghostly Demarcations: A Symposium on Jacques Derrida's Specters of Marx*, London: Verso, 1999, 250. 이 책은 데리다의 《맑스의 유령들》에 대한 9명의 맑스주의자들의 평과 이들 9명의 평에 대한 데리다의 평까지, 총 10편의 논문이 편집된 책이다. 앞으로 이 책은 Sprinker (ed)로 약칭.

제 및 교육의 현실 제도가 잘못 작동된 것(데리다의 표현으로는 괴물적인 논리가 자동적으로 반복되어 기계화되는 과정)을 지적했고, 수정해야 하는 절체절명의 이유를 밝혔기 때문에, '차연' 없이는 정의가 없다는 말이다. 따라서 '차연'은 해체의 또 다른 기표이자 정의로 대체된다. 왜냐하면 데리다는 '해체는 정의'이며, '모든 것은 다 해체될 수 있어도 정의는 해체될 수 없다'고 말했기 때문이다. '차연'이 해체의 또 다른 기표라면, 해체의 또 다른 대체는 '번역'이다. 그리고 데리다는 '해체는 번역'이라고 말했다. 하이데거의 '차이'를 데리다는 '차연'으로 번역함으로써 하이데거를 해체했고, 헤겔의 지양을 relever로 '번역' 함으로써 헤겔의 변증법을 해체했다. 또한 헤겔이 《정신현상학》 서문에서 말한 '주권(la maîtrise/ Herrschaft/lordship)'을 바타유가 '패권(la souveraineté)'[43]으로 번역함으로써 헤겔을 해체할 수 있었기 때문이다(《글쓰기와 차이》 9장). 그래서 '번역을 거부한다는 것은 삶을 거부하는 것'[44]이라고 데리다는 말했다. 따라서 '차연'은 '번역'이며, 해체이며 또한 정의이며 삶이다. 데리다의 '차연'은 정의 실현을 위한 것이다.

더 나아가 '차연'은 타자가 된다. 이 타자 역시 매우 유동적이고 하나의 뜻으로 고정되지 않는다. 왜냐하면 '차연'처럼 모든 층

---

43 그러나 '패권'과 '주권'은 고정되어 사용되는 것이 아니라, 서로 다르지만 동시에 동일한 것이 된다. 둘의 단어의 의미가 유동적이라는 뜻이다. 자세한 설명은 추후 출간할 예정인 《데리다의 상호텍스트들》 1장에서 할 것이다.
44 Jack Reynolds and Jonathan Roffe(ed), *Understanding Derrida*, 103에서 재인용.

위를 품고 있지만, 동시에 이를 초과하기 때문이다. 데리다의 '차연'은 지금으로서는 지금의 체계나 형식에 담겨지지 않는 '불가능한 것' 혹은 '신성한 것'까지를 인유한다. 이것을 데리다는 '검고 <u>전적으로 다른</u> 낯선 빛'(강조의 밑줄은 데리다의 것)(《글쓰기와 차이》 95/61), 그리고 '폐쇄 너머로 반짝이는 빛'(《그라마톨로지》 25~6/14) 그리고 이것을 데리다는 '비차연' 혹은 '차연'이라고도 표현했다. 이원구조를 믿지 않는다면, '차연'과 '(비)차연'은 동일한 것이 되고, 이것이 지닌 신비한 빛, 그러나 지금으로서는 체계화되지 않는 불가능한 것에 대한 자신의 욕망이 다른 사유자들처럼 광기에 버금간다는 사실도 《그림엽서》에서 고백했다. '차연'으로 인해 난공불락의 어려움에 있지만, 유한한 철학자의 무한에 대한 탐구는 책임 그 자체이며, 이 과정은 전쟁과 다를 바 없다고 했으며, 이 사실을 헤겔만큼 잘 알고 있었던 사람도 없었다는 것이다(《글쓰기와 차이》 193/131).

여태까지 본 대로, 데리다의 '차연'은 기호학적 층위뿐만 아니라, 정치적·철학적, 그리고 이 모든 층위를 끊임없이 돌아다니며 콘텍스트에 따라 '죽음', '정의', '부재', '폭력', '낯선 빛', '삶', '도래할 타자', '해체', '상이한 번역', '상이한 반복', '유령' 등을 함축한다. '차연'이 이처럼 거의 모든 것을 다 함의한다는 말은 '차연'은 아무것도 고유하게 함의하지 않는다는 뜻이다. 따라서 데리다가 사용하는 기표, '차연'을 포함해 다른 모든 기표들을 한두 가지 의미로 고정시켜서는 안 된다는 것이 데리다 읽기의 기본 원칙이다.

## 2. '차연'과 '차이'의 차이

구조주의자들이 말한 '차이差異'와 데리다가 말하는 '차연差延'의 차이는 무엇인가? 앞에서 하이데거와 데리다의 사유가 매우 유사하지만 파격적으로 다르다고 말한 것처럼, '차이'와 '차연'의 관계 또한 그러하다. 파격적으로 다른 이유는 '차이'에 근거한 사유, 즉 정과 반의 차이, 기표와 기의의 차이, 의식과 무의식의 차이, 존재와 존재자와의 '차이'는 사실은 정과 반의 차이(대조)가 아니라, 서로 동일한 것임을 '차연'이 드러냈기 때문이다. 이 결과 우리가 기호학이라고 생각했던 것은 알고 보니 그라마톨로지였고, 존재론이라고 생각했던 것이 유령론에 불과하다는 사실이 드러난 것이다. '차이'의 사유, 즉 이원구조의 사유는 변증법을 통해 무의식, 존재, 절대진리가 드러날 것이라고 전제했지만, 데리다 '차연'의 사유는 이원구조를 강화한 변증법에 의지하는 한, 우리가 찾으려 했던 모든 것들은 영원히 연기될 수밖에 없다는 사실을 드러내고 증명한 것이다. 그러나 데리다 해체가 전통적 텍스트 안으로 개입, 기재한다고 해서, 존재, 기원, 절대진리, 고유 이름을 드러내지 못한다. 이 점에서는 '차이'나 '차연'은 동일하다. 앞에서 지적한 대로 전제의 차이가 있다. 전제의 차이와 함께, '차이'와 '차연'의 결정적 차이는 다음에서 곧 설명되는 이 둘의 이동 양태의 파격적 차이에 있다.

 많은 한국 학자들은 연기라는 말이 들어간 '차연'을 '차이差移'로 표기하고, 이동을 강조하는 것이 데리다의 의도를 살리는 것이라고 주장했다. 이런 주장은 '차연'과 '차이'를 프랑스어로 읽으면 발음이 같기 때문에 소리로는 식별되지 않지만, 글자로 쓰면 비로소 이 둘의 차이가 드러나는 데리다의 심오한 위트를 살리기 위해서, 그리고 '차연'이 지니고 있는 역동적 움직임을 드러내기 위해서 '이移'를 삽입한 것 같다. 그러나 이동은 '차연'에서만 발생되는 고유한, 혹은 특이한 현상이 아니다. 이동은 언어 자체의 고유속성이다. 따라서 '차이差異'에서도 이미 엄청난 이동이 발생한다.

아리스토텔레스는《시학》에서 '언어는 종種에서 속屬으로, 혹은 속에서 종으로의 이동'한다고 했다. 이동은 속에서 종으로, 혹은 종에서 속으로만 끝나지 않는다. 이동은 서로 다른 범주 사이에서도 발생한다. 아리스토텔레스는 이를 '반反 카테고리적 교환'이라 불렀다. '반反 카테고리 이동'이란 쉽게 설명하면, 다음과 같은 것이다. '책상의 다리'와 '사람의 다리'에서 보듯, 책상과 사람은 전적으로 다른 카테고리에 속한다. 그럼에도 불구하고, '다리'라는 단어는 사람에서 책상으로 이동하면서 둘 다에 쓰였다. '사람이 온다', '가을이 온다', '밤이 온다'도 마찬가지다. 영어도 마찬가지다. 'There falls a silence', 'He falls', 'A night falls'에서 보듯, 침묵과 사람과 밤은 전혀 다른 카테고리지만, '떨어지다'라는 말은 거침없이 이동한다. 이를 카타크레시스catachresis, 즉 수사의 과용 혹은 오용이라 한다. 이것이 언어의 본성이며, 언어의 무한대 이동을 유발시킨다. 아리스토텔레스는 '반 카테고리 교환'에 따른 이동이 명사에서는 발생하지 않는다고 주장하고 싶어 했지만, 그는 이미 이러한 주장이 유지될 수 없음을 알고 있었다. 그 이후, 뒤 마르세와 퐁타니에 등 많은 사람들은 '반 카테고리적 이동'이 모든 품사에서 발생한다는 사실을 지적했다. 니체 역시 모든 개념은 수없이 많은 수사(언어)들의 움직임이라고 규정했다. 언어의 고유속성인 이러한 이동을 포스트구조주의의 멋과 맛을 살려, '무한대로 미끄러지는 기표'라고 표현한 것이다.

구조주의의 '차이差異'의 이동도 광적이다. '언어는 이미 심한 동요를 드러낸다'는 데리다의 말이나, '언어는 이미 광기를 띠고 있다'는 비트겐슈타인의 말은 결코 과장이 아닌, 언어의 진면목인 '반카테고리적 이동'을 포함한 모든 종류의 이동을 설명하는 말이다.

그러면 왜 이동하는가? '차이差異' 때문이다. 단어(기표)가 대상이나 고유성(기의)을 직접 드러낸다면 이동할 필요가 없다. 이 말은 현재의 집이 내가 편히 살 수 있는 집이라면 또 다른 집으로 옮겨 갈 필요가 없겠으나, 도저히 맞지 않으면 다른 곳으로 이사를 해야 하는 것과 동일한 이유다. 기표는 기의를 드러내지 못하기 때문에 헤겔은 무한대로의 반복과 이동을 변증법의 핵으로 삼았다. 끊임없이 다른 기표로 이동해보지만, 결코 기의를 드러내는 완전한 고유 기표(수사, 언어)가 아니기 때문에, 끊임없이 무한대로 이동해야 한다. 이것이 언어의 운명이고, 이런 언어에 매달려 살아가야 하는 어문학도들 또한 언어를 따라 끊임없이 이동해야 하는 운명에 처해 있다. 따라서 '차이差異'는 이동을 있게 한 첫 번째 요인이자 마지막 요인이기 때문에 '차이差移'와 '차이差異'는 동전의 양면 같은 것이다.

잘 생각해보자. 데리다가 〈차연〉에서 '차연'의 특징을 기호학적 측면에서 '차이', 연기, 산포, 세 가지로 규정했다. 그런데 한국 학자들이 '연'을 빼고 삽입해야 한다고 말하는 '이동'은 왜 없을까? 그 이유는 '차이差異'에 이동이 포함되어 있기 때문이다. 이동은 언어의 고유속성임을 굳이 말하지 않아도 모두가 다 알고 있고, '차이差異'에 이미 자동적으로 포함되어 있는데 이를 다시 강조한다면 우스운 일일 것이다. 데리다가 강조한 것은 이동이 아니라, 연기임을 기억해야 한다. '차연'은 '차이나게 하다'라는 한 가지 뜻만 지니고 있는 그리스어 차이 'diapherein'에서가 아니라, '차이나게 하다'와 '연기하다'라는 두 가지 뜻을 포함하고 있는 라틴어 'differre'에서 출발되었음(《여백들》 8/8)을 데리다는 강조했다. 또한 소쉬르가 문자와 소리에서 소리만을 우선시한 것이 절대 아니다. 문자를 우선시하는 소쉬르가 소리를 우선시하는 소쉬르보다 더 크게 부상되고 있다(이 책 73). 바로 이런 이유로 소쉬르가 포스트구조주의를 논할 때 항상 중요한 사유자로 대두되는 것이다.

또한 데리다가 '차연'으로 소쉬르의 '차이'만 해체한 것이 아니다. 따라서 데리다의 '차연'이 포괄하고 있는 모든 층위의 '차연'을 그 어떤 '차이'든 '차이'는 포괄하지 못하며, 이 모든 '차연'을 초과하는 '차연'도 가리키지 못한다. 또한 차이差異의 체계는 결코 정태적인 것이 아니다. 폐쇄되어진 체계 자체도 상이한 복사가 되어 끊임없이 변모하고 대체되고 움직여 왔다. 동시에 폐쇄된 이원 체계 안에서도 '차이差異'는 다른 '차이'로 대체되며 끊임없이 이동했을 뿐만 아니라, 폐쇄된 체계 안에서의 정과 반(이원구조) 사이에 있다고 구조주의자들이 주장한 경계를 끊임없이 왕래하는 폐쇄 속의 이동이 있었다. 특히 구조주의가 찾고자 했던 중심이 구조 안에 없다는 인식이 동트는 시기에는 '차이'의 체계 자체와 체계 안의 '차이差異'의 이동은 거의 광적으로 변한다(《글쓰기와 차이》 1장). '차이差異'에는 이동이 없다는 말은 서구 인문학 전 역사가 하나의 거대한 석판화로 압축 고정된 것이 아니고서야 불가능한 전제다. 또한 데리다가 출현하여 '차연'이란 말을 주조한 순간, 그동안 정체되어 있었던 '차이'가 이동을 시작한 것이 아니라면 상상할 수 없는 논리이다. 만약 '차이差異'에 이동이 없었더라면 '차연' 또한 이동할 필요가 없었을 것이다. '차이差異'의 이동에 달라붙어 개입하기 위해 '차연'도 '차이'를 따라 이동하지 않으면 안 되었던 것이다. 여기서 데리다 해체 전략과 방식에 대한 이해가 도움이 될 것이다.

'차연'과 '차이', 이 '둘은 가장 미소하지만 그럼에도 불구하고 둘은 지극히 파격적으로 대치된다(《해체》 137~8)고 데리다가 말한 이유는 '차연'과 '차이', 이 둘의 이동 양태의 차이다. 차이의 이동은 이원구조의 폐쇄 안에서의 이동이고, '차연'의 이동은 이원구조를 따르는 '차이'의 이동에 끊임없이 개입해 방해하는 '사선적' 이동이다(《여백들》, 〈탱팡〉). 즉 폐쇄 속의 '차이'의 직선적 혹은 순환적 이동에 끊임없이 개입하여, 폐쇄를 여는 이동이 '차연'의 이동으로, 이원구조가 허구라는 사실을 드러내는 이동이다. 데리다가 자신의 저서 중에 가장 마음에 든다고 하는 《목소리와 현상학》은 후설의 텍스트를 비스듬히 가로지르며 사선적으로(à travers le texte/obliquely) 읽은 것(98/88)이라고 말했다. 프랑스어 'à travers'는 '가로지르는', '사이에서', '통하여'라는 여러 뜻이 있다. 또한 'traverser'라는 동사는 '샅샅이 가로지르며 횡단하다'라는 뜻이다. 이 모두는 '차연'의 움직임을 뜻한다. 또한 그의 글, 《열정들》의 부제목이 '사선적(Oblique) 봉헌奉獻'이다.

'차이差移'가 '차연'을 대체할 수 없는 이유로 우리가 주목해야 할 것은 여타의 포스트구조주의자들, 그리고 해체주의자들도 데리다와 동일한 선언을 하지만, 그들의 입장과 글쓰기는 데리다의 그것과는 사뭇 다르다는 점이다. 데리다가 자신은 들뢰즈와 다르다고 말한 사실을 들뢰즈가 인정했고, 알랭 바디우 역시 들뢰즈의 《차이와 반복》은 가장 체계적(schematic)인 선언문의 형식을 취하고 있다는 평을 하면서 이원구조에서 벗어나지 못했음을 지적했다.[45] 왜 들뢰즈는 '차연'이 아니라, '차이'라는 말을 사용한 것일까? '차연'이라는 말을 몰랐기 때문인가? 아니면 들뢰즈가 말한 '차이'에는 이동이 없었기 때문인가? 그런데 들뢰즈 역시 이동을 강조했다. 그는 '주름〔접기/복사/반영/허구〕에서 주름으로 끊임없이 이동하는 차이'라고 했다. 들뢰즈의 책 제목《차이와 반복》처럼, 바바라 존슨의 책《비판적 차이와 차이의 세계》에서도 '차연'이 아니라 '차이'라는 말을 사용했다. 존슨이 '차연'이라는 말을 몰라서였을까? 아니면 이들이 사용한 차이에는 이동이 없기 때문일까? 존슨 역시 이동을 강조했다. 그렇다면 이들의 '차이'는 '차이差移'와 '차이差異' 중 어느 차이로 번역해야 할까? 만약 '차이差移'로 번역하다면, 이것은 다수의 국내학자들이 주장한 대로 데리

---

45  Mark Currie, *Difference*, London: Routledge, 2004, 65.

다가 말하는 '차연'과 동일하다는 말인가? 그렇다면 존슨과 들뢰즈와 데리다는 동일한 사유자이고 그들의 글쓰기 또한 동일하다는 것인가? 아니면, 차이差異로 번역한다면, 존슨과 들뢰즈는 여전히 구조주의자들이란 말인가? 데리다의 엄정한 잣대에 따르면, '차이差異'와 '차이差移'는 여전히 구조주의적이고 기호학의 열쇠 개념이다. 그러나 데리다는 '차연'은 개념도, 말도 아니며, 그래서 '차연'은 서구 언어에 속하지 않는다고 했다. '차연'은 가깝게는 하이데거의 '존재와 존재자의 차이'를, 그리고 더 크게는 구조주의자들과 전통 사유자들이 무한으로의 이동이라고 착각했던 폐쇄 속의 '차이'에 대항하는 사선적 이동으로 '차이'를 개열開裂시키는 것이다 (《입장들》19/10). 데리다는 '차연'의 이동을 느리게 자라면서 뿌리로 다른 나무를 타고 올라가는 두릅나뭇과의 상록 교목인 송악에, 혹은 문어의 움직임에 비유하기도 했고(《글쓰기와 차이》11장), 니체는 소의 위가 되새김질 할 때의 움직임에 비유하기도 했다. 이는 일직선적 논리로는 포섭이 되지 않는(aphoristic) 에너지의 움직임이다. 이러한 움직임을 데리다는 《글라》에서 다음과 같이 표현하기도 했다.

《글라》는 원추형의 기둥인 책을 현전시키고, 이미 구멍이 뚫리고, 조각나고 깨어지고, 문신당한 원추형 기둥 위에 쓰고, 동시에 기둥 주위에, 그리고 기둥을 대항하여, 철저하게 입이자 텍스트인 그 기둥 사이에서 쓴다.

여기서 기둥이란 헤겔과 주네의 담론을 뜻한다. 그리고 '철저하게 입이자 텍스트인 그 기둥'이란 말에서 입은 말, 텍스트는 글자를 뜻한다. 그러나 데리다는 이 둘(말과 글자)을 동일한 것으로 취급한다. 기둥은 헤겔과 주네의 담론을 위시한 남근중심주의 담론을 뜻한다. 그런데 데리다의 글쓰기가 기둥 위, 기둥 주위, 기둥을 대항하여, 그리고 기둥 사이에서 쓴다는 말에서 '차연'의 움직임이 다양한 방향(위, 주위, 사이)의 움직임이라는 것을 알 수 있을 것이다. 일직선적인 움직임이 아니라는 말이다. 이렇게 함으로써 폐쇄 속에서의 '차이'의 이동은 '차연'의 이동의 개입으로 인해, 폐쇄의 사각의 모퉁이가 깨어진다. 이 말은 전통적인 의미에서의 글, 전통적인 의미에서의 사각의 책, 그리고 칸트의 4개의 범주표 혹은 계기판을 해체한다는 뜻이다. 구멍을 낸다는 뜻이며, 폐쇄된 사각의 모퉁이가 허물어지면서 열린다는 말이다. 데리다는 〈파레르곤〉《그림 속의 진리》에서 모퉁이가 부서진 사각이 마치 자신의 부적인 양, 반복해서 이것을 그렸다(《해체》 457, 465~9, 471).

혹자는 데리다가 '차이'와 '차연'을 가까운 거리에서 혼용했다는 사실을 들어 이 '차이'와 '차연'의 차이는 없다고 말할 것이다. 우선 둘이 같다면 왜 굳이 '차연'이라는 신조어를 데리다가 주조했을까라는 생각을 하면서 논의를 진행해보자. 데리다가 '차이'를 '차연'으로 사용했을 때에는, '차이'를 둘러싸는 콘텍스트를 꼼꼼하게 살펴보는 것(contextual attentiveness)이 필수다. 한 예를 보자. '차연은 차연이 금지하는 것을 생성했으며, 차연은 차연이 불가능하게 만든 것을 가능하게 했으며, 차연이 없었더라면, 존재에

데리다가 그린 모퉁이가 부서진 사각

대한 우리의 사유가 불가능했기에, 분명 존재는 이 차연 속에 부재로 드러났다고 거꾸로 생각해볼 수도 있지만, 이런 사고의 전환이 니체의 사유이지만, 이러한 사고의 전환은 하이데거가 니체를 읽었을 때 받아들이지 않았다'고 데리다는 평한다. 이 말은 '차연'이 부재이고 죽음이지만, 그러나 이 부재와 죽음인 '차연'으로 인해 '차연'이 지닌 한계를 하이데거는 인식할 수 있었을 것이고, 따라서 '차이'에 근거한 하이데거 자신의 사유의 한계를 넘어설 수 있었겠지만, 하이데거는 그러지 않았다는 말이다. 그러고 난 후, 데리다는 말한다. '…… 활발하게 움직이는 차이는 …… 차연의 개념 안에 포함[이해]될 수 있다'[46](강조의 밑줄은 데리다의 것)(《그라마톨로지》 205/143). 매우 주의를 집중하지 않으면, 이 지점에서 데리다

---

46 'La différence dans son movement actif—ce qui est compres, san l' epuiser, dans le concept de la différance.'

가 '차이'를 '차연'으로 사용했다고 오해할 수 있다. 우선 '활발하게 움직이는 차이'라고 데리다가 말한 것은 '차이'도 움직인다는 사실을 분명히 밝히기 위해서다. 그러나 '움직이는 차이'라고 해서 모두 '차연'이 되는 것은 아니다. 왜냐하면 '활발하게 움직이는 차이'는 여전히 '차연'의 개념 안에 있고, '차연'의 개념으로 이해될 수 있기 때문이다. 프랑스어 comprendre의 뜻은 포함하다와 이해하다라는 두 가지 뜻이 있다. '움직이는 차이'는 여전히 개념 안에 있고 개념으로 이해될 수 있다는 말이다. 그런데 데리다는 '차연'은 개념이 아님을 반복해서 강조했다. 따라서 '움직이는 차이'라고 해서 모두 '차연'이 될 수 없음에 주목해야 한다. 이동 양태의 차이가 결정적이고 파격적인 결과를 도출한다는 것을 기억해야 한다. 그러나 상당 부분 둘은 유사하다. 무엇보다도 '차이差異'와 '차연' 둘 다의 그 어떤 이동도 기원이나 고유성을 되찾지 못한다는 점에서는 동일하다. 그러나 어떻게 움직이는가에 따라, 이원구조가 우리에게 주는 미망을 약화시키며, '차이'의 폐쇄를 범람하며 허물어버리는(déborder) '차연'이 되기도 하고, 폐쇄를 더욱 강화하는 '차이差異' 혹은 '차이差移'가 되기도 한다.

또 다른 예를 보자. 데리다는 자신과 하이데거의 사유의 움직임을 비교한다. '전체화된 지평 안에서의 법칙, 규정 혹은 법률적·도덕적 재현(고유성 복구, 표현, 혹은 재전유를 위한 움직임)에 안주하는 것은 정의와 책임감이 아니'다(강조의 밑줄은 데리다의 것)(《맑스의 유령들》 56~7/27~8).[47] '고유성 복구를 위한 움직임'은 하이데거의 '존재와 존재자의 차이'의 움직임이다. 이러한 하이데거 '차이'의 움직임, 즉 복구를 위한 이동은 이원구조에 의지하여 폐쇄 속에서의 악순환의 움직임이다. 이에 비해 데리다 '차연'의 움직임은 모험으로 '차이'의 악순환적 이동을 차단하는 이동이다. 물론 하이데거 역시 전체주의와 전통적 형이상학의 움직임에서 벗어나야 한다고 거듭 천명했지만, (기)원으로 되돌아가기 위해서 결국 이원구조에 의지해 이동했다는 것이 데리다의 평가이다. 하이데거의 사유의 움직임은 되돌아가는(revenir) 것이지만, 데리다의 해체적 사유 혹은 '차연'의 이동은 되돌아가는 것이 아닌, 타자의 도래(l'avenir)를 위한 전혀 다른 움직임이다. 데리다 '차연'의 움직임은 '타자를 향한 말과의 결렬이 아니며, 오히려 타자를 존중하면서 진행되지만 유일성이 수없이 많은 탄각炭殼의 재로 산포하면서 절대 유일무이함을 확신하지 않는 것'[48]이다. 이 대목에서 데리다는 자신의 '차연'은 하이데거의 '차이'에서 잉태되었음을 상기시키지만, 하이데거의 '차이'의 이동이 되돌아가는 이동임을 말하고, 이

---

47 'Faute de quoi la justice risque de se réduire de nouveau a des régles, normes ou représentations jusridico-morales, dans un inévtiable horizon totalisateur(*movement* de restitution adéquate, d'expression ou de reappropriation). Ce risque, Heidegger le court, malgré tant de précautions necessaires, dès lors qu'il donne le pas, comme il le fait toujours, au rassemblement et au même(*Versammlung, Fuge, Legein*, etc.) sur la disjonction qu'implique mon adress à l'autre, sur l'interruption que commande de respect qui la commande à son tour, sur une différence done l'unique, disséminé dans les innombrables escarbilles de l'absolu mêlé aux cendres, ne s'assurera jamais dans l'Un.'

48 필자의 졸고 〈데리다의 시, '재...불': 언어의 여백에서〉, 《비평과 이론》, 제13권 2호, 2008 참고.

와 다른 '차연'의 이동을 길게 수식했다. 즉 '탄각의 재로 산포'한 다는 말은 단어를 마치 분말기에 넣어 갈듯이, 아무런 의미도 남아 있지 않을 때까지, 비유적으로 말하면 재로 만들어 날려버리는 것을 뜻한다. 이것이 '차연'의 이동이다.

데리다가 '차이'와 '차연'을 매우 가까운 거리에서 사용하는 경우는 많다. 그 예를 또 보자. '차이 그 자체의 끈질긴 주장 혹은 반복, 즉 전혀 지루하지 않는 움직임은 공통의 뿌리지만, 결코 동일한 기원의 뿌리로 되돌아오지 않는, …… 이것을 전략적 차원에서 <u>차연 흔적 유보</u>라는 별명을 붙였다.' (강조의 밑줄은 데리다의 것)(《그라마톨로지》 142/93)[49] 여기서 데리다가 강조한 '차이 그 자체'란 개념이나 말로 환원되지 않는 '차이'[50]라는 뜻이다. 즉 '차연'이다. '차연'은 '차이'와 '공통적인 뿌리이지만, 동일한 뿌리가 결코 아니'라는 말을 통해 하이데거가 말한 '차이'가 없었다면 '차연'은 불가능했지만, 그 둘은 결코 동일하지 않다는 것을 데리다가 명시하고 있는 것이다. '되돌아가는 것을 전제하지 않으며, 전혀 지루하지 않고 명명할 수 없는 움직임'이란 긴 수식어에 우리는 주목해야 한다. 차이差異나 '차이差移'의 움직임은 너무나 진부하고 낯익

---

49 '…… Cette racine commune, qui n'est pas commune parce qu'elle ne revient au mêne qu'avec l'insistance si peu monotone de la différence, ce mouvement innommable de le différence-même que nous avons stratégiquement sournomme trace, reserve, ou différance,……'
50 간혹 다른 곳에서 데리다는 le différence pure라고 하는데, 이때 'pure'는 전통적인 형이상학적 의미에서의 순수라는 말로 전제한 순수가 아니라, le différence-même와 같은 것으로 개념도 말도 아닌 차이 그 자체, '차연'을 뜻한다.

은 움직임이라서 지루하다. 왜냐하면 3천 년 이상, 즉 아리스토텔레스부터 사용된, 항상 폐쇄된 이원구조 안에서의 움직임이고 늘 기원으로, 정신으로, 존재로, 무의식으로 되돌아간다는 움직임이기 때문이다. 또한 '차이'의 이동은 명명할 수 있다. 왜냐하면 이원구조의 개념 안에 있기 때문이다. 그러나 '차연'의 움직임은 명명할 수 없다. 따라서 아무런 수식어나 콘텍스트의 장치 없이는 '차이差移'는 '차연'을 대체할 수 없다. '차이'는 기존의 이원구조를 따라 이동되는 것으로 우리가 기호학적으로 인식할 수 있지만, '차연'은 존재하지만 지금의 기호학으로는 표현이 불가능하다. 불가능한 이유는 '차이'의 체계와 개념 안으로 종속되지 않고 이를 초과하기 때문이다. 이런 '차연'을 데리다는 '우리의 언어로 주어질 수 있는 이름이 없다'고 했다. 또한 이런 '차연'을 데리다는 다른 층위에서 '검고 <u>전적으로 다른</u> 낯선 빛'(강조의 밑줄은 데리다의 것)(《글쓰기와 차이》 95/61), 그리고 '폐쇄 너머로 반짝이는 빛'(《그라마톨로지》 25~6/14)으로 표현했다. 물론 이는 기호학적 차원을 넘어서는 또 다른 차원에서의 '차연' 즉 데리다의 타자이다. 즉 데리다가 말하는 '차연'은 '차연'의 체계 안에도 있지만, 체계의 여백과 체계 밖에도 있다는 뜻이다. 이원구조 폐쇄 안에서의 '차이'의 이동은 결코 이러한 '낯선 빛'을 볼 수 없게 한다.

어느 국내 평자는 '차이'를 이렇게 '차이'로, '차연'을 큰 글자 '차이'로 표기하자고 제의했다. 데리다는 자신이 사용하는 기표를 줄곧 소문자로 표시했다. 이와는 대조적으로 모든 전통적 철학자들과 모더니스트들은 대문자를 많이 사용했다. 이것이 모더니스트들과 데리다의 차이이고, 구조주의와 포스트구조주의의 차이이다. 데리다가 자신이 사용하는 기표에 대문자를 사용하지 않고, 소문자를 사용한 이유는 전통적 사유가 전제하고 있는 기원과 원(arche)으로 되돌아간다는, 그리고 절대진리에 관한 전제를 불식시키기 위한 것이었다. 앞에서 데리다가 écriture(《글쓰기와 차이》)를 책 제목 첫 단어임에도 그리고 《목소리와 현상학》의 목소리(voix)도 책 제목의 첫 글자임에도 소문자로 쓴 것을 여기서 다시 상기하자(이 책 130). 그런데 '차연'을 뜻하기 위해 대문자를 사용한다는 것은 데리다의 의도에 정면으로 어긋나는 것은 아닌지.

미술이 발전하려면 경미한 차이가 나지만 효과는 천지지양의 차이를 내는 색을 양산시켜야 하듯이 단어도 경미한 차이, 그러나 결과적으로는 결코 경미한 차이가 아닌 차이를 담고 있는 단어들이 많이 창안될 때 인문학은 발전하는 것이다. '차연'의 겉모습은 데리다의 위트를 살리지 못했지만, 그럼에도 불구하고 내용적으로 정확하고 튼실하다. '차이差移'가 '차연'을 대체할 수 없는 이유는 다음과 같다.

— 앞에서 상론한 대로, 이미 '차이差異'에 이동이 포함되어 있기 때문이다. 이동 양태가 서로 파격적으로 다른 것이다.

— '차연'은 데리다가 강조했던 무한 연기를 포함하고 있기 때문이다. 데리다가 강조한 것은 이동이 아니라 '연기'다. 전제의 차이는 매우 중요하다. 왜냐하면 이원구조로 무한이나 존재를

되찾을 수 있다고 생각하면, 이원구조라는 폐쇄된 틀 안에서 이동을 할 것이고, 이원구조로는 무한이나 존재가 되찾아지지 않는다고 생각하면 '차연'의 이동을 택할 것이기 때문이다.

- 매번 '차이'는 'e의 차이', '차연'은 'a의 차이'로 표기하거나, '차이'는 '차이(différence)', '차연'은 '차이(différance)'로 표기한다는 것은 매우 번거롭다. 고비용 저효율이다. 그래서인지 아무런 단서 없이 '차이'와 '차연' 둘 다 '차이'로 표기하는 현상이 점점 더 자주 눈에 띈다. 이 결과 엄청난 혼동이 야기된다.

- '차이差移'가 '차연'을 대신할 수 있다고 생각하는 것은 데리다의 해체와 그라마톨로지를 구조주의와 기호학으로 돌리고 데리다의 탁월한 성취, 즉 이원구조에 흡입되지 않는 그의 글쓰기와 사유를 무화시키는 것이다. 이는 드 만, 라캉, 존슨, 들뢰즈, 소쉬르, 하이데거와 데리다를 모두 동일한 사유와 글쓰기를 한 것으로 간주하는 것이다. 이는 섬세한 정신도, 공평한 평가도 아니다.

- '차연'이 포괄하고 있는 층위는 앞에서 지적한 대로, 기호학적 층위를 훨씬 초과하고 있다. '차이差移'가 모든 층위를 다 포괄하면서도 이를 초과하는 '차연(타자)'을 대신할 수 없다.

- 개성이 강하고 따지기 좋아하고 틀린 논지를 가지고도 현란한 말의 하이테크와 탄탄한 논리로 그럴듯하게 논쟁하는 데 이력이 난 외국 학자들도 '차연'이 '차이'와 연기라는 사실에 대해 이의를 제기한 적이 없는 이유에 대해 '차연'을 '차이差移'로 번역해야 한다고 주장하는 국내 학자들은 숙고해야 할 것이다. 외국에서 출판되는 그 어느 책에도 '차연'을 '차이'와 이동으로 정의하지 않는다.

그러나 한국 학계 중심에 있는 학자들 다수가 '차연'이 아니라, '차이差移'가 맞다고 하면, '차이差移'가 맞는 것이 되는 것이다. 이는 '파이팅'이라는 영어가 원래는 '치고받고 싸우다'는 뜻이지만, 한국인 모두가 '이기자, 기운 내자'라는 뜻으로 쓰자, '파이팅'이 '이기자, 기운 내자'를 뜻하는 말이 되듯이, 언어 사용과 속성은 지독히 자의적이며, 사회적이고 정치적이기 때문이다.

데리다 입문　　　Jacques Derrida: An Introduction

4
──────── 데리다의 해체(들)

데리다는 자신의 해체를 '해체들'이라고 불러야 된다고 했다. 데리다의 해체가 해체하는 대상에 따라 방식과 용어가 조금씩 다르기 때문이다.

데리다의 해체를 가장 단순하게 요약하자면, 이원구조는 근거 없는 것이고, 근거 없는 이원구조에 의지해 진행되는 서구 담론은 자체적으로 이미 균열되어 있음을 조명하고 드러내는 것이다. 따라서 데리다가 억지로 무엇을 힘들여 해체한 것이 아니라, 전통적 담론이 내부적으로 이미 해체되어 있는 사실을 그대로 드러낸다는 뜻에서 데리다의 해체를 '자동 해체(auto-déconstruction)'라고도 한다.

## 1. 이원구조의 허구성 드러내기

이원구조(이분법)의 정正과 반反에 해당하는, 혹은 이 둘을 수식하는 단어(기표)들은, '차연'이 수없이 다른 '차연'으로 대체되듯, 수없이 다른 단어(기표)로 대체되어 양산되어왔다. 정과 반을 대체한 수많은 기표들의 일부는 다음 표를 통해 일견할 수 있다. 그토록 많은 사람들이 그토록 오랫동안 따르고 의지했던 이원구조가 왜 문제인가? 왜 수많은 서구의 사상가들을 3천 년 이상 미혹시켰던 것인가?

무엇보다도 이분법은 자연 그 자체처럼 지극히 자연스러워 보이는 데 그 함정이 있다. 밤과 낮이 있고, 남성과 여성이 있듯이, 이원구조는 너무나 자연스러워 이것을 의심한다는 것이 오히려 의심을 받아야 할 정도다. 그러나 자연스럽다는 것이 오히려 함정이 아닐까? 왜 불교에서는 시비분별을 내려놓으라고 했을까? 그리고 일상에서 보이는 이 자연스런 현상을 그대로 진리를 추구하는 사유에 유추적으로 적용할 수 있을까? 즉 형이하학적인 현상을 형이상학적 사유에 그대로 적용한다면, 그래서 형이상학이 형이하학을 그대로 따라가고 있다면, 이는 서구의 형이상학이나 존재론 모두 여전히 경험주의에 머물러 있는 것으로 보아야 하는 것이 아닐까? 바로 이것이 데리다가 수없이 많은 글을 통해 이야기하는 바이다.

이원구조 안에 있다는 정과 반에 해당하는 말은 다음 도표에서 확인할 수 있듯이 무수하게 다른 말로 표현되었다. 즉 끊임없이 대체, 이동, 번역되어졌다는 말이다.

이 도표에 올라온 것 말고도 이원구조를 정해놓고 정과 반에 대입해 서술하는 용어는 엄청나게 많다. 이원구조가 무한대로 복사되고 범람하면서, 정과 반을 수식하는 용어 또한 무한대로 양산된

| 변증법 | 정 | 반 |
|---|---|---|
| 자연 현상 | 낮(빛) | 밤(어둠) |
| | 남자 | 여자 |
| 철학 | 진리 | 허구 |
| | 이성 | 감정 |
| 윤리학 | 선 | 악 |
| 후설의 현상학 | 현전 | 표상 |
| | 표현 | 표지 |
| 레비-스트로스 | 완벽한 전문인 | 아마추어 |
| | 자연 | 문화 |
| 언어학 | 기의 | 기표 |
| | 랑그 | 파롤 |
| | 통시성 | 공시성 |
| | 말(소리) | 문자(글자) |
| 하이데거 | 존재 | 존재자 |
| 정신분석학 | 무의식 | 의식 |
| | 쾌 | 불쾌 |
| 칸트의 미학 | 미의 본질(ergon) | 미의 장식(paragon) |
| 문학 | 은유 | 환유 |
| | 시어 | 보통어 |
| | 의미 | 텍스트성 |
| | 비극 | 희극 |
| 맑스 | 사용가치 | 상품가치 |
| | 살아 있는 실체 | 유령 |
| | 인간해방 | 인간소외 |

이원구조의 정과 반에 해당하는 단어들

것이다. 기표가 무한대로 양산되었다는 말이다. 모든 인문학 분야에서 용어는 제각기 다르지만, 이원구조는 동일하게 사용되었다.

장자는 삶과 죽음까지 동일하다며 생사여일生死如一이라 했지만, 서구인들은 처음부터 분명하게 이분법을 세워놓고 가치판단을 했고, 늘 도표 왼쪽에 나열된 것들을 우선시했다. 물론 가끔 돌연변이들이나 반항아들이 주기적으로 돌출해서 오른쪽 것들이 더 가치 있는 것이라고 무서운 기세로 외쳤지만, 그들이 일으킨 돌풍은 여전히 이원구조 안에서의 돌풍이었기 때문에 이 치기 어린 돌풍이 가라앉으면 다시 주류들이 왼쪽 것들을 신봉하고 오른쪽의 것은 배제하는 과정을 거쳐 서구의 인문학 전통은 계승되었던 것이다.

문학에서는 보통어보다는 시어를, 철학에서는 존재자보다는 존재나 현전을, 언어학에서는 기표보다는 기의를, 정신분석학에서는 의식보다는 무의식을 더 가치 있는 것으로 간주하고, 이것이 어떻게 드러나는가를 알아내려 했다. 그렇다면 왜 왼쪽 것을 더 우선시했는가? 왼쪽에 나열된 것은 이성에 속하는 것으로 본질(eidos), 원原, 현현顯現, 최종 목적(telos), 현형태(energia), 현존(ousia)과 직접 관계하고 있다고 전제했기 때문이다. 이것들은 모두 시원始原, 근본, 토대와 가깝거나 동일한 것이라고 믿었기 때문이다.

데리다가 1966년 이러한 이분법이 근거 없는 것이라고 선언하기 이전에 이미 20세기의 서양극의 주류는 비극도 희극도 아닌, 이 둘의 혼합인 희비극(tragi-comedy)이 되었다. 이는 비극과 희극이라는 이원구조 혹은 흑백논리가 수몰된 현상으로 보아야 할 것이다. 철학보다 문학에서 먼저 이원구조의 해체가 발생했다는 말이다. 문학도들에게는 《성경》과도 같은 아리스토텔레스의 《시학》이 분류해놓은 비극과 희극의 이분법과 위계가 무너진 것이다. 물론 아리스토텔레스가 정해 놓은 비극의 6대 요소들의 위계와 유기적 통일성도 함께 붕괴되었다. 이원구조를 따른 비극이나 희극이 아닌, 이 둘 사이에 있는, 혹은 이 둘을 합쳐놓은 희비극이 삶을 비추는 데 훨씬 더 적절한 거울이 된다는 것을 인정하게 되었다는 뜻이다. 또한 과학에서도 1931년 괴델이 다양성을 다루는 구조는 분석적이지도 연역적이지도 않으며 이원구조로 통합이 안 된다는 사실을 발표함으로써 이원구조는 과학에서도 무용한 것이 되었다(《산포》 271/219).

이원구조가 근거 없다는 사실은 대단한 철학적 탐구가 있어야만 이해할 수 있는 것이 아니라 상식이다. 그러니 우선 상식적으로 생각해보자. 서구 철학에서 빛은 늘 진리를 상징했다. 빛이 중요한 것도 사실이지만 어둠도 그만큼 중요하지 않은가. 밤이 없고 24시간 빛만 있다고 생각해보라. 우리는 살아남지 못할 것이다. 늘 태양에 비유되는 '진리는 우리를 자유롭게 하리라'라고 말해지지만, 태양(진리)을 그대로 직접 보려다가는 시력을 잃는다. 하물며 진리가 우리를 지배하는 날, '진리가 당신을 자유롭게 하리라'는 기독교의 전언은 이미 니체가 그리고 데리다가 말하듯이, 죽음이 복이라는 잔인한 논리이다. 인간은 결코 진리(태양)를 직접 대면하지 못한다. 미국 극작가 오닐은 진리에 의해서가 아니라, 우리들 대부분은 '삶을 위한 거짓말(a life-lie)', 혹은 '담배 연기 꿈(a pipe-dream)'에 의지해 산다고 했다. 포스트구조주의에 들어와서는 드만이 말했듯, 주체의 죽음과 함께 우리는 끊임없는 미망(맹목) 속에 살 수밖에 없다. 우리의 일반적 상황은 태양이 상징하는 진리가 아니라, 불교에서 말하듯, 망집과 환에서 대부분의 우리들은 삶을 지속시켜주는 힘을 얻는다. 다만 나와 내 이웃에 이로운 망집이 있는가 하면, 이롭지 못한 망집과 환이 있는 것이 문제일 것이다.

그럼에도 불구하고 서구 철학은 진리와 빛을 등식화했다. 데카르트가 신의 존재에 대해 큰 회의에 빠졌을 때, 그가 신의 존재를 다시 확신할 수 있었던 것은 떠오르는 아침 태양을 보고서였다. 태양에 특별한 의미를 부여하는 것은 한국인들도 다를 바 없다. 새해 첫날 떠오르는 태양을 보기 위해 동해로, 남해로, 서해로, 긴 운전 시간조차 아랑곳하지 않고 많은 사람들이 몰리는 이유도 바로 여기에 있는 것이다.

그러나 서구인들은 한국인들에 비해 이 태양빛에 대해 좀 더 과도한 의미, 즉 절대진리를 의미한다고 생각한 것이다. 이러한 사실에 의심을 품지 않았기 때문에, 서구 철학 담론은 모두 태양바라기가 되어 태양이 졌다가(반/反) 다시 떠오르는(정/正) 리듬과 궤도를

---

51  서구 담론이 태양 수사에 불과하다는 말은 서구 담론 체계에서 태양이 최고의 가치를 상징하는 수사로 변치 않는 자리를 지켜왔다는 뜻이다. 이는 마치 화폐 통화 체계에서 금이 최고의 가치를 갖고 변치 않는 자리를 지켜왔다는 것과 동일하다. 이는 언어 체계, 화폐 체계, 철학 체계가 동일하다는 뜻에서 '차연'을 '경제성'이라고 정의하는 것과 상통한다.
태양을 최고의 가치로 간주하는 것은 이미 원시종교의 태양 숭배(heliolatry)로 드러난다. 그러나 서구인들은 단순히 숭배만으로 끝내는 것이 아니라, 태양의 운행을 그대로 본 따 철학 체계를 만들었다. 즉 태양이 뜨고 지는 것에 따라 정과 반이라는 이분법을 만들고, 태양이 지지만, 다시 떠오르는 사실에 영감을 받아, 부정하고 없어지는 것은 영원히 부정되고 없어지는 것이 아니라, 다시 살아 되돌아오기 위한 것이라는 역의 논리를 세운 것이다. 이것이 헤겔의 변증법이다. '헤겔의《정신현상학》중 아무 곳이나 서너 페이지를 보더라도, 중요한 문

따라 돌아가는 태양 수사(heliotrope)[51]의 담론에 불과하다고 데리다는 〈백색신화〉에서 말했다. 따라서 빛과 반대되는 어둠은 진리와 반대되는 죄와 악의 상징이 되었다. 이러한 구분에 우리 모두는 매우 오랫동안 동의했었다.

글과 말에 대해서도 마찬가지다. 사실 모든 중요한 사상이나 심지어 진리를 전한다는 종교서적들도 모두 글로 적혀 있다. 또한 글 없이는 문화와 문명 그 자체가 불가능해진다. 법률, 역사, 외교문서, 집문서, 중요한 약속 등은 전부 글로 쓰지만, 서구 인문학에서 글은 말과 우리들의 살아 있는 기억을 해치는 유해한 것으로 치부

---

장에서 주제가 되는 26개 단어 중, 7개만 긍정적 단어이고 나머지는 19개는 모두 부정 접두사들 비(非) 혹은 부(不)를 가진 단어들' 인 것도 이 때문이다. 감각적인 것을 부정함으로써 무한 가치를 획득할 뿐만 아니라, 철학자들은 현상 세계를 초월할 수 있다고 생각한 것이다. 즉 눈에 보이는 감각적인 낮의 태양이 감각적이지 않고 눈에 보이지 않는 태양으로 밤 사이에 존재할 뿐만 아니라, 내일 다시 떠오른다는 사실에 근거해, 감각적인 것과 비감각적인 것을 만들고, 비감각적인 것을 더 중시했던 것이다. 그러나 감각적인 것(sensus)와 비감각적인 것, 즉 의미 혹은 기의(Sinn)는 둘 다 동일한 어근을 가지고 있다. 그럼에도 불구하고 태양의 운행, 특히 태양의 밤의 근행(勤行)은, 그리고 태양이라는 수사에 투여한 가치는 플라톤의 이데아에서부터 헤겔의 절대정신까지를 여행한 철학적 우회로의 궤도를 형성하면서, 이상화와 진리 재수용이라는 가설을 3천년 동안 지속시켜 왔다.
위의 내용은 〈백색신화〉(《여백들》)에서 발췌한 것이다. 〈백색신화〉의 일부분인 〈수사의 꽃: 태양 수사〉는 데리다의 다른 글에 비해 쉬워 초보 데리다 독자도 충분히 읽을 수 있다(《해체》 217~38).
물론 태양 수사의 영향은 여기서 끝나지 않는다. 절대종교와 성신, 성모, 성자라는 성스러운 가족(Holy Family/Trinity)이 형성된 것도 계보학적으로 혹은 역사적으로 분석하면 태양 수사의 논리(사실은 논리가 아님)에 바탕하고 있다. 이에 대한 길고 긴 패러디를 조이스는 《피네건의 경야》에서, 그리고 데리다는 《글라》에서 하고 있다. 이에 대해서는 추후 출간 예정인 필자의 《데리다와 문학》 3부에서 상세히 언급할 것이다.

되었다. 얼핏 보면, '말(씀)'과 대조되는 것 같은 글자(사실은 동일한 것)인 데다가, 이원구조가 야기시키는 형이상학적 강박관념 때문에 예외 없이 글자는 사유자들에 의해 폄하되었다. 서구 인문학에서 글자는 '피상적', '허위적', '이상한', '이미지', '원칙을 찬탈하는, 자연적 관계를 도치시키는', '함정', '악순환', '폭군', '괴짜와 괴물의 우화(tetratology)'라고 간주하면서 윤리적·도덕적 차원에서 글자를 홀대했던 것이다. 그러나 홀대받았던 글자 덕분에 말과 언어가 가능했다는 사실이 데리다의 그라마톨로지를 통해 드러난 것이다.

여자와 남자에 대해서도 마찬가지다. 여자가 없었더라면 인간 역사조차도 불가능했을 것임에도 불구하고 여자는 남자보다 열등한 존재로 간주되었다. 기성종교나 윤리가 정신과 육체, 내세와 현세라는 이분법을 만들어놓고 후자를 억압하고 제거해야만 전자를 얻을 수 있다고 하는 것도 형이상학적 사고에 근거한 것이다. 따라서 후자가 완전히 소멸될 때까지 부정(via negativa)을 무한대로 반복하는 것이 변증법이고, 기독교의 논리이고 이것이 힌두교가 강조하는 금욕이다. 바로 이런 이유로 니체는 기독교를 '교수형리의 심리', '거세의 윤리', '노예의 도덕'이라고 했으며, 이와 같은 맥락에서 데리다는 형이상학과 신학은 '남근 제거', '가슴 절제'라고 하면서, 끝내는 '죽음의 복음'이라고 비판했다. 현상학의 '괄호치기'도 마찬가지다. 왼쪽에 있는 '표현'(이 책 163 도표)이 드러날 때까지 '표지(지시)'에 해당하는 것을 걸러내어 제거(철학 용어로는 '괄호 치기')하면, '표현'이 드러난다고 전제한 것이다. 따라서 이 과정을 그 수많은 어려운 철학 전문 용어들을 다 제거하고 가장 단순하게 드러내면, 다음과 같다.

- 이원구조를 만든다(정과 반). 그러나 이것은 이미 허구다. 정과 반은 대조되는 것이 아니라, 사실은 폐쇄된 허구(이원구조) 안에서 발생한 것으로 동일한 것이다.

- 이 책 163쪽 도표에서 왼쪽에 나열된 것들을 항상 우선시하거나 절대적인 것으로 간주한다. 때로는 오른쪽의 것들을 우선시하지만(예를 들면 초현실주의, 낭만주의, 아방가르드 등), 여전히 이원구조에 의지하는 것이기 때문에 결과는 매한가지다. 때로는 오른쪽 것을 우선시하는 것은 결국 왼쪽 것이 되돌아온다는 것을 말하기 위한 것이다. 이는 왼쪽 것이 우수하다고, 혹은 서로 대조(정과 반)되는 것이라고 하고서는 서로 건너가고 건너왔다는 뜻이다.

- 대개는 오른쪽에 있는 것은 부정적인 것이라고 전제한다. 만약 그러하지 않다면, 왼쪽의 것들이 긍정적이고 선한 것일 수 없기 때문이라고 전제했던 것이다. 따라서 오른쪽의 것들은 결핍, 부재, 부패와 관련되어 있으며, 파생적이며 부수적인 것들이라 생각했다. 이것은 이성(logos, 말)에 반反하는 것으로, 이성과 진리와 말(씀)을 훼파하는 악이며 적賊이다. 때로는 적자가 아니라 서자로 취급된다. 다시 말하면 불순해서 진리를

희석, 침탈, 유린하고, 끝내는 병들게 한다는 것이다. 성에 대해서도 마찬가지였다. 여자는 남자를 유혹해서 타락시키는 존재라고 생각했다. 경제력, 군사력, 문화 및 학문, 출판 권력까지를 쥐고 있는 남성들에 의해 쓰인 동서양의 종교는 한결같이, 이브가 아담을 유혹해서 인류가 낙원에서 쫓겨났고, 마야가 브라만을 유혹해서 인간이 고해苦海에서 허덕이게 되었다는 식의 이야기이다. 기성종교가 철저하게 남성중심주의와 견결하게 연계되는 것도 이 같은 이유에서다.

전통적 사유에 영향받은 서구 철학은 왼쪽의 이성(말)을 우선시했기 때문에, 이성(로고스)중심주의이다. 또한 글자보다 말을 더 중시했기 때문에 음성(말)중심주의, 여자보다 남자를 더 중시했기 때문에, 남성중심주의라고 칭하는 것이다. 이성을 절대적 가치로 간주한 것은 절대진리를 취하려 했기 때문이고, 이것이 이성중심주의의 최종 목적이었다. 이는 기독교에서는 낙원으로 되돌아가는 것, 혹은 하느님의 말씀을 직접 듣는 것을 뜻한다. 이러한 기독교의 패턴을 그대로 따라가고 있는 서구의 중심 담론들, 예를 들면 철학은 존재와 진리 혹은 기원으로 돌아가는 것, 정신분석학은 무의식으로 되돌아가는 것, 혹은 찾아내는 것을 목적으로 삼고 있기 때문에, '목적론(teleology)' 그리고 '귀향설' 혹은 '회귀설', '유령론'이라고 데리다는 패러디한다. 돌아가기 위해서는 이 책 163쪽 도표에서 오른쪽에 해당하는 것(육체를 포함해서)을 부정하는 '우회로'를 통과해야 한다고 헤겔은 주장한다. 그러나 데리다는 이성

(logos)은 사실 허구(logus)와 어근이 유사함을 상기시키면서, 둘의 차이는 크지 않다는 사실을 철저하게 전통의 기존 상호텍스트들을 통해 드러내었다.

정과 반이라는 이원구조의 폐쇄 속에서, 양쪽을 끊임없이 왔다 갔다 이동한 결과는 무엇인가? 헤겔이 말한 대로, 무한대로 반복되고 이동해야 한다는 변증법의 결과는 무엇인가? '주전자 논리(a kettle logic)'[52], '교차대구법(chiasma)'이라는 모순의 논리를 드러내면서 '폐쇄 속의 무한 순환'을 지속시킨 것이다. 서로 대조된다고 해서 정과 반을 만들어놓고는, 어느 때는 왼쪽이 우수한 것이라 오른쪽 것을 제거해야 왼쪽 것들이 도출될 수 있다고 했는가 하면, 어느 때는 거꾸로 오른쪽 것이 우수하다고 하면서 왼쪽 것을 제거해야 한다고 했기 때문에 지독한 모순이라는 뜻이다. 모순은 이뿐만이 아니다. 육체(자연)의 고유성은 육체(자연)를 제거할 때 비로소 드러난다고 말하면서 이를 역의 논리라고 정당화한다. 그리고 육체를 제거한 후에 드러나는 육체의 고유성은 이성 혹은 정신의 고유성과 동일하다고 말하는 것이 변증법이다. 이 결과, 무한, 진

---

[52] 원래 프로이트가 사용했던 말이다. 주전자를 빌렸던 사람은 빌려준 사람으로부터 주전자를 망가트렸다는 비난을 받자 다음과 같이 자신을 옹호했다. (1) 돌려준 주전자는 새것이다. (2) 주전자를 빌렸을 때 이미 구멍이 있었다. (3) 주전자를 빌린 적이 없다. (1) (2) (3)을 따로 놓고 보면 모순이 없지만, 이 셋을 함께 놓고 보면 지독한 모순 그 자체라는 말이다. 정과 반은 서로 대조된다고 하고서는 반은 정으로 가는 길이라는 변증법은 모순이고, 이 변증법을 따라 불쾌가 쾌가 된다는 정신분석학 역시 지독한 모순이 장착되어 반복되어왔다는 것이 데리다의 평이다.

리, 정신에 대한 우리의 사유가 이원구조의 폐쇄 안에 갇힌 채, 양쪽(정과 반)을 자유롭게 넘나들면서 이것을 자유로, 그리고 폐쇄의 이원구조 안에서의 무한 이동을 무한으로 향한 이동으로 구조주의자들과 전통 사유자들이 착각했다. 이는 데리다에게는 극도의 모순이며, 사유의 죽음과 마비에 불과한 것이다. 서구의 형이상학과 인문학을 3천 년 동안 진퇴양난에 빠트리며 좌초시켰기 때문에, 이원구조를 데리다는 《글쓰기와 차이》에서 '고전적 암초'로, 《맑스의 유령들》에서는 우리의 사유를 부식시키는 '푸른 녹(patina)'에 비유했다. 또한 데리다가 후설의 현상학을 해체하면서, 후설이 찾고자 했던 표현(고유의 말)은 '차연'이라는 폐쇄 안에서 들려오는 말을 듣는 자폐증에 불과한 것이라고 말한 것도 동일한 이유에서다. 이는 '차연' 체계 안에서의 '차연'의 효과를 영원한 말, 혹은 진리로 착각했다는 말이다. 전통 사유자들은 정과 반의 무한 반복 안에 있는 소리에서 '태초의 말씀'을 들을 수 있다고 전제했고, 헤겔과 루소는 '태초의 말씀'을 들었다고 고백도 했다.

그러나 '언어적 전회' 이후, 이 '태초의 말씀'이 '차연'에 불과하다는 것이 드러나고 증명되었다면, 그 결과는 무엇일까? 들렸던 '말씀'은 이원구조에 의해 분리되고 '차연'에 의해 부재된 '말씀'이며, 이것은 서구 인문학 역사에서 내내 로고스이고 이성이고 진리라고 간주되었으나, 이는 서구 남성 특유의 자의적이고 주관적 결정이며 환상이나 미망에 불과하다. 그리고 이원구조와 이를 강화한 변증법은 진리와 무한에 대한 갈급하고 강렬한 욕망에서 생긴 환상을 뒷받침하는 가장 강력한 '무적의 개념기계'이다.

## 2. 이원구조의 담론들이 드러내는 증후들

데리다에 의하면 이원구조에 기초한 서구 인문학 담론 모두가 진퇴양난의 형국에 처한 채, 심각한 병리적 현상을 드러내고 있다는 것이다. 그 병리적 양상은 다음과 같다.

- 이원구조에 의지하는 담론은 발레리나들이 다른 동작 없이 발끝을 세워 제자리에서 맴돌기(pirouette) 동작만을 되풀이하는 것처럼 아무런 진전이 없다.

- 구조주의는 구조 안에 유기적 전체성(whole)과 중심이 있다고 하지만, 공(hole)을 중심과 전체성(whole)이라고 착각했다. 진공관 같은, 정과 반으로 구성된다는 허구의 폐쇄회로 안에서 무한 유희를 하면서, 이 폐쇄 안의 공을 중심으로, 무한 유희를 무한과 자유로 착각했기 때문에 구조주의자들은 눈 먼 데카당이라는 것이 데리다의 말이다.

- 이 책 163쪽 도표에서 제시한 왼쪽 것을 되찾기 위해서는 오른쪽 것들을 참혹하게 부정하고 죽이면서 하는 말, '죽지만, 혹은 부정당하지만, 다시 살아 되돌아온다'고 헤겔의 변증법은 주장한다. 그러나 이것은 살아 있는 고유성이 아니라, 살아 있는 듯 보이지만 죽은 것이기에 '유령'에 불과하다. 따라서 변증법을 따르는 서구 담론의 수많은 유령들이 서구 인문학

역사에 출몰한다(《글라》). 따라서 하이데거를 위시한 전통 사유자들의 존재론(ontologie)은 알고 보면 유령론(hantologie)이라고 데리다는 탄탄한 논리를 바탕으로 하면서 동시에 언어유희(프랑스어에서는 h가 묵음이 되기 때문에 두 단어는 동일하게 발음된다)를 통해 패러디한다. 또한 헤겔의 사변적(speculative) 정신(spirit) 철학은 유령성(spectrality) 혹은 반사경(speculum)에 의지하고 있기 때문에 유령론이라는 것이다. 서구 철학과 종교는 이 유령을 살아 있는 실체 혹은 진리라고 믿었다는 말이다.

- 담론은 둘로 끊임없이 분열되며, 결코 통합되지 않고, 벌려진, 두 입술처럼 갈라져 있다(la béance). 아리스토텔레스부터 루소, 레비-스트로스, 후설, 프로이트, 라캉, 오스틴, 푸코, 레비나스, 그리고 드 만의 담론까지, 모든 담론들이 이런 현상을 드러내며 진퇴양난에 빠져 있음을 데리다는 그의 전 저서를 통해 매우 구체적이고 철저하게 보여준다.

- 이러한 현상과 더불어, 찾고자 하는 현존, 의미, 존재는 찾지 못하고 끊임없이 이원구조만을 무한 양산시켰다. 특히 루소의 《언어의 기원에 관한 담론》, 그리고 후설의 현상학은 이러한 현상을 더욱 극심하게 노정시킨다.

- 위에서 나열한 현상과 결과들이 수없이 많은 담론 안에서 무

제한적으로 드러났다면, 이는 수많은 텍스트들은 서로 반복, 복제해왔다는 말이다. 이는 작가의 고유한 목소리 혹은 독립된 사유를 담고 있는 텍스트가 아니라, 한 텍스트는 다른 텍스트를, 그리고 다른 텍스트는 또 다른 이전의 텍스트를 복제하거나 반복했다는 뜻이다. 이는 기의는 사실 기의가 아니라, 이전의 기표를 상이하게 반복했다는 것과 동일하다. 이러한 복제 현상은 우리가 전혀 다르다고 간주했던 헤겔과 주네의 담론 사이에서도 발생된다는 사실을 데리다는 독특한 그의 글쓰기를 통해 시각적으로도 보여주었다. 이 말은 '시뮬라크럼 simulacrum', '심연 속의 심연', 혹은 '무대 속의 무대'라는 말로도 표현되었다.

- 무자비하게 부정당하고(via negativa) 잘려지고 억압당했기 때문에, 질식당한 채, 의미는 다 없어지고, 오로지 변증법에서 말하는 정반합이라는 3박자의 음산하고 발작적인 리듬(saccadic rhythm)만 남는다는 것이 데리다의 말이다. 의미를 담지 못한다는 뜻에서 백색의 공간이고, 이에 기초한 서구 담론은 '백색신화'라는 것이다. 헤겔은 말할 것도 없고 헤겔의 변증법에 포섭, 종속된 프로이트와 라캉 담론을 포함한 대부분의 서구 담론이 그러하다는 것이다. 따라서 서구 인문학의 중심을 차지하고 있는 전통적 서구 담론들은 헤겔의 변증법의 3박자(정반합)를 따라가는, 고유한 의미는 비워 있는 3박자의 조종(弔鐘/glas)에 다름 아니라는 것이 데리다의 주장이다(《글

라》). 동시에 이 사실을 알리기 위해 데리다가 치고 있는 조종이기도 하다.

데리다가 위의 증후군들을 드러내는 텍스트로 선택하는 것은 어떤 텍스트인가? 가깝게는 구조주의 텍스트 모두를 뜻한다. 그렇다면 구조주의는 구조주의가 그 영향력을 한껏 발휘했던 20세기 전반기에만 국한되어 있는가? 그렇지 않다. 데리다에 따르면 구조주의는 어느 한 특정 시기에 국한된 것이 아니라 서구 철학, 문학 등 인문학 전 분야의 담론에 본질적으로 내재되어 있는 것이다. 왜냐하면 모두 다 하나같이 이원구조에 의지하기 때문이다. 이 구조주의가 때로는 형이상학으로 때로는 경험주의로, 때로는 논리실증주의로, 때로는 형식주의 등으로 그 이름을 수없이 바꾸었지만, 근본적으로는 구조주의라는 것이 데리다의 말이다. 따라서 데리다가 해체적 읽기 혹은 쓰기를 위해 선택하는 텍스트는 아리스토텔레스부터 시작해 전 시기에 걸쳐 있는 인문학 전 분야의 텍스트들 모두가 된다. 바로 이것이 데리다가 인문학 전 학제 간을 종횡무진 돌아다니는 이유이다.

## 3. 데리다 해체의 방식, 전략, 그리고 한계

우리는 이쯤에서 이런 질문을 할 수 있을 것이다. 이원구조의 허구성을 밝히는 것이 해체라면 데리다는 이원구조를 포기할 것을 우리에게 말하고 있는가? 앞에서 이미 말한 대로, 데리다는 결코 아니라고 말한다. 데리다의 해체는 이원구조 안에서 이원구조에 저항하는 것이다. 언어의 차연성을 언어의 차연성으로 막아야 한다는, 혹은 전통의 개선은 반드시 전통 안에서 진행되어야 한다는 사실을 데리다는 수도 없이 반복하여 강조했다. 데리다 해체는 철저하게 텍스트 안에서, 언어로, 체계 안에서 진행되어야 한다는 것이 철칙이다. 이럴 때 해체를 가장 효율적으로 할 수 있기 때문이다.

그렇다면 해체적 읽기와 쓰기를 위해서는 언어를 어떻게 사용해야 하는가? 데리다는 다음과 같이 말했다.

> 언어로부터의 해방은 <u>시도</u>되어야 한다. 그러나 언어를 포기해서는 안 된다. 왜냐하면 <u>우리의</u> 역사를 잊어버리는 것은 불가능하기 때문이다. 언어를 포기하는 것은 언어의 빛마저 박탈당하는 것이기 때문이다. 다만 그것을 가장 많이 저항하는 방식으로 사용해야 한다. 어떤 경우에도 오늘날 가장 풍부한 뉘앙스를 가지고 구조주의적 형식주의에 취한 채, 포기 상태에서 이루어진 언어유희라는 병에 우리 자신들을 내맡겨서는 안 된다(강조의 밑줄은 데리다의 것). (《글쓰기와 차이》 46/28)

이 말은 언어(체계)를 넘어서려는 사유를 반드시 시도해야 하겠지만, 언어를 포기해서는 절대 안 된다는 뜻이다. 이렇듯 데리다의 해체는 모든 면에서 철저하게 이중적이다. 동시에 데리다는 언어 사용이 종전의 구조주의자들이 사용하는 목적이나 방식과 동일해서는 안 된다고 말한다. 즉 구조주의 형식주의 혹은 신비평에서 한 언어유희는 언어 체계나 구조를 넘어서려는 사유를 포기한 채, 폐쇄 체계 안에서의 언어유희이기 때문에 데리다는 '병'이며, '데카당'이라고 간주한다. 데리다를 혹평하는 사람들이 데리다를 보고 '데카당'이라고 했다. 데리다는 늘 그러하듯 상대방이 데리다를 공격하고 비판하기 위해서 사용한 말을 다시 상대방에게 되돌려준다. '내가 데카당이라면 너는 나보다 더 심한 데카당이다'라는 식이다. 데리다의 언어유희는 구조 안에서 펼쳐지는 매끄러운 언어유희의 흐름을 차단하고 폐쇄된 구조를 열기 위한 언어유희이다. 데리다의 언어유희는 구조의 힘(폭력 혹은 전체화)과 미망을 약화시키기 위한 것이고, 구조주의자들이나 형식주의자 혹은 신비평가들의 언어유희는 구조의 힘과 미망을 더욱 강화하기 위한 것이다.

그렇다면 데리다는 그의 해체(들)를 구체적으로 어떤 방식으로 하고 있는가?

철저하게 기존의 구조와 체계 그리고 텍스트 그리고 전통 안으로 들어가 진행된다. 데리다는 형이상학 해체는 형이상학 안에서, 즉 이원구조 안에서 이루어져야 한다고 강조했다(《글쓰기와 차이》 34/20, 392/267). 전통을 갱신하고 전통의 한계를 벗어나기 위해 전통을 경시하는 것이야말로 경멸의 대상이 된다(《글쓰기와 차이》 170/116)고도 했다. 비유적으로 설명하면 이런 것이다. 선수가 싸워야 하는 상대와 맞붙지 않고, 경기장 바깥에서 '너는 틀렸어'라고 한다면, 즉 경기에 참가하지 않는다면, 누가 승리를 할 것인가? 따라서 경기장 안에서 상대방 선수에게 바짝 달라붙어 공을 뺏고 (데리다) 뺏기는 축구 선수(이원구조에 의지하는 전통적 사유자들과 구조주의자들)를 연상하면 틀림없다. 늘 공을 마지막으로 뺏는 선수는 현재로서는 데리다이다. 데리다는 이렇듯 구조 안에서 텍스트 안에서 확실한 전략과 정교한 체계로 구조주의와 맞붙어 싸워야 한다는 취지를 콘텍스트에 따라 다양하게 되풀이해 강조했다. 자신의 해체에 대한 설명도 마찬가지다. 마치 동사가 그 동사의 주어와 시제, 복수 및 단수에 따라 변화(conjugation)하듯, 해체에 대한 설명 역시 조금씩 다르게 다양하게 끝없이 반복되면서 설명되었다. 그 하나를 보자.

구조주의적 의식은 재앙이자, 이미 파괴된 의식이며 파괴적이며 파괴하고 있는 의식으로 …… 데카당적이다. 제도의 전체 주요 구조나, 이의 가능성과 연약함이나 구조에 우리의 시선을 집중적으로 강화하면, 구조는 잠재된 위협임을 알 수 있다. 구조를 철저하게 알게 되고, 구조를 뒷받침하는 것뿐만 아니라, 건설도 파괴도 아닌, 매우 불안정한 구조의 비밀까지를 더 명확히 알게 되면, 방법적으로 구조를 위협할 수 있다. 이러한 방법과 전략은 구조를 불안(soucier)하게 하고, 구조를 흔드는 것(solliciter)이다. 다시 말하면 모든 것과 관계되는 구조를 동요시키고 구조를 끊임없이 성가시게 하는 것이다. 〔성가시게 하다 solliciter의 어근은 라틴어의 sollus와 citare에서 나온 것인데 sollus는 전체라는 뜻이고 citare는 밀치다, 흔든다는 뜻이 있다.〕 구조가 우리 사유 전체를 흔들고 동요시킬 때 아주 체계적인 방법을 사용하기 때문에, 구조에 대응하여 구조를 흔들 때, 그 방법에 있어, 구조주의만큼 체계적이고 방법적이어야 한다. 구조는 기술적이고 자유로운 유희를 통해 미망만을 우리에게 제공한다. 구조는 매우 체계적인 방법으로 존재에 대해 근심과 동요만을 가져다주었으며, 역사적 형이상학적 근거에 위협이 되고 있다(강조의 밑줄은 데리다의 것). 《글쓰기와 차이》 13~4/5~6)

우리는 이 긴 인용문에서 데리다 해체에 대한 몇 가지 사실을 이끌어낼 수 있을 것이다.

구조주의가 우리의 의식을 동요시키고 미망에 빠트린 것만큼, 데리다의 해체도 그만큼 구조주의를 동요시킨다는 사실이다. 또한 구조주의 체계화와 방법의 정교함에 있어 버금가는, 혹은 그 이상의 체계화와 정교함으로 데리다의 해체 작업은 구조 밖으로 나가서 하는 것이 아니라, 구조 안에서 구조를 교란하는 것이다. 데리다의 해체가 텍스트 안을 종횡무진, 샅샅이 횡단하는 이유가 여기에 있다.

데리다는 구조주의가 정과 반의 이원구조를 만들고, 이 안에서 중심을 포착하기 위해 어느 한쪽을 부정하고 억압하면서 우리의 의식을 전체화(totalization)시켰기 때문에, 재앙이고 파괴적이라 했다. 이 말은 데리다의 해체를 공격하는 사람들이 사용했던 표현들이다. 위의 인용문에서 보듯, 데리다는 상대방이 자신을 공격하기 위해 날린 돌을 주워서 상대방에게 다시 날린다.

그렇다면 데리다의 해체가 구조 안에서 구조를 어떻게 흔들었고, 그 결과는 무엇인가?

텍스트(ㄱ)를 재독한다는 것이 시침질(ㄴ)하는 것과 동일하다(ㄷ)는 사실을 드러내면, 각각의 텍스트로부터 거리(ㄹ)를 유지할 수 있을 것이다. 이렇게 되면 질문이 도치되면서 체계가 확실하게 형성된다. 몇몇 해석학적 바느질(ㅁ)을 통해, 우리는 그 윤곽을 후에 가서야(ㅂ) 알 수 있을 것이다. 우리는 이 흰 것들(ㅅ)이 없다면, 어떤 텍스트조차도 이렇게 읽을 수 없다는 사실을 감안하면서 혹은 포기하면서, 점(pointillé) 이외에는 아무것도 남기지 않는다. 만약 텍스트가 천이라면, 〔《글쓰기와 차이》에 있는〕 모든 글은 고집스럽게 통상 우리가 텍스트라고 하는 것은 실인즉 가짜 실로 짜여진 천(ㅇ)으로 정의하는 것이다. (1966년 12월)⁵³

ㄱ. text는 textile에서 나온 말로, 이는 '짜다'라는 뜻이다. 즉 텍스트란 어근을 보아도 천처럼 실로 짜는 것이지, 작가의 고유 목소리, 중심, 의미로 짜는 것이 아니라는 뜻이다.

ㄴ-ㄷ. 텍스트를 시침질(relier)하고 또한 텍스트를 읽는다(relire)는 이 두 단어가 매우 비슷한 것처럼, 읽는 것(쓰는 것)과 시

---

53 언어유희가 많아 원문을 옮겨놓는다. 'Par la date de ces textes, nous voudrions marquer qu'à l'instant, pour les relier, de les relire, nous ne purvons nous tenir à egale distance de chacun d'eux. Ce qui reste ici le déplacement d'une question forme certes un système. Par quelque couture interprétative, nous durions su après coup le déssiner. Nous n'en avons rien laissé paraître que le pointillé, y ménageant ou y abandonnant ces blancs sans lesquels aucun text jamais ne se propose comme tel. Si text veut dire tissu, tous ces essais en ont obstinément defini la couture comme faufilure.'

침질(바느질)하는 것은 매우 유사한 행위이다. 왜냐하면 야콥슨에 따르면, 은유는 수직적 도약이고, 환유는 수평적 대체에 해당하는 것으로, 글쓰기도 씨줄(환유)과 날줄(은유)로 짜여지는 것이기에 그러하다.

ㄹ. '거리를 유지하면서'라는 말은 비판적으로 읽는다는 뜻이다. '텍스트를 시침질하고 읽는다'는 말은 데리다의 읽기가 수동적인 읽기가 아니라, 비판적인 거리를 두면서 읽는 창발적 혹은 능동적 읽기임을 뜻한다. 롤랑 바르트의 용어로는 '작가적 읽기(a writerly reading)'인 동시에 해체적 혜안을 가지고 읽는다는 뜻이다. 또한 데리다 해체는 텍스트 안만을 보는 것이 아니라, 멀리서 여러 개의 텍스트들 사이에 있는 상호텍스트성을 보면서 텍스트 바깥을 본다는 뜻이다. 이는 계보학적 관점을 뜻한다. 동시에 언어가 가지고 있는 듯한 진리의 덫에 빠지지 않기 위해서는 이로부터의 거리가 필요하다는 뜻이기도 한다.

ㅁ. '해석학적 바느질'이란 말은 텍스트를 읽는다는 것이 텍스트 안에서 중심, 존재, 고유 이름을 찾는 것이 아니라, 기존 상호텍스트의 재해석, 번역의 '번역', 혹은 반복의 '상이한 반복'이라는 뜻이다.

ㅂ. '후에 가서(après coup)'는 프로이트가 말하는 무의식의 사후성과 동일한 뜻으로 쓰였다. 즉 이 말은 어떤 일이 발생했을 그 당시에는 그 일의 의미를 잘 모르지만 어떤 일이 반복적으로 일어난 훨씬 후, 되돌아보면 전체적 맥락 속에서 중요한 의미가 발견된다는 뜻이다.

따라서 '그 윤곽을 알 수 있다'는 말은 여러 개의 텍스트를 체계적으로 그리고 해체적으로 읽고, 이것이 쌓이게 되면 기존의 텍스트의 이원구조의 독립성이 약해지면서 이원구조가 힘을 잃는다는 말이다. 이는 많은 텍스트들의 상호텍스트성이 축적되고 드러난다는 뜻이다. 데리다의 해체란 한 부분만을 보면, 너무나 미미한 것 같지만, 많은 텍스트들을 해체적으로 읽고 이것이 축적이 된 것을 후에, 그리고 멀리서 보면 해체의 힘은 막강해지고, 해체의 윤곽이 더욱 뚜렷하게 부각된다.

'체계적으로 기존의 텍스트에 대한 진지한 질문을 하고 체계적으로 도치시키고 나면, 남는 것은 점(le pointillé)밖에 없다'는 말은 직선적 논리에서의 직선이 점으로 화한다는 뜻이다. 이는 직선의 논리가 끊어진다, 혹은 해체된다는 뜻이다.

데리다의 글쓰기를 점묘법(le pointillisme)에 비유하는 것은 바로 이 때문이다. 점묘법이란 프랑스 인상파 기법의 일종인데, 점을 특이한 방식으로 사용하면 사실주의 기법이 사용하는 선보다 훨씬 더 효과적으로 윤곽을 드러낼 수 있다고 주장했었다. 이것을 데리다의 해체에 적용하면, 일직선의 논리를 부수면서(점으로 만들면서) 해체를 할 때는 기존의 구조를 부수기 때문에 윤곽(선명한 논지의 맥)이 없어져 매우 흐릿하게 보이게 된다. 그러나 데리다가 여러 분야에 걸쳐 진행시킨 해체 작업을 멀리서 조망하게 되면, 해체의 윤곽이 훨씬 선명하게 드러나며 엄청난 힘을 지니게 된다는 뜻이다. 바로 이런 이유로 필자는 1996년에 펴낸 《해체》에서 이렇게 말했다. '…… 전 학제 간을 자유자재로 넘나들면서 데리다가 벌이는 각 분야의 해체를 조망하지 않고서는 데리다 해체를 이해하는 것은 절대적으로 불가능하다. 칸막이를 쳐놓은 상태에서 한 분야의 해체만으로는 데리다의 해체는 결코 이해되지 않을 뿐만 아니라, 데리다의 해체가 다른 해체주의자들의 해체와 어떻게 다른가도 결코 보이지 않는다.' 데리다가 전 분야를 넘나들며 해체를 하는 이유는 동일한 전제, 즉 형이상학적 틀인 이원구조가 인문학 전 분야에서 복제, 사용되었기 때문이다. 또한 프랑스어 'pointillistic'은 철저하고 미세하다는 뜻이다. 데리다의 독법이 모두 이러하기 때문에 데리다의 해체를 두고 방사선 검사라고 칭하는 것이다.

ㅅ. '흰 것들(ces blancs)'은 앞에서 설명한 대로(이 책 100~1), 말라르메의 시작詩作이 드러내는 것이다. 따라서 앞에서 나온 데리다의 설명은 말라르메의 시학을 좀 더 구체적으로 설명(반복)한 것이다. 백색의 무의미에는 이중적인 뜻이 있다. 전통적 시는 이원구조의 폐쇄 속에서 의미가 만들어진 것이기 때문에, 사실은 의미가 없는 공간이다. 무의미이기 때문에 백색 공간이다. 동시에 말라르메는 전통 시학으로 인해 쫓겨나간 백색 공간을 회복한다. 이는 여전히 아직 아무런 의미를 담지 않는 흰 공간이지만, 다의미를 드러낼 수 있는 잠재태의 공간이다.

'흰 것들'을 '잘 다루면서 혹은 포기하면서'라는 말은 전통 시가 만든 무의미, 즉 흰 것을 성급하게 다루지 않고, 전통 시학 안에서 꼼꼼하게 천천히 읽어 해체를 하면 전통시가 만든 의미가 무의미라는 것이 드러나기 때문에 포기한다는 말이다.

그러나 동시에 전통 시학에 의해 만들어진 무의미의 공간이 없다면, 그 어떤 종류의 텍스트조차도 생성될 수 없다는 말은 구조주의 혹은 형식주의의 담론과 텍스트(백색 공간)로 인해 무의미가 만들어지지 않았더라면, 구조주의와 형식주의가 전제한 중심이 중심이 아니라는 사실조차 집어낼 수 없었을 것이다. 그렇기에 말라르메의 그래픽 글쓰기로 드러나는 빈(백색) 공간과 구조주의자들의 담론 안에 있는 빈(백색) 공간들, 즉 서로 다른 층위의 무의미(백색 공간)들은 모두 매우 중요하다는 뜻이다. 기존의 구조주의나 형식주의의 담론이 여전히 유용한 이유는 소도 등을 비빌 언덕이 필요하듯이, 해체도 이런 기존의 담론이 있었기 때문에 해체적 글쓰기로 전통적 담론의 허구성을 드러낼 수 있었다는 말이다. 전통적인 담론을 꼼꼼히 읽음으로써 데리다가 해체적 혜안을 발견하고 이것을 지렛대로 사용한 것을 기억하면(이 책 2장), 모든 무의미(흰 것)는 중요하다.

o. 이제 데리다의 마지막 말을 보자 '(이《글쓰기와 차이》에 있는) 모든 글은 고집스럽게 이 바느질(couture), 통상 우리가 텍스트라고 하는 것은, 가짜로 짜인 실(faufilure에서 fau는 가짜라는 뜻이고, filure는 끈 혹은 실이라는 뜻이다)로 정의하는 것이다.' 이 말은 텍스트는 고유한 의미를 담고 있는 것이 아니라, 수사(은유와 환유 등등)에 의해 의미가 빠져나가 의미나 고유성이 없는 텍스트임을 드러낸다는 뜻이다.

그렇다면 이러한 데리다의 해체는 쉽게 진행되고 성공하는가? 결코 그렇지 않다는 것이 데리다의 말이다.

차연을 지적한다는 것은 전략적인 문제이자 모험이다. …… 이 전략이 모험적일 수밖에 없는 이유는 어떤 목적이나 의도로 모든 움직임을 장악하거나 재해석을 시도하지 않기 때문이다. …… 이런 유희는 종전의 철학이 끼친 효과가 거의 끝나는 지점에서 이원구조를 뛰어넘어 끝없이 치밀한 계산 속에서 우연성과 필연성을 잘 조화시키면서 진행되어야 한다. (《목소리와 현상학》영문판 135)

여기서 강조하고 있는 것은 데리다의 해체에는 전략과 계산이 매우 중요하다는 사실을 지적하는 것이다. 동시에 자신의 해체는 필연성과 우연성 사이를 배회하는 '모험'이라고 했다. 마치 구조주의가 이원구조로 의식과 사유와 대상을 전체화하는 것이 모험이듯, 그러나 결국 실패한 것처럼 데리다 해체도 모험이었고 실패한다. 앞의 인용문에서 보았듯이, 데리다는 자신의 해체는 여리다는 말도 했다. 왜냐하면 즉시 확인할 수 있는 강력한 체계가 없기 때문이다. 동시에 데리다는 구조주의도 여리다고 말했다. 왜냐하면, 폐쇄 속에서의 유희를 진리로 착각하고 있는 유치증에서 벗어나지 못하기 때문이다. 바로 이런 이유로 구조주의적 혹은 전통적 담론과 자신의 해체적 글쓰기 모두 연약하기 때문에 실패한다는 것이다. 동시에 자신이 하고자 하는 해체는 아직 시작조차 하지 않았으며, 자신이 쓴 모든 텍스트는 해체에 대한 서문일 뿐이라고 말했다. 구조주의도 찾고자 했던 구조의 중심을 찾지 못했고, 허구 속의 공空을 중심과 원原으로 착각했을 뿐이었다. 둘 다 실패했지만, 데리다의 해체는 구조주의자들의 착각(폐쇄 속의 유희를 자유와 무한으로 착각한 것)을 착각이라 지적한 것이고, 구조주의자들은 착각인 줄 몰랐거나 알았지만, 은폐 혹은 억압하거나 모른 척했다는 것이 데리다의 평이다.

그러면, 데리다가 기존의 형이상학과 구조주의를 그토록 비판하는 이유는 무엇인가?

형이상학에 대한 여태까지의 고찰과 성과를 초월할 수 있다고 믿기 때문이다. 미래의 형이상학이 종전의 형이상학으로 퇴보하지 않으려면, 과거의 형이상학 탐구가 남긴 결과가 필요하다는 것을 인식해야 한다. 여태까지의 형이상학이 단순한 논리로 잘못되었다는 데 대한 철저한 인식 없이는, 미래의 형이상학은 과거의 형이상학이 남긴 오류를 그대로 되풀이할 수밖에 없다. 여태까지 형이상학이 유사한 되풀이만 해온 이유에 대해서 고찰해야만 한다. 내가 말하는 지우기 작전이란 바로 미래 형이상학을 위해 성찰할 수 있는 자리를 모색하기 위한 것이다. (《그라마톨로지》 90/61)

이 말은 데리다가 기존의 사유 너머에 있는 사유에 대한 욕망(열정)을 가지고 있다는 뜻이다. 데리다는《글쓰기와 차이》에서 유한한 사유자가 무한에 대해 탐구하는 것은 책임이라고 했다.《그림엽서》에서는 무한과 고유 이름에 대한 욕망 때문에 자신의 텍스트에는 안과 겉이 있다고 했다. 이 또한 데리다 해체의 이중성이자 아포리아를 말하는 것이다. 이는 데리다가 철저하게 텍스트 안을 분석하고 해체하는 것은 바로 텍스트 바깥에 있는 무한 혹은 타자에 대한 욕망에서 기인한다는 뜻이다. 바로 이런 이유로 필자는 일찍이 다른 글에서 데리다를 일러 '종전의 형이상학을 비판하는 형이상학자'라는 말을 한 적이 있다. 그러나 이때 데리다가 원하는 형이상학이란 기존의, 이원구조에 기초하는 형이상학이 아님은 물론이다. 다시 말하면 기존의 종교에 대해서는 비판하지만, 종교성, 혹은 구원성에 대한 성찰과 사유를 데리다가 열정적으로 해왔다는 사실과 그 궤를 같이 한다. 그는 타자를 생각할 때는 신에 대한 사유를 완전히 배제할 수 없다고 했다.[54] 데리다가 사유하고 있는 신 혹은 타자란 종전의 기성종교가 전제하는 신은 물론 아니다. 동시에 자신의 사유가 부정적 신학은 아니지만, 부정적 신학 없이는 불가능하다고도 했다. 도래할 형이상학 혹은 사유를 기다리고, 탐구하는 이러한 그의 행로와 여정을 데리다는 여러 가지 말로 표현했다. '기다림이다.' '인고다.' '참을성과 조심성으로 느리게 진행한다.' '논의 진행이 너무 느려 대형 강의에는 맞지 않는 리듬과 속도를 지닌다.' '갈증 속에서의 방황' 등으로. 그럼에도 불구하고, 그리고 바로 이렇게 했기 때문에 데리다의 글쓰기는 거세당하지 않고 살아남아, 미래를 향해 유회할 수 있었다. 다르게 표현하면 거세당하지 않고 살아남을 수 있었던 이유는 이원구조를 피해가는 그의 글쓰기와 더불어, 데리다의 사유에는 결정적인 철학적 메시지나 규범이 없기 때문이다. 이것은 데리다가 프랑수아 에왈드와의

---

54  Nicholas Royle, *Jacques Derrida*, London: Routledge, 2003, 116에서 재인용.

대담에서 밝힌 것이다. 자신의 담론이 아카데미에서 정론으로 부상될 때에도 데리다는 거부의 뜻을 표명했다.

만약 구조 안에서 이루어지는 것이 구조 바깥의 것과 연결된다고 하는 합법화와 웅변과 제도적 장치인 상징주의를 믿고 수긍한다면, 스스로 혁명적이라고 자부하는 정론은 쉽게 권위를 가질 수 있다. 그러나 모두가 받아들일 수 없는 것은 입장이나 정론을 격하시키면서, 사회나 교육 제도 속 깊숙이 자리잡고 있는 이러한 계약과 규범을 가르침과 글로 다시 부수는 일이다.[55]

데리다의 해체는 많은 사람들이 오해하는 것처럼 현실과 무관한 것이 아니다. 현실에 깊이 관여하고 개입(intervene)함으로써, 파격적으로 다른 것을 창출한다(invent).

이 장을 끝내기 전 여기에서, 필자가 왜 줄곧 '데리다의 해체' 라는 말을 사용했는가에 대해 변명하고자 한다. 이유는 데리다 해체의 고정불가성(unpindownability) 때문이다.

- 데리다 해체에서는 늘 수많은 상호텍스트들이 조회된다. 이는 많이 축적되어 매우 두꺼운 상호텍스트성을 드러내기 위한 것이다. 또한 데리다 해체에서는 서구 철학의 기원과 근거인 그

---

55 'The Time of a Thesis: Punctuation' in *Philosophy in France Today*, Cambridge: Cambridge University Press, 1983, 44.

리스 철학, 특히 플라톤과 아리스토텔레스의 텍스트들이 늘 거론된다. 이는 데리다의 해체가 서구 철학의 기원과 근거부터 해체하는 것을 의미하며 이처럼 데리다는 모든 근원주의를 근거부터 근원적으로 해체한다.

- 해체 대상이 되는 사유자의 (상호)텍스트를 항상 이중적으로 읽는다. 이중적이란 말은 한 가지 관점이나 입장으로 고정되지 않는다는 뜻이다. 즉, 한편으로는 해체당하는 사유자가 형이상학적 욕망을 지니고 이원구조를 고수했던 결과, '주전자 논리', '상호교차대구'의 논리라는 지독한 모순에 빠져 있음을 지적한다. 즉 해결되지 않는 아포리아와 모순을 기존의 상호텍스트들이 자체적으로 이미 지니고 있다는 사실을 노정시킨다(auto-déconstruction). 또 다른 한편으로는 해체 대상이 되는 사유자가 비록 이원구조 안에 갇혀 꼼짝도 못하는 상황에 있지만, 이런 상황에도 그 사유자가 이원구조를 더 이상 근거 없는 것으로 인식하는 순간들이 발생하며 데리다는 이를 치밀하게 인용하며 드러낸다. 그리고 이러한 순간들이 바로 자신의 해체의 발판이 되었음을 분명히 지적한다. 전통적 사유자들에 대해서만 아니라 전통과 언어에 대해서도 예외 없이 데리다는 이중적 관점과 태도를 견지했다. 예를 들면 텍스트 안의 철저한 읽기는 텍스트 밖에 있는 사유를 위한 것임을 표명했으며, 언어는 선물이자 독이라고 했다. 이중적이라 함은 고정불가의 동어반복이다.

- 끊임없이 기표가 다른 기표로 대체되며 움직이고 있다. 데리다가 벌이는 언어유희는 단어를 끝내는 수증기처럼 증발시키거나, 재처럼 만들어 분분히 날려버린다. 따라서 데리다가 사용하는 기표를 고정시키려고 하다가는 데리다의 해체를 잘못 이해하게 된다. 그의 입장뿐만 아니라, 문체 또한 다양하게 변화한다. 데리다 해체에는 미시적 차원에서든 거시적 차원에서든 고정되는 것이 없다.

- 실제로 데리다의 글 대부분은 다른 사유자들의 텍스트를 재독하는 것으로, 그리고 그들의 인용들로 거의 다 소진되고 있다.

- 데리다의 사유와 글쓰기에는 이원구조만이 해체될 뿐, 데리다 자신은 누누이 전달하려는 메시지가 없다고 했다.

- 그의 사유를 드러낸 글쓰기를 두고, '태어나자마자 죽는 글쓰기'[56]라 했다. 이런 데리다의 글쓰기 안에, 혹은 글쓰기 밖에 있는 데리다의 사유를 우리가 지금 사용하는 기호학적 혹은 의미론적 개념이나 단어로 표현한다는 것은 불가능하다. 이런 이유로 '차연'은 서구 언어에 속하지 않는다고 데리다는 말했다(《입장들》). 다만 데리다의 글쓰기는 사전에 무엇을 조심해

---

56 Jacques Derrida, *Learning to Live Finally: An Interview with Jean Birnbaum*, trans. Pascale-Anne Brault and Michael Naas, New Jersey: Melville, 2007, 34.

야 할 것인가, 무엇이 잘못되었는가에 대해서만 열정적으로 말하고 있다.[57] 또한 데리다 자신은 결정성에 거의 관심이 없다고 했다(〈니체와 기계〉 33).

- 데리다가 조명하고 집중하는 것이 '아포리아'다(이 책 258~64). '아포리아'는 '비결정성'과 고정불가성의 동어반복이다. 이 때문에 데리다의 사유는 이원구조에서 태어나지 않는다. 이원구조를 단순하게 거꾸로 뒤집는 것으로는 이원구조를 극복할 수 없다는 사실을 데리다는 반복해서 강조했다. 아포리아는 이원구조로는 포착되지 않는다. 데리다는 요약되지도 고정되지도 않는 해체적 글쓰기에 대해 이렇게 말했다. '강력하고 동시에 섬세한 복도들은…… 잘못 취급되지 않고서는 요약될 수 없다'(《글쓰기와 차이》 374/254). 물론 '복도들'은 바타유가 헤겔을 해체하기 위해 헤겔의 담론 안으로 들어가 헤겔의 담론을 마치 천의 씨줄과 날줄을 풀어버리듯(défilés) 한 바타유의 해체적 글쓰기가 지나간 흔적을 뜻한다.

- 데리다의 해체가 고정될 수 없는 이유는 '차연' 혹은 해체가 포괄하고 있는 것이 텍스트 자체만이 아니기 때문이다. 물론 텍스트 자체를 매우 중시하지만, 데리다 해체는 모든 층위와

---

57  Sarah Wood, *Derrida's Writing and Difference*, New York: Continuum, 2009, 102.

차원과 잡종적·복수적 현상에 끊임없이 현상학적 분석을 가하면서 이에 개입한다. 이렇게 되면, 기존의 형식과 체계에 구멍이 나면서 열린다. 다시 설명하면, 데리다가 상정하는 해체란 화행이론이 말하는 수행적 차원에서의 모든 행동과 말, 일상의 구체적인 결정, 그리고 화행이론이 상정하는 타자와의 모든 경험과 실험을 포괄한다(프랑스어 expérience는 경험과 동시에 실험을 뜻한다). 이에 역사에서 있어 온, 존재-현상학적 분석을 가한다. 이는 실제 생활에서 우리가 하는 모든 말과 행동, 결정, 경험에 추상적인 구조를 이입해 다시 분석, 실험한다는 말이다. 이로써 다른 차원의 이 둘은 서로 스며들게 된다. 그래서 데리다는 추상성도 추상적이라는 이유로 결코 경시해서는 안 된다고 했다. 이런 이유로 데리다의 해체를 초월적 혹은 관념적이라고 평가할 수 없다. 데리다의 해체는 '의사(pseudo) 초월적'이다. 추상적인 분석과 실험으로 현실에서의 모든 경험에 개입하기 때문이다. 이 모든 것을 우리가 능동적으로, 혹은 창의적으로 했지만 이 결과는 우리를 놀라게 한다. 초월적 '차이'가 '차연'으로 뚫리고 대체되어 해체되었을 때 우리는 놀랐다. 변화가 파격적이라는 뜻이다. 그리고 이 변화가 현실에서도 드러났다는 점에서도 데리다의 해체는 관념론이 아니다.

여태 한번도 선행된 적이 없는 것들을 기다리는 데리다의 해체는 수동적인 상태에서의 막연한 기다림도 아니며, 과거의 것을 기계적으로 반복하는 것도 아니다. 기다리지만 일상의 행동과 결정을 통해 기존의 것을 창발적으로 반복하면서, 기존의 것(내용과 형식 모두)에 개입(intervention)하여, 기존의 것과는 전적으로 다른 타자를 창출하는(invent) 것이다. 이는 기존의 구조와 형식, 체제를 뚫는다는 것이다. 즉 해체한다는 말이다. 이럴 때 보다 나은 정의, 보다 나은 타자가 도래할 수 있는 것은 '차연'이 기존의 체계와 형식, 즉 '차이'를 초과하기 때문이다. 이 이유는 차연이 이원구조나 그 어떤 체계로도 억압될 수 없는 불투명한 에너지, 이원적 논리보다 더 강한 논리, 기존의 논리에 종속되지 않는 에너지의 발현이기 때문이다. 이를 '론'이나 '주의'로 고정할 수 없다.

- 데리다의 해체적 글쓰기(이 책 5장)를 구체적으로 보면, '주의' 혹은 '론'이라는 말을 첨가하기가 더욱 어려워진다는 사실을 알 수 있을 것이다. 결과적으로 데리다의 글쓰기는 기호학적·의미론적 층위를 떠버린다. 혹은 초점이 제대로 맞춰지지 않은 사진처럼 피사체의 윤곽만이 무수하게 겹치는 것 같으며, 수도 없이 글자를 썼다가 지운 흔적만이 남아 있는 양피지와 비슷한 모습을 지닌다.

- '데리다의 해체주의' 혹은 '해체론'이라는 말을 기피한 이유는 데리다 스스로 말했듯이, 데리다가 구조주의자나 포스트모더니스트가 아니라는 사실을 분명히 하기 위해서다. 포스트구조주의자들, 해체주의자들, 예를 들면 예일대학 해체비평가

들[58]은 말할 것도 없고, 바디우, 들뢰즈와 데리다의 선언은 겉으로 보면 동일하지만 실제로는 다르다. 푸코(《글쓰기와 차이》 2장)나 라캉과도 데리다는 다르다.[59] 이들은 자신들을 포스트구조주의자로 표명했지만, 데리다의 치밀한 독법을 거치면 그들이 여전히 구조주의에서 벗어나지 못한 것을 알 수 있다. 물론 푸코는 이 사실을 처음에는 극구 부인했지만 나중에 시인한다. 블룸은 '문학은 반드시 반 니체적이고, 반 데리다적이어야 한다'고 선언했다. 데리다와 가장 가깝다는 드 만의 글쓰기와 입장도 데리다와는 다르다.[60] 데리다 스스로 자신은 포스트구조주의자도 아니고, 포스트모더니스트도 아니라고 했다.[61]

따라서 한국 학자들이 데리다의 해체를 해체론이나 해체주의로 지칭한다면, 예일대학 해체주의 비평가들을 위시해 모든 포스트구조주의자들을 데리다와 동일하게 부르는 것이 되는데 이것은 정확한 용어가 아니다.

필자는 위에서 나열한 이유들 때문에 '론'이나 '주의'라는 말을

---

58 데리다와 미국 해체 비평가들의 차이에 대해서는 필자의 졸고 〈해체론〉, 《현대문학비평이론의 전망》, 이명섭 외, 성균관대학 출판부, 1994 참고.
59 필자의 졸저 《데리다의 정신분석학 해체―프로이트와 라캉을 중심으로》를 참고.
60 필자의 졸고 〈드 만과 데리다: 허무의 유희와 포월의 광기〉, 《비평과 이론》, 제11권 2호, 2006 참고.
61 Sprinker(ed), *Ghostly Demarcations*, 240, 242.

기피해왔다. 그러나 한국 학자들은 다음과 같은 말로 데리다의 해체를 지칭하고 있다.

## '데리다의 해체론' 혹은 '데리다의 해체주의'

한국 학자들이 가장 많이 사용하는 말이 '데리다의 해체론'과 '데리다의 해체주의'이다. 자본주의, 공산주의, 민주주의, 왕권주의, 신고전주의, 낭만주의, 존재론, 관념론처럼 '주의'나 '론'은 한결같이 이원구조를 근거로 한 것이다. 그런데 데리다의 사유에는 이원구조에 근거한 가치가 있는가? 또한 데리다의 해체(들)를 '해체론'이라고 하는 사람들은 데리다의 해체 역시 글로 쓰이고 있기 때문이라고 할 것이다. 그리고 아무리 데리다 자신의 사유는 규범화·개념화되지 않는다고 해도, 모두 규범적으로 혹은 개념적으로 설명하고 요약할 수 있다고 주장할 것이다. 이러한 것들이 가능하다 해도, 이러한 평가와 명명은 데리다 해체의 절반만을 지적하는 것이다. 데리다의 해체는 구조주의자들의 담론이 보이는 논리와 체계보다도 더 정교한 논리와 체계로 진행되고 있기 때문에 '해체론'이라는 말이 전혀 근거가 없는 것은 아니다. 그러나 잘 생각해보자. 이원구조와 모든 언어를 데리다가 사용하는 이유는 이원구조의 논리를 정당화하고 이에 안주하기 위해서가 아니라, 이렇게 하는 것이 가장 효과적으로 이원구조를 해체할 수 있기 때문이다. 또한 이렇게 하는 이유는 기존의 체계를 초과하기 위한 것이다. 그리고 초과했다.

혹자는 데리다가 《그라마톨로지》라는 책을 썼으니, '론'이나 '주의'라는 말을 붙여야 한다고 주장할 것이다. 왜냐하면 '-logy'는 '론'이기 때문이다. 그러나 데리다는 그라마톨로지는 그라마톨로지가 밝혀낸 사실들을 옹호하기 위한 것이 아니라고 했다(《입장들》 21~22/13). 《그라마톨로지》는 말과 문자의 위계질서에 대한 질문이라 했다(《그라마톨로지》 4/13). 그리고 옛날 이름(la paléonymie/paleonymy)(강조의 밑줄은 데리다의 것)에 대한 질문(《입장들》 95/71)이 해체라고 데리다는 말했다. 여기서 옛날 이름이란, '차이', 지양, 순수개념 등이다. 즉 옛날 이름 '차이'는 역사적으로 철저하게 점검해보니 '차연'이며, 이와 마찬가지로 지양과 순수개념도 '차연'의 효과임을 밝힌다는 뜻이다. 범박하게 말하면, 기존의 단어, 개념, 혹은 텍스트 자체에 밀착해서, 이의 계보를 추적한 결과 옛날 이름이나 용어가 함의하고 있는 것이 사실이 아님을 밝힌다는 뜻이다. 예를 들어, 기의와 기표라는 옛날 이름에서 기의는 다시 기표로, 즉 기호는 다시 기호로 되돌아온다는 것을 드러내는 것이다. 따라서 옛날 이름인 기의는 발가벗겨지면서 기표임이 드러난다. 데리다는 해체란 무엇보다도 고유한 질문이라는 사실을 반복해서 강조했다(《글쓰기와 차이》 116/78, 192/131). 이는 형이상학의 틀 혹은 궤도 안에서, 혹은 이를 따라 정해진 신神, 책, 그리고 개념에 대한 질문은 말할 것도 없고, 종전의 형이상학을 따라 제기된 의문까지를 질문하며 도치시키는 것이 바로 그라마톨로지라고 데리다는 말했다. 따라서 그라마톨로지는 서구의 형이상학적 사유와 체계의 궤도(orbit)를 초과하는(ex-) 질문이기 때문에,

그라마톨로지는 '터무니없다(ex-orbitant)'고 데리다는 말한다(《그라마톨로지》 126/84, 231~2/ 161~2). 이때 '터무니없다'는 말은 기존의 궤도를 분석할 수 있다는 말이다. 즉 기존의 체계 혹은 궤도에서 무엇이 잘못되었는지를 파악할 수 있다는 뜻이다. 따라서 평상시 우리가 일상에서 '터무니없다'는 말을 할 때의 뜻인 비합리적 혹은 비논리적이라는 뜻을 가리키는 것은 아니다. 비합리·비논리는 아방가르드의 문학가들과 예술가들에 의해 이미 많이 사용되고 실험되었다. 데리다의 사유는 합리 vs 비합리라는 이원적 사유를 초과한다는 뜻이다. 초과한다는 말은 전통적인 의미에서의 초월한다는 말이 아니다. 전통적 의미에서 초월은 불가능하다는 사실을 데리다는 되풀이해 상기시킨다. 그 어떤 해체적 공격도, 해체적 이탈도 종전의 형이상학과 연결되어 있다고 데리다는 말한다. 구체적으로 말하면 그라마톨로지는 이원구조와 말과 문자의 서열을 철저하게 질문하고 역사적으로 탐구한다면 이것이 터무니없는 신비주의임이 드러난다고 말한다. 그라마톨로지가 긍정적 과학이라는 말에서의 과학은 전통적 의미에서 사용되는 과학을 의미하지 않는다. 도리어 전통적 의미에서 (과)학이라고 자처하는 제분야(언어학, 철학, 문학, 정신분석학 등)의 틀과 논리에 대한 철저한 분석과 질문을 뜻한다. 이유는 과학이라는 개념을 위시해, 과학의 기준, 형식 모두가 전통적 형이상학과 직결되어 있기 때문이다. 따라서 해체는 전통적으로 전제했던 기원, 존재, 의미, 종말이라는 전통적 개념에 대한 질문이다. 이러한 질문이 끝나면, 기호학이라는 과학은 결국 과학이 아니라, 역사적인 접근을 도외시한 채, 신학적 믿음으로 언어학이나 기호학을 재단했기 때문에 그라마톨로지로 발전되지 못했다는 사실이 드러난다. 그라마톨로지는 언어의 기원은 결국 '차연'의 기원이었음을 밝혀내는 것이다. 또한 합리주의, 이성중심주의는 신학을 따라갔기 때문에 실제로는 신비주의, 서구우월주의, 미신, 몽매주의에서 벗어나지 못했다는 것이다. 즉 과학이 아닌 것들을 과학이라 부르고 섬겼다는 사실이 드러나게 되었다. 그라마톨로지는 종전의 과학들(인문학의 제분야)이 과학이 아님을 증거하는 과학이라는 말이다. 그러나 이 과학, 즉 그라마톨로지는 종전의 기호학이나 논리를 따르지 않는다. 그라마톨로지는 종전의 과학이 과학이 아니라 신비주의 혹은 신화라는 것을 보고 있는 한 수 위의, 이중적 과학 혹은 이중적 앎이라는 뜻이다. 니체의 표현을 빌리면, '즐거운 앎(a gay science)'이다.

만약 데리다가 그라마톨로지가 도출해낸 결과, 즉 '차이'는 사실인즉 정과 반, 기표와 기의의 차이가 아니라 모두 동일한 복사의 '차이들의 효과들' 혹은 '차연의 효과'를 실제로 받아들여야 한다는 것을 자신의 입장으로 고정시켰다면, 경험주의자들이나 혹은 상대주의자들, 예를 들면 리처드 로티, 롤랑 바르트, 화행이론의 오스틴과 설, 그리고 라캉과 별반 다르지 않는 사유자로 분류될 수 있을 것이다. 그러나 데리다는 자신은 그라마톨로지가 도출해낸 결과를 옹호하고 있지 않다고 함으로써 그 어떤 입장이나 결정에 안착하지 않는다.

### '데리다의 해체 철학'

이 말은 맞다. 왜냐하면 데리다가 공식적으로는 철학자로 분류되기 때문이다. 그러나 데리다는 철학만 한 것이 아니라, 문학과 철학의 경계가 없음을 드러내었다. 밀러가 한 '데리다의 글은 점점 문학적으로 되어갔고, 마침내 그의 글은 전부 문학이 되었다'라는 말은 귀담아들을 필요가 있다. 이뿐만이 아니다. 데리다 스스로 '말라르메의 시학이 전통적 개념에 저항하는 힘이 있고, 그래서 가능성이 더 높다'고 하면서, 해체의 가능성을 철학에서보다는 문학에서 찾았던 것, 그리고 사실 데리다의 해체가 예일대학 문학교수들의 절대적인 호응을 바탕으로 미국으로 건너가 세계로 번져간 것, 그래서 데리다가 예일대학 문학과가 자신의 해체를 수용할 준비가 여타 대학의 철학과들보다 더 잘 되어 있었다(〈니체와 기계〉)고 말한 것을 상기하면, '해체 철학'이라는 말이 결코 틀린 것은 아니지만, 이 말의 사용이 데리다 해체 범위를 상당히 제한시키는 것은 아닌지 잘 생각할 필요가 있다. 데리다가 한 것은 철학 속에 문학이, 문학 속에 이미 철학이 있음을 보여준 것이다. 즉 철학에 문학적 은유들이 들어차 있고, 이 문학적 은유 자체가 이미 철저하게 철학적 개념임을 밝힌 것이다(《여백들》, 〈백색신화〉). 데리다가 철학자들에 대해서만 논한 것이 아니다. 멜빌, 포, 퐁지, 드 만, 셰익스피어, 말라르메, 바타유, 야베스, 아르토, 주네, 솔레스 등 문인들도 그의 사유에 결정적인 영향을 끼쳤고, 매우 중요한 비중을 차지하고 있기 때문에 하는 말이다. 데리다는 구미 유수의 대학원 학생들의 철학박사학위 논문만 지도한 것이 아니라 문학박사학위 논문도 많이 지도했다.

## '데리다의 탈구조' 혹은 '데리다의 탈구축'

이 말은 적절하지 않는 것 같다. 왜냐하면, 데리다의 해체 전략 중에 가장 중요한 것은 전통과 구조 그리고 언어의 체계를 탈피해서는 안 된다는 것이기 때문이다. 구축된 구조에 끊임없이 개입하여 등에 타서, 혹은 덩굴처럼 달라붙어서 해체를 시도하여 구조를 약화시키지만, 구조를 '탈' 한 것은 아니기 때문이다. 상대방의 구조를 해체하기 위해서는 상대방의 구조보다 더 치밀하고 더 강한 논리로 대항해야 한다고 말한 사람이 데리다다. 데리다가 늘 기존의 구조(이원구조와 변증법)에 달라붙어 따라다니면서, 혹은 구조주의자들의 등을 내내 타고서 그 구조와 체계 안에서 해체시키는 이유는 폐쇄 체계에 구멍을 내기 위해서다. 구멍을 낸다는 말은 구조나 체계를 '탈' 했다는 말이 결코 아니다. 마찬가지로 구조와 언어, 전통과 역사 밖으로 나간다는 것은 실지로 불가능할 뿐만 아니라, 이는 최악의 폭력을 유발한다는 사실을 데리다는 반복해서 강조했다(《글쓰기와 차이》특히 4장과 9장). 이런 데리다의 사유와 입장을 '탈구조' 라고 부르는 것은 무리다. '탈구조' 란 데리다에 따르면, '탈언어', '탈전통', '탈형식' 만큼이나 불가능한 일이다. 이 입문서가 조명한 대로 데리다 해체는 이 모든 것과 이중적 관계에 있다. 역사에서 단절은 불가능하다는 것이 상식이다. 모든 종류의 '탈' 은 역사를 포기할 때만 가능하다. 그런데 역사를 포기하는 것이 가장 어리석은 일이다. 구조나 구축을 벗어나는 것은 구조나 구축을 포기할 때만 가능한데, 불가능할 뿐만 아니라 이것은 동물이 되겠다는 말이다.

　어느 국내 학자는 '탈구축' 혹은 '탈구조'라는 말을 사용하는 이유가 데리다의 '해체'란 말 자체가 '파괴'라는 매우 부정적인 뉘앙스를 지니고 있기 때문이라고 한다. 그러나 데리다는 하이데거의 '파괴'가 매우 부정적인 뉘앙스를 가지고 있다고 생각해서, '해체'라는 말을 만들어 사용했다. 그리고 이 둘을 매우 유사하지만 파격적으로 다른 것임을 강조함으로써 '해체'가 부정적이며 파괴적인 뜻으로만 사용되지는 않았음을 밝혔다. 잘 알려진 〈차연〉의 맨 마지막(《여백들》 29/27)에서 하이데거가 언어에 대해 지녔던 신념과 희망, 그리고 '니체의 춤'을 유지하자고 제의한다. 또한 《글라》에서 데리다는 니체가 《차라투스트라는 이렇게 말했다》에서 차라투스트라가 선언한 '광활하고 경계 없는 무한 긍정'을 인용하고 있다(365/262). 또한 데리다 자신의 해체는 '생에 대한 무한한 긍정'이며, 자신의 사유에는 '무한 도약'[62]이 있다고 했다. 데리다가 전통과 역사에서 이룩한 그 동안의 성과를 정확하게 평가하고 기록하며, 이의 모든 흔적을 철저하게 보관해야 하는 절대적 필요성을 누누이 강조하는 것은 부정적 혹은 파괴적 허무주의와는 전적으로 다른 태도이다. 마찬가지로 언어가 지니는 공성, 즉 '차연' 때

---

62　Sprinker(ed), *Ghostly Demarcations*, 250.

문에 주체와 객체, 무의식, 존재, 기원을 직접적으로 표상할 수 없지만, 언어를 벗어날 수 있다는 생각이야말로 최악의 폭력적 사고라는 것을 힘주어 강조한 것도 허무주의와는 관계가 없는 것이다.

그러나 데리다 해체의 모든 것이 철저하게 이중적이듯, '해체'라는 말에도 앞에서 상술한 무한한 긍정도 있지만, 파괴적인 요소도 있음을 데리다는 되풀이해 언급했다. 삶에서 폭력을 배제할 수 없듯이, 데리다의 해체 과정에서도 '폭력'은 배제할 수 없다. 데리다는 구조주의만큼이나 자신의 해체는 의식을 동요시키고 끊임없이 파괴한다고 했다(이 책 179). 데리다는 자신의 글을 일러, '방화광적 흩어짐'[63]이라 했다. '흩어짐'은 산포라는 뜻이다. '방화광적'이란 말 역시 이중적으로 이해되어야 한다. '차연'의 광적인 폭력으로 인해 차단된 고유 이름에 대한 욕망으로, 데리다의 글에는 광기 어린 반복이 있다. 동시에 언어는 무의식, 기억, 주체, 존재 모두를 순식간에 날려버리는 '차연'이기 때문에, 대방화에 비유한 것이다. 따라서 '방화광'이란, 언어가 지닌 광기를 뜻하는 동시에, 이런 언어의 광기(폭력)를 막기 위해 광기 어린 열정을 지닌 데리다 자신과 순간적으로 주체, 의식, 무의식, 존재까지를 태워버리는 폭발성을 가지고 있는 언어의 광기에 대항하는, 광기 어린 열정으로 글을 쓰는 데리다 자신의 해체적 글쓰기를 뜻한다. 더 큰 폭력(이원구조, 헤겔의 변증법, 언어와 전통으로부터의 이탈 등)을 막기 위해서 작은 폭력, 즉 해체적 글쓰기로 대항한다는 것이다. 다시 설명하면

---

63  필자의 졸고 〈데리다의 시, '재...불' : 언어의 여백에서〉 참고.

언어(광기/이성)의 폭력성을 드러내기 위해서는 폭력적인 언어(광기/이성)를 사용할 수밖에 없다는 뜻이다. 그런가 하면, 데리다는 자신의 해체적 사유와 글쓰기를 일러, 헤겔의 철학에 개입하고 해체하는 방식을 '최소한의 미시적 형태로 그리고 폭력적으로 개입한다'(《글라》11/5)고 했으며, '차연(différance)'에 있는 'a'는 '문자적 혹은 그래프의 공격'(《입장들》16/8)이라고 말했다. 또한 해체는 기존의 상호텍스트 안으로 깊숙이 들어가 '폭력적으로 기재한다'(《입장들》14/6)고 했다. 이렇듯 데리다의 '해체'란 우리의 삶이 그러하듯, 생성과 파괴가 공존하는 이중성을 지니고 있다. 그래서 데리다의 사유는 이원구조나 체계 안으로 흡입되지 않는다. 완전히 이탈도 아니다. 그리고 이 결과, 데리다(의 글쓰기)는 거세되지 않고 살아남았으며, '미래를 향해 거의 유희한다. 거의 그렇다' (《글라》77/65). 데리다의 사유와 글쓰기를 두고, '해체론'이나 '해체주의'로 부르는 것은 말라르메나 베케트의 사유와 글쓰기를 두고 '해체주의'와 '해체론'으로 고착시키려는 것과 동일하다.

처음부터 데리다에 대한 원성과 함께 오평과 오판은 무성했다. 초기에는 《그라마톨로지》에서 데리다가 한 말 '텍스트 밖에는 아무것도 없다'는 말을 오해하여, 데리다를 텍스트에만 코를 박고 현실과는 절연된 데카당이라고 평했는가 하면, 데리다가 전통적인 형이상학과 존재론을 파격적으로 해체했기 때문에, 뉴턴 가버(《목소리와 현상학》영문판 해설)와 노리스, 그리고 로티[64]를 위시해 많은 서구 학자들은 데리다를 경험주의자로 간주했다. 데리다에 대한 노리스의 평가가 여러 번 바뀌었다는 사실은 데리다의 입장을 고정한다는 것이 매우 어렵다는 것을 반증한다. 노리스는 그의 저서 《기능경쟁》(1985)에서는 데리다가 문학을 가지고 철학의 독단을 일깨워 주었다고 했다가, 그다음 《데리다》(1988)에서는 데리다를 하버마스와 같은 이성주의자로 평가했다. 데리다와 하버마스와의 갈등관계를 그는 전혀 감안하거나 숙고하지 않았다. 1990년 영어영문학회 주최로 국내에서 열린 국제세미나에서 그의 토론자로 필자가 참석했을 때, 노리스의 데리다 평가가 모두 정확하지 않다는 사실을 지적했으며 노리스는 이를 시인했다. 우드 역시 데리다의 해체는 '형식주의'에 속한다고 평했다.[65] 데리다는 형식주의 역시 구조주의에 속하는 것으로 보았고, 이를 '가장 약하고 속된 사유'라고 비판했다. 데리다가 전통 존재론, 유대교, 기독교까지 모두가 여전히 경험주의에 머물고 있다고 평했다는 사실을 상기할 필요가 있을 것이다.

데리다에 대한 오해는 끈질기게 계속되었다. 미국 정치철학자 후쿠야마가 〈역사의 종말?〉(1989)과 《역사의 종말과 최후의 인간》

---

64 로티는 *Contingency, Irony, Solidarity*(Cambridge: Cambridge University Press, 1989, 125~6)에서 데리다가 다른 경험주의자들과 달라 보이는 이유는 데리다의 표면적 언어유희 때문이라고 지적한다. 물론 로티는 잘못 짚었다.

65 David Wood and Robert Bernasconi, *Derrida and Différance*, Evanstonnton: Northwestern University Press, 1988, 63. 늘 데리다를 못마땅하게 여기는 우드는 여기서도 데리다가 시니컬하고 히스테리컬하다고 평했다. 필자가 보기에는 우드 자신이 그러하다. 매우 짧은 글에서 아무런 논증도 없이 느닷없이 이렇게 비난하는 것을 보면 그러하다. 또한 그의 글은 매우 불친절하고 거친 톤으로 쓰였다. 초기에 우드는 데리다 해체는, '궁극적인 욕망을 위해 철학을 희생시키는 것'이라고 평한 바 있다.

(1992)에서 미국의 자본주의 경제체제를 역사의 완성으로 간주한 것에 대한 데리다의 비판인 동시에, 자본주의 체제가 드러내고 있는 10대 재앙과 민주주의가 드러내는 엄청난 모순을 목도하면서, 지식인으로써의 책임감에서 쓴 데리다의 《맑스의 유령들》(1993)에 대한 서구 맑스주의자들의 읽기는 그야말로 오평과 오해의 잔치였고, 이러한 오평은 국내로 그대로 수입되면서 《맑스의 유령들》은 더욱 빈곤하게 해석되었다.[66]

데리다를 공평하게 읽는 평자도 많다. 이들 중 나스는 조이스의 《율리시스》에 나오는 도위 박사의 이야기를 언급한다. 도위 박사가 메시아의 제2의 강림을 선언했는데, 처음에는 상당한 성공을 거두었으나, 이내 그는 독재와 불의 그리고 다른 치명적 죄목으로 구속된다. 나스는 시온을 성지로 정해놓은 이러한 복음주의는 결국 범죄로 끝이 난다는 소설 속 인물과 데리다를 대조시키면서 데리다를 엘리야로 비유한다. 얼핏 보면, 데리다는 기성종교에서 말하는 엘리야와 비슷하지만 실은 다르다는 것이다. 나스는 데리다는 이미 선지자로서 우리에게 왔고, 데리다라는 선지자는 다시 다음에 올 선지자를 위해 길을 만들어 놓았다는 것이다. 나스는 데리다가 '구원주의가 배제된 구원성'으로 자신의 입장을 밝힌 것을 풀어 설명하면서, 데리다(엘리야와 같은 선지자)가 우리를 방문하는 방식은 기성종교처럼 진리의 기원으로 성지를 정하는 것이 아니라고

---

66  이에 대한 필자의 자세한 평과 해설은 이 책의 〈보론〉에 있다.

말한다. 데리다는 기성종교를 '사막 속의 심연'이라 했다(《맑스의 유령들》 257/167). 성지 대신 오로지 '흔적('차연'의 또 다른 기표)' 안에서만, 그리고 우리가 모르는 사이, 우리가 그에 대해 이런저런 말을 하면서, 그의 사유를 소비는 하지만, 충분히 소화하지 못한 사이, 성문(glottal) 안에서[67] 발생되는 영광스런 떨림만으로, 또 다른 선지자의 재림을 예시하고 이를 위해 길을 닦아놓으면서, 운에 자신의 글 모두를 던져버렸다는 것이다. 이리하여 엄청난 양의 데리다의 글은 두 기둥(정과 반) 사이에 내던져져 떠내려가면서, 길거리에서 받아들여지면서, 도서실에서는 발에 걸려 넘어지고 거절당하기도 한다. 그러나 바로 이 때문에 데리다의 흔적 혹은 글은 모든 운에 열려 있는 채, 확인되지 않는 시간을 향해 과거의 유산들을 지나 떠내려간다는 것이다. 양쪽 해변에서 동시에 읽히기도 하고 동시에 거절당하기도 하는 동안, 데리다의 사유는 역사와 전통으로부터 떨어져 나오면서, 동시에 역사와 전통의 일부분이 되면서 강을 따라 흘러간다는 것이다.[68] 이는 데리다 해체의 이중적 입장과 활짝 열려 있는 상태를 말하는 것이다. 그의 해체적 혹은 유동적 글쓰기는 전통과 연결되면서, 동시에 전통으로부터 파격적으로 이탈

---

[67] '성문 안에서'라는 말은 여전히 언어 안에서라는 말이다. 성문(glotto)은 언어라는 뜻이고, 성문과 동굴(grotto)이 비슷하게 들린다는 사실은 말(성문)은 허구이고, 동굴은 플라톤이 말한 허구와 미망이 있는 동굴과 연결된다. 이 말은 데리다는 결코 동굴(허구)을 완전히 빠져나갈 수 있다는 전제를 하지 않는다는 뜻이다. 대신 데리다의 해체는 언어에 해체적으로 저항하면 언어가 지닌 비밀을 드러낼 수 있다는 뜻이다. 언어와 전통을 벗어날 수 있다는 생각이야말로 최악의 폭력과 재앙을 가져온다는 사실을 데리다는 누누이 상기시켰다.

하면서, 전통의 일부분이 된다는, 필자가 앞에서 언급한 경첩(이 책 126)처럼, 데리다의 해체가 전통과 이중적 관계를 맺으면서 활짝 열려 있음을 나스가 지적하는 것이다.

 나스는 데리다의 사유와 글쓰기의 특징을 공평하고 정확하게 파악하고 있다. 현 구조 안에 이입된 사유가 아니라, 이입되지 못하고 남아 있는 사유를 데리다가 찾아 헤매는, 그러나 여전히 이것을 목구멍에서 나오는 소리(글자, 언어)로 건지려는 부단한 모색임을 지적한 것이다. 고정된 성지(정박)를 거부하면서, 어디로 흐르는지 모르는 강을 따라, 끝없이 흘러가는, 모험에 찬 한 척의 흰 배(유동적인 백색의 글쓰기)를 상상해보라. 이것이 데리다의 해체적 사유에 근접한 이미지와 유추가 될 수 있을 것이다. 바로 이런 이유로 필자는 '데리다의 해체론' 혹은 '데리다의 해체주의'라는 말을 기피해 왔다. 데리다의 사유와 글쓰기를 '론'이나 '주의'로 명명하는 데

---

68 앞에서 언급한 나스의 주장은 독자들의 이해를 위해 직역 대신 의역을 하고 많이 변경했기 때문에 본문에서는 인용부호를 사용하지 않은 대신, 원문을 여기에 옮긴다. '…… a glorious vibration in the glottis and a throwaway announcing the coming of another, another unforeseeable other, another throwaway received by accident in the street, or stumbled upon in the library, another crumpled throwaway—even if immense, like the entire corpus of Derrida—which is then left to drift down between two columns, toward a future beyond all identifiable times and legacies, left to be read or refused from either shore, open always to chance, dependent always on who will get the drift, itself now taking on a history, itself now taking on tradition, as it goes, a tradition apart, already a part, already a way, away, along the riverrun.' (Michael Nass, *Taking on Tradition*, Stanford: Stanford University Press, 2003, 188~9)

필자가 주저하는 또 다른 이유는 다음 장에서 다시 확인될 수 있을 것이다.

우리는 여기서 데리다의 해체는 서구 언어와 인식지평을 넘어가는가, '차연'으로 책의 폐쇄를 여는 해체에는 한계가 없는가라는 질문을 해야 할 것이다. 데리다는 자신의 해체가 하는 것, 즉 전통적 담론으로부터의 어떤 이탈도 그 어떤 공격도 한계를 지니게 된다고 말한다(《입장들》 21/12). 왜냐하면, 데리다의 해체에도 모순과 아포리아가 존재하고 있으며, 또한 전통적 책과 마찬가지로 자신의 《그라마톨로지》를 위시한 자신의 다른 글쓰기에서도 기원을 찾을 수 없다는 점에서다. 그러나 전통적인 책이 의지한 이원구조가 해체적 글쓰기에 의해 더 이상 버티지 못하게 되면, 이때부터 전통적 개념, 의미, 중심, 시원, 종말 등은 '차연'의 긴 연쇄 체인의 일부분임이 드러나게 된다. 이 결과 모든 것은 유희 아래에 놓이게 된다. 이렇게 된다는 것은 전통적인 개념들이 '차연'에 의해 어떻게 삭제(생략)되었는가를 체계적으로 보여주며, 무제한적 인용, 조회, 콜라주, 대체로 연이어지는 각 페이지는 '아무것도 의미하지 않는 페이지'가 되고, 이는 데리다가 중요하다고 말한 말라르메의 그래픽 글쓰기가 만드는 '백색 공간'(《입장들》 11/3)이 된다. 이러한 백색의 글쓰기는 새로운 지평을 여는 것이 아니라, 기존의 글쓰기의 한계를 드러내는 것이며, 기존의 지평을 뚫는 것이다. 물론 지평을 뚫어야 하는 이유는 틀과 형식뿐만 아니라, 이에 담겨야 할 내용—철학적 사유든, 정치·경제의 실질적 상황이든—을 보다 나은 것으로 바꾸기 위한 것이다.

데리다 입문    Jacques Derrida: An Introduction

5
데리다의
──────── 해체적 글쓰기

4장에서 우리는 데리다의 해체(들)가 '무엇'을 하는가에 대해 살펴보았다. 지금부터는 데리다의 해체가 글쓰기를 통해 '어떻게' 이를 실행하고 있는가를 살필 것이다.

우리는 이 책 2장에서 전통적 사유자들과 데리다가 맺고 있는 관계가 단절이자 동시에 연결되어 있는 이중적 관계에 대해서 논했다. 또한 데리다 해체가 전통, 언어, 이원구조를 대하는 태도 역시 이중적임을 상론했다. 그런데 그토록 생경하고 어려운 데리다의 글쓰기 기법도 사실은 현대 시학에서 이미 다 실험하고 사용되었던 것들이다. 무엇보다도 데리다의 해체는 신비평[69]이 강조했던 '꼼꼼히 읽기'에서 출발한다. 그리고 우리가 앞에서 '고정불가'라

---

[69] 신비평은 1930년에서 1960년 사이 미국 대학 영문과에서 풍미했다. 신비평은 과학을 문학에 적용하려 했던 것이다. 여기서 과학이란 객관성을 말한다. 바로 이런 이유로 신비평은 문학작품에서 작가의 개인적이고 주관적인 감정뿐만 아니라, 경제·사회·정치와 같은 문학의 외적 요소들을 철저하게 배제하려 했다. 이것이 소위 순수문학을 탄생시킨 것이다. 비약이 되겠지만, 신비평의 전제는 칸트가 말한 '목적 없는 합목적성'에 그 연원을 두고 있다. 문학과 철학이 깊게

는 말로 데리다의 사유를 묘사했는데, 이 역시 신비평이 가장 중시 했던 미덕이었다. 이뿐만이 아니다. 신비평가들이 역시 중요한 미덕으로 내세웠던 내용과 형식의 일치를 데리다가 더욱 철저하게

---

연루되어 있다는 데리다의 말이 다시 증명되는 것이다.

신비평이 가장 중시했던 것은 텍스트 자체와 이의 유기적 통일성, 즉 구조였다. 이것 외에는 모든 것을 제거하려 했다. 앞에서 말한 대로 작가의 주관적 감정과 의도, 그리고 독자가 작품을 읽었을 때 느끼는 감정까지도 작품의 평가 기준이 될 수 없다는 것이다. 이런 이유로 윔새트와 비어즐리는 독자가 시를 읽을 때 느끼는 감정 감응이 작품 평가에서 제고되는 것을 '감응적 오류(Affective Fallacy)'라 했으며, 시인이 시를 쓸 때 의도했던 것, 혹은 주제가 작품 평가 시, 기준이 되어서는 안 되며, 이러지 못할 경우를 '의도적 오류(Intentional Fallacy)'라고 했다. 밀러는 작가가 좋은 주제가 좋은 작품을 만든다고 생각하는 것은 착각이라는 뜻에서 '주제적 오류(Thematic Fallacy)'라고 불렀다. 엘리엇의 '객관적 상관물(Objective Correlative)'은 시인은 자신의 감정이나 주관을 그대로 드러내어서는 안 되고, 반드시 이미지나 사물 혹은 대상, 인용이라는 객관화된 것들을 통해 말해야 한다고 하면서 시인은 자신의 시로부터 거리와 객관성을 유지해야 한다는 것이다.

보다 구체적인 기교로 들어가면, 파라독스, 병치, 콜라주, 다의미를 통해 모호성(ambiguity)(엠슨의 7형태의 모호성)의 강도가 높아져야 한다는 사실을 강조했다. 신비평은 단어 하나하나에 천착하는 훈련을 매우 중시했다. 데리다 역시 마찬가지다. 그의 그라마톨로지(grammatology)는 얼핏 보면 글자숭배(grammatolatry)라고 해도 무방할 정도(물론 글자숭배는 아니다)로 글자 하나하나에 천착하면서 파고들어가는 것이다. 그런데 이렇게 하다보니 글자 안에는 아무 의미가 없으며, 한 가지 의미로 고정되지 않는 사실이 드러난 것이다.

시인의 주관적이고도 직접적인 목소리가 완전히 배제되어야 한다고 신비평은 주장했지만, 이는 곧이곧대로 사실이 아니다. 이는 몰개성(impersonality)이라는 말로 번역되었으나, 초보 독자들에게는 오해의 소지가 많다. 작가의 목소리나 개성이 더욱 효과적으로 전달되기 위해서는 객관화되어야 한다는 뜻이다. 구체적으로 말하면, 3인칭 화법이다. 1인칭, 즉 시인인 내(I)가 독자들에게 직접 말을 하는 것이 아니라, 극에서처럼 작품 속 인물(s/he)들, 3인칭의 입을 통해 시인의 말을 하는 것이다. 따라서 작중인물들은 복화술(ventriloquism)을 한다고 했다. 따라서 몰개성적인 시학이라도 시인의 목소리는 작품 속의 인물들을 통해 작품에 결국 드러난다. 작가의 개인적이고 주관적인 목소리가 빠져

지킨 결과, 내용과 형식의 구분이 없음이 드러나면서 파격적인 해체적 글쓰기인 '거울 글쓰기'가 되었고, 이렇게 됨으로써 신비평

> 있는 시는 오직 색과 형체로만 화가가 말하고자 하는 것을 드러내는 그림 같아야 한다고 주장했다. 결과적으로 시는 마치 모든 외부 것들(작가의 목소리, 그리고 경제적·역사적 상황)과는 무관하게 존재하는 것이 되어야 한다는 것이다.
> 그러나 이러한 신비평의 기조는 에즈라 파운드에 의해 더욱 강도 있게 발전되었다. 파운드는 시가 단순히 이미지와 객관성을 유지하는 정적인 상태에 머물 것이 아니라, 무수한 이미지나 콜라주로 연이어지면서 동적인 시로 변해야 한다고 주장했다. 시는 원을 계속 그리는 모습을 연출시켜야 한다고 주장했으며 원추(vortex)가 빙빙 돌면서 올라갈 때 발생하는 운동과 에너지가 시에서도 발생해야 한다고 주장했다. 이를 소용돌이주의(Vorticism)라고 칭했다. 이미 신비평에서 유동적 글쓰기의 중요성이 강조된 것이다. 데리다의 '차연'이 '차연'의 또 다른 기표로 끊임 없이 산포되는 현상은 유동적 글쓰기로 간주된다. 이미지 혹은 '환유의 집적'이란 여러 개의 이미지나 환유를 모아놓은 것을 수직적으로 표현한 것이고, '환유의 연결'이란 말은 수평적으로 표현한 것이며, 큐비즘처럼 위아래 그리고 주위 모든 면을 다 포섭하는 것으로 표현하면 '다각적 쌓기(telescoping)', 혹은 '소용돌이주의'로 표현하는 것이다.
> 신비평을 형식주의라고도 칭했는데, 이때 형식은 앞에서 말한 유기적 통일성을 다른 말로 고쳐 부른 것이다. 혹은 시가 시로서만 존재한다는 뜻에서 '존재론적 비평'이라는 말을 쓰기도 했다. 이로서 시인은 없어지고 시만 남게 된 것이다. 그런데 이러한 신비평의 주장은 포스트구조주의에 들어오면서 작가의 목소리는 언어 혹은 유기적 통일성(형식 구조)을 통해서 드러날 수 없다는 것이 증명되면서 작가의 죽음이라는 화두가 대두되었다. 신비평의 이론적 근거는 그 힘을 잃었지만, 신비평이 제1의 미덕으로 꼽았던 문학작품(텍스트)의 '꼼꼼한 읽기(a close reading)'는 변함없이 모든 독서에서 가장 중요하다. 데리다가 이 미덕을 가장 충실히 승계했다고 보아도 좋을 것이다. '꼼꼼한 읽기'에 있는 'close'는 '꼼꼼한'과 '폐쇄된'이라는 두 가지 뜻이 있는데, 이는 신비평의 특성을 아주 잘 함축한다. 그런데 데리다는 신비평이 강조한 꼼꼼함을 철저하게 섭렵하고 난 후, 이를 이용해 신비평이 고수하고자 했던 폐쇄를 허물어버린 것이다. 무리한 비유지만, 신비평과 데리다 해체의 관계를 묘사하면, 항아리에 물이 가득 차도록 붓는 것이 신비평이라면, 물이 항아리 밖으로 흘러내리도록 많이 붓는 것이 데리다의 해체다.

이 지니고 있었던 전제들이 해체된 것이다.

데리다의 글은 마치 거대한 댐의 물이 철철 넘쳐흘러 그 수많은 물줄기가 어느 한 방향이 아니라, 사방팔방으로 번지며 흐르는 것으로 비유할 수 있다. 그런데 이는 T. S. 엘리엇의《황무지》(1922)의 초고를 읽고 에즈라 파운드가 피력했던 인상과 흡사하다. 파운드는《황무지》의 초고를 읽고 나서는, 시가 일정한 방향도 없이 사방팔방으로 번지고 퍼지는(sprawl) 것 같았다고 했다. 파운드가 자르고 다듬었기 때문에, 공식적으로 발표된《황무지》는 원래 초고 분량의 절반이다. 그런가 하면, 조이스 학자들은《피네건의 경야》(1939)를 두고, 농담 겸 진담으로 '말의 설사(Logorrhea, 즉 말 logo와 설사 diarrhea를 합친 것)'라 한다. 즉 단아하고 선명한 언어가 아니라, 무슨 말인지 알 수 없는 모호한 단어들의 대범람 혹은 언어유희의 대홍수라는 뜻이다. 또한 얌전하기 이를 데 없었던 엘리엇은《황무지》바로 첫째 줄에서 영문학의 아버지 초서의《캔터베리 이야기》의 첫째 줄을 사정없이 치고 비틀고 부수어버린다. 데리다의《글라》첫 문장은 서구 사유를 대표하는 헤겔을 단번에 곤두박질치게 만든다. 콘래드 에이컨이 불평했듯이, '엘리엇은 문학의 문학을 했으며, 기생적으로 성장한다'. 데리다 글쓰기 역시 기생적이라는 비판을 받았고, 그의 글쓰기 대부분은 다른 사람에 대한 재독으로 거의 다 소진된다. 서구 현대 문학의 두 거장, 엘리엇과 조이스의 글쓰기가 가지고 있는 이러한 특성이 바로 데리다의 글쓰기가 지니고 있는 특성이다.

이 말을 하는 이유는 데리다의 해체와 전통이 맺고 있는 관계가 철저하게 이중적이라는 사실을 다시 상기시키기 위해서다. 즉 데리다의 글쓰기 기법까지 데리다가 해체했던 현대 시학의 기법을 전폭적으로 차용하면서, 동시에 이를 초과 혹은 포월했다는 말이다. 따라서 영문학도들은 《황무지》와 《피네건의 경야》를 읽으면서 병치, 수많은 인용, 철자변치, 직유의 무한 연결(concatenation of metonymy: '차연'이 다른 기표로 끊임없이 대치되는 것), 반복, 그리고 언어유희로 이어지는 글쓰기를 접하고 익혔을 때, 이미 데리다의 글쓰기 기법 대부분을 접하고 익혔다는 말이다. 엘리엇은 《황무지》에서 자신의 시는 '부서진 이미지의 집적(a heap of broken images)'임을 서너 차례 반복해서 말한다. 그러나 말이 '부서진 이미지의 집적'이지, 사실은 그리스에서부터 현대에 이르기까지의 다른 문학자들과 철학자들의 글로부터 무제한적 인용의 집적이다. 파편이 되는 무제한적 인용이 집적이 되면서, 시의 직선적 흐름은 쉽게 포착되지 않는다. 물론 자꾸 읽으면, 독특한 리듬도 인지되고 하고자 하는 것이 무엇인지도 뚜렷하게 드러난다. 이것이 데리다 글쓰기의 특징이기도 하다. 조이스의 《피네건의 경야》는 부서진 철자들의 거대한 집적이다. 데리다의 글쓰기 또한 이러하다. 그러나 이런 데리다의 글을 꾸준히 읽으면, 의외로 윤곽이 선명하게 포착되듯이(이 책 183), 《황무지》와 《피네건의 경야》 또한 그러하다. 데리다의 글에서처럼 《황무지》에서도 철자의 유사성과 철자변치에 따른 언어유희는 지속적으로 발생한다. 데리다는 이러한 언어유희를 극단적으로 밀고 나갔기 때문에, 엘리엇이나 조이스의 언어유희와는 파격적으로 다른, 의미가 산산이 흩어지는 산포현상을 발생시킨 것이다.

데리다의 '차연'이 다른 기표로 대체되면서 끊임없이 다른 '차연'으로 연결시키는 것을 우리는 앞에서 보았다. 《황무지》에서도 '직유의 연결'이 지속적으로 발생한다. 이것으로 인해 시는 이어지고 쓰였다. 직유를 끊임없이 다른 직유로 교체한 이유는 현대 시학도 상징이나 은유가 불가능하다는 것을 이미 알았기 때문이다. 그러나 현대 시학은 직유를 무한대로 연결시키면, 마침내 상징이나 은유(직유보다 우월하다고 간주했던 것)로 변할 수 있다는 믿음이 있었다. 그리고 이것이 라캉의 믿음이기도 하다. 데리다에게는 이런 기대가 없다는 것이 엘리엇, 조이스 그리고 라캉과의 파격적인 차이다. 이런 기대가 없는 것은 '차연'이 지니고 있는 무한 연기(이 책 121) 때문이다. 그럼에도 불구하고 엘리엇, 데리다, 조이스 등, 이들의 글은 언어유희, 무제한의 인용, 직유의 연결로 상이한 반복을 통해 진행, 확장되었다는 점에서 표면적 글쓰기 기법은 데리다의 것과 동일해 보인다. 그러나 데리다의 해체가 표면적으로는 구조주의의 담론과 매우 유사하지만, 결국 파격적으로 다른 것처럼, 데리다와 엘리엇의 글쓰기 또한 표면적으로는 유사한 기법을 사용하고 있지만, 종국에는 파격적으로 다르다. 즉 데리다의 글쓰기 역시 현대 시학과 이중적 관계를 지니고 있다는 말이다.

신비평은 파편화되어진 현대 우리들의 삶에서는 불가능해져 버린, 우리를 구원할 수 있는 신의 출현에 대신해, 혹은 이에 버금가는, '자족적 지양(egotistical sublime)'(셸리), 혹은 '달빛 너머의 낙원(translunar paradise)'(예이츠), 즉 허구(텍스트) 안에서 구원을 찾으려 했다. 요즘은 '텍스트의 현현'이라는 말로 포스트구조주의의 멋과 맛을 살려 표현하고 있지만, 이는 모더니즘의 전제를 그대로 반복한 것에 불과하다. 그러나 데리다의 글쓰기는 이러한 전제가 불가능하다는 사실을 드러낸다. 데리다의 해체적 글쓰기에서는 유기적 통일성이 산산이 부서진다. 또한 폐쇄된 이원구조 안에서의 무한 반복과 이동은 무한으로의 이동과 자유가 아니라, 악순환이었음을 드러낸다. 데리다의 해체가 구조주의와 전통으로부터 많은 것을 유산으로 받으면서 가능했던 것과 마찬가지로 데리다의 글쓰기 또한 신비평이 강조하고 실험, 실천했던 시적 기법을 철저하게 섭렵하고 이를 철저하게 이용함으로써, 신비평적 글쓰기와는 파격적으로 다른 글쓰기로 창출된 것이다.

## 1. 언어유희—단어들의 기계체조

데리다의 해체적 글쓰기를 편의상 미시적 차원과 거시적 차원으로 나누면, 언어유희는 미시적 차원에서의 해체적 글쓰기이다. 미시적 차원에서의 해체적 글쓰기, 즉 언어유희는 세 가지 방식으로 진행된다.

첫 번째 방식은 앞에서 우리가 상론한 대로, '차연'이 35개가 넘는 다른 기표로 끊임없이 대체되는 것을 말한다. '차연'은 〈차연〉에서 프로이트를 논할 때는 '깨어짐의 흔적(trace of breaching)', 들뢰즈를 논할 때는 '시뮬라크럼', 니체를 논할 때는 '박차

(spur/trace)', 헤겔을 논할 때는 '대리인(delegate/proxy)', '대표(representative)', '비실재적 마스크(virtual mask)'라는 말로 끊임없이 바뀐다.

두 번째 방식은 동일한 단어를 전혀 다른 각도에서 번갈아가며 쓰는 것이다. 〈탱팡〉(《여백들》)은 처음부터 끝까지 '탱팡'이라는 말을 끊임없이 돌려가며 조금씩 각도를 바꾸어가며 다른 뜻으로 사용하면서 완성시킨 논문이다. 또한 이미 앞에서 보았듯이, 데리다가 니체를 논할 때에도 '거세된 여자'라는 표현을 여러 각도로 돌려가며 사용했다(이 책 92~4). 이는 동일한 단어가 전혀 다른 이중적 의미를 함의하게 하는 언어유희이다. 예를 들면 데리다가 언어는 '죽음'이자 '자원'(《그라마톨로지》 108/73)이라고 한 것이 그 예이다. 혹은 동일한 표현을 전혀 다른 대상을 기술하는 데도 사용하는 것을 뜻한다. 예를 들면 '빈 공간', '괴물스러운', '광기' 등을 자신이 해체하는 대상에 사용하는 동시에 자신의 사유를 묘사하는 표현으로도 사용한 것이다. 이러한 현상을 필자의 다른 글에서 '단어들의 공중제비'라고 표현한 적이 있다. 단어들이 끝없이 다른 각도에서 쓰이는 이러한 언어의 기계체조는 사실은 한 대상을 여러 각도에서 본 것 모두를 동시에 화폭에 담는 피카소의 큐비즘과 영화 기법(cinematic pan-in)에서 이미 사용된 것이다. 이러한 기법을 어느 정도의 선에서 멈추는 것이 아니라, 무한대로 사용하면, 한 단어에 고정된 의미가 없다는 것이 드러난다. 이것이 데리다의 언어유희이다.

세 번째 방식은 철자변치이다. 이는 한 단어의 철자가 끊임없이 다른 철자와 연합하여 다른 뜻이 된다는 사실을 드러내는 것인데, 이는 한 단어 혹은 한 철자에는 고유한 의미가 없다는 사실을 드러내기 위한 것이다. 이러한 철자변치는 데리다 글 전체를 통해 발생된다. 《글라》에서도 마찬가지다. 데리다는 서구의 담화에서 인식소(진리)라고 간주되어온 것이 동질의 논리와 의미에 의거한 연합이 아니라, 의미가 없는, 우연히 혹은 요행적으로 발생한 의미 없는 소리의 연접(anasemic, allosemic agglutination)이어서, 의미 형성이 아니라, 소리의 감염이나 전염에 불과한 것이기에 의미가 없음을 드러내기 위한 해체적 언어유희다.

데리다의 이러한 철자변치를 매우 특이한 현상이라고 생각할 것이다. 그러나 잘 생각해보면, 이것이 언어의 진면목이다. 예를 들면, 'came'은 '왔다'는 뜻이지만, 여기에 '-ra'만 연접하면, '카메라'가 된다. 'abide'는 살다, 'bide'는 참다, 'bode'는 '전조가 인지되다' 등에서 보듯, 여기에는 아무런 논리와 합리가 없는, 그야말로 우연한 철자의 변치와 연접으로 의미가 결정된다. 언어 자체가 이러함을 데리다는 응축해서 보여줄 뿐이다. 데리다의 해체가 없는 것을 만들어 보여주는 것이 아니라, 이미 자체적으로 해체되어 있는 사실을 보여주는 것(l'auto-déconstruction)이듯이, 언어유희 역시 데리다가 특이하게 무엇을 새로 만들어 보여주는 것이 아니다. 철자변치를 하는 또 다른 이유는 기원이나 종말도 지금 우리의 인식으로나 언어로는 포착할 수 없기 때문에, 즉 그 어떤 시작도 시작으로 정당화될 수 없기 때문에 글쓰기는 어쩔 수 없이 '철자변치로 시작할 수밖에 없다'고 데리다는 말한다(《산포》 281/229).

고유명사조차 주체를 표상할 수 없다는 것은 이제 상식이 되었다. 이 사실을 데리다는 자신의 주체가 이미 거세되었다고《글라》에서 언어유희로 상기시킨다. 데리다는 자신과 헤겔 그리고 주네의 이름인 고유명사 속에 이미 보통명사적 요소가 들어있음을 드러내면서 고유한 주체성은 이미 죽었음을 말한다. 'Jacques Derrida'에 있는 철자를 변치시키면 dérnier Déjà로 된다. 뒤(dérnier) 혹은 이미(déjà)로 '이미 뒤늦었음'을 말한다. 즉 데리다라는 이름은 데리다라는 자신의 고유성을 드러내기에는 이미 때늦었다는 것이다.

헤겔 또한 마찬가지다. 고유명사 Hegel이 보통명사 aigle로 희화화됨으로써 대문자(capital)의 H가 잘려나갔음(capitalized)을 알 수 있다. 헤겔에 있는 H는 도끼(Hache)를 강하게 연상시켜 이래저래 헤겔의 대문자(H)가 도끼로 잘려나갔다는, 즉 거세되었다는 사실이 숨겨져 있다(《글라》)는 것을 드러낸다. 라틴어로 머리가 잘려나갔다는 말은 헤겔이 주장하는 억압한 후에 온다는 보유 지양(Sublimation, Aufhebung)은 지양이 아니라, 머리가 잘려나가 땅으로 떨어졌다는 것, 추락(desublimation)임을 데리다는 드러낸다. 동시에 헤겔의 사유에는 도끼로 자르는 폭력이 감추어져 있다는 사실을 함의하는 것이다.

'차연'이 제일 많이 알려진 기표이지만, 사실 데리다가 애착을 가지고 공을 들인 것은 '차연'의 또 다른 '차연'인 écart이다. 이를 거꾸로 읽으면 trace가 된다. écart와 함께 trace는 '차연'을 대체한 많은 '차연' 중 또 다른 '차연'이다. 데리다가 그 많은 '차연'들 중에서 écart에 유독 애착을 보인 것은 이 écart란 뜻이 사각의 틀이기 때문이다. 데리다가 가장 중히 여기는 글쓰기와 읽기를 하는 공책과 책은 사각이다. 서구 철학이 가장 중히 여기는 칸트의 계기판도 4개의 카테고리로 된 사각의 나무판이라는 뜻이다(《해체》 43). 데리다는 모든 역사가 이 사각의 틀 안의 유희, 글자의 유희에서 비롯되었다고 했다. 신이라는 글자가 책 안으로 들어왔을 때, 신이 우리의 인식과 사유 안으로 들어올 수 있었다면, 신도 글자가 쓰이는 책이라는 사각의 틀 안에서 태어나는 것이다(《글쓰기와 차이》 3장). 그런가 하면 프랑스어 동사 écarter는 여러 가지 방해와 어려움을 무릅쓰고 나아간다는 뜻이다. 뾰족한 무기인 펜촉(stil), 그리고 그의 독특한 문체(style과 stil은 프랑스어로 발음이 동일함)로 이미 이 원구조와 일직선적이며 모든 것을 부재시키는 '차연'으로 짜여진 글(사유)의 방해와 어려움을 무릅쓰고 나아가려고(écarter) 시도하는 데리다의 해체적 글쓰기를 인유한다.

데리다는 《산포》에서 솔레르를 읽으면서 사각을 가장 중요한 것으로 부각시킨다. '차연'의 또 다른 기표인 écart는 다시 탈선, 이탈의 뜻인 à l'écarte로 유희된다. 이는 데리다 해체가 기존의 틀에서 이탈됨을 인유한다. 이 말은 다시 écarté로 미끄러진다. 이는 벌어졌다는 뜻으로 데리다의 글, 그리고 전통 담론의 글 모두가 아포리아와 모순을 품고 있어, 벌어진 입술처럼 갈라져 있다(béance)는 것을 함의하는 동시에, 카드놀이를 뜻하는 것으로 '유희'의 중요성을 함의한다. écarté는 다시 사각이라는 carre로, 그리고 이는 다시 솔직하다는 carrure로 미끄러진다. 데리다 해체는 있는 그대로를 말하는 솔직한 담론임을 의미한다. 그리고 이는 다시 카드놀

이를 뜻하는 carte로 변한다. 이제는 기원에 기반을 둔 담론이 아니라, 모든 글쓰기와 사유는 글자 유희에 기반한다는 사실을 뜻한다. 이는 다시 문서 혹은 글자를 뜻하는 charte로 변한다. 즉 글자는 소리 하위에 있는 것이 아니라, 소리도 글자의 문법에 의해 관통되었으며, 말이 언어의 중심이고 언어를 가능케 했다는 종전의 전통적인 신념과 전제를 해체하면서, 모든 언어와 말까지도 전통적으로 폄하되어왔던 문서의 글자로 가능했고, 토대가 되었다는 것을 함축한다. 그리고 이는 다시 소리가 비슷한 quartre(4를 의미)로 변하고, 이는 다시 십자로 carrefour로 변한다. 십자로는 데리다 담론뿐만 아니라, 전통적인 담론이 지니고 있는 이중적 모순을 드러내는 교차대구법을 암시하는 것이다(《입장들》 59/42).

여기에 동원된 단어 모두는 라틴어로 4라는 뜻의 어근을 가지고 있다. 이것이 함의하는 것은 최소한 두 가지다. 이미 위에서 지적한 대로, 데리다의 해체적 글쓰기뿐만 아니라 모든 글쓰기는 모두 사각이라는 틀 안에서 쓰인다는 사실을 함의한다. 동시에 데리다의 해체는 헤겔의 변증법, 즉 이원구조를 강화한 3단 논법의 3의 논리를 넘어서는, 4의 논리 혹은 과학임을 뜻한다. 그러나 4의 논리나 과학은 기존의 기호학 층위에나 이원구조 안에서 포섭되지 않는다. 이런 이유로 4라는 숫자는 데리다에게 매우 중요하게 된다. 따라서 데리다는 해체적 글쓰기를 'quadrifircum'이라는 말로도 표현했다. 이는 이원구조의 담론에, 상호텍스트 안에, 다시 상호텍스트를 기재, 기입, 접목하여 이원구조를 복사(2×2)함으로써, 이원구조가 힘을 잃게 하는 4의 논리(전통적 의미에서 논리가 아님),

혹은 지렛대가 됨으로써, 사유의 진전을 이끌어내는 것을 뜻하는 것이다. 또한 이러한 4의 논리로 텍스트 안을 세세하게 종횡무진 횡단하는 해체적 글쓰기를 닮은 창살세공의 초당, 혹은 격자세공과 연결된다. 이러한 해체적 글쓰기는 전통 담론 구조의 폐쇄(clôture)[70]를 여는 열쇠(《입장들》 95/70)가 된다. 따라서 자신이 원하는 4의 논리를 위해 3(변증법의 정반합)의 논리를 넘어가기 위해서도 반드시 사각의 틀(grid) 안에서 벌어지는 글쓰기를 통해서만 가능하다고 말한다. 바로 이런 이유로 사각의 틀이라는 뜻을 지닌 écart는 데리다에게는 매우 중요한 기표가 된다.[71]

데리다의 언어유희는 계속된다. 데리다는 écart(e)(사각의 틀, 카드, 유희)에서 틀의 일부인 ec만 살짝 빌려와서는 무한대로 언어유희를 했다. ec만을 가지고 데리다는 je m' ec로 미끄러진다. 이는 je m' écrit, 즉 '나는 쓰인다'이다. 그런데 je m' ec은 프랑스어와 영어로 je make와 발음이 유사하다. 앞에서 피동적인 상태에 있었던 것(나는 쓰여진다)을 '나는 만든다'로 함으로써, 수동적인 상태에서 능동적인 글쓰기로 나아간다는 뜻이다. 바르트의 표현을 빌리면, 독자적(readerly) 읽기와 쓰기에서 작가적(writerly) 읽기와 쓰기를 도출한다는 뜻이다. 즉 '차연'에 의해 거세되지 않는 글을 쓰겠다는 말이다. 데리다는 피동적인 상태에서 빌려온 틀의 일부

---

70 한국 학자들은 '경계'로 번역했는데, 데리다가 이 단어를 사용할 때는 '폐쇄'라는 뜻으로 해석해야 한다. 《글쓰기와 차이》 8장의 제목에 나오는 이 단어는 '경계'가 아니라 '폐쇄'로 번역해야 한다(이 책 235).
71 더 자세한 이유에 대해서는 《산포》 후반부 참고.

인 ec를 가지고 대담하게 어떤 틀에도 종속되지 않는 글쓰기인 언어유희를 하면서 능동적 입장으로 나아간다는 뜻이다.

동시에 je m' ec(I make)는 Je m' Ecke(독일어)로 다시 미끄러진다. 이는 '나는 각으로 틀을 만든다'는 뜻이다. 이 말은 데리다 자신도 사각의 틀 안에서 글쓰기를 한다는 뜻이지만, 동시에 Ecke는 다시 각도라는 뜻의 독일어 kante로 연결되면서, 칸트(Kant)가 말한 4개의 범주(Category)표, 사각의 틀인 Table로 미끄러진다.

또 한편으로 Je m' ec의 ec는 Ecke와 쉽게 연상되며, 이는 프랑스어로 aigle로 들릴 수 있다. 이는 다시 헤겔(Hegel)을 프랑스어로 읽는 소리와 같다. 이렇게 해서 헤겔과 칸트는 연결된다. 또한 ec는 아주 경미하게 IC로 쉽게 미끄러지면서, 칸트와 헤겔이 가장 중히 여긴 절대 카테고리(Catagorical Imperative)에 있는 IC와 연결된다. 그리고 이 IC은 동정녀 마리아의 예수 잉태(Immaculate Conception)의 IC로, 그리고 이것은 현상학에서 가장 중히 여기는 '여기(Ici)' '지금(Maintenant)'에 있는 IC로 미끄러진다.

따라서 Je m' ec이란 말은 돌고 돌면서 모든 개념을 표상하는 문자의 토막을 뜻하며, 이는 이 글자 저 글자와 끊임없이 연접되고 전염되고 있다. 이는 모든 철자와 단어의 토막과 연접되는 Je m' ec 자체에는 아무런 고유한 의미가 없다는 뜻이다. 무엇으로도 연결되며, 모든 것을 다 의미한다는 사실은 글자 자체나 소리에는 아무런 의미가 없다는 뜻이다. 이는 우리가 앞에서 소쉬르를 논하면서 상론했다.

그렇다면 왜 데리다는 그의 글쓰기에서 이토록 많은 언어유희를 하는가? '절대적으로 맞는 혹은 정확한 출발점을 전적으로 알 수 없는 것이기 때문에, 어디에서든지 시작할 수밖에 없기 때문이다'(《그라마톨로지》 233/162). 즉 체계 안의 단어들이 체인처럼 연이어져 있고, 이것이 빙빙 돌아가면(언어의 속성이 이동이기 때문), 어떤 단어가 맨 처음의 기원적 단어인지를 가려낼 수 없다는 말이다. 또한 기표가 기의를 담지 못한다면, 모든 글쓰기는 언어유희와 철자변치로 시작하고 이어질 수밖에 없다. 이것은 데리다의 해체적 글쓰기가 조명하는 것이지만, 동시에 모든 언어의 진면목이다. 외국어를 공부하는 과정은 바로 이것이다. 한 철자가 다른 철자와 붙었다 떨어졌다 하면서, 끊임없이 다른 의미를 생성하는 것을 따라 익히는 것이다. 어학도가 끊임없이 이동하는 기표를 따라 이동하지 않겠다는 것은 그 언어를 포기하는 것이다. 마찬가지로 데리다를 읽을 때, 데리다 해체에 대한 전체적인 콘텍스트를 절단하고, 데리다의 언어유희를 꾸준히 따라가지 않고 어느 기표 한두 개에만 매달려 뜻을 고정한다는 것은 데리다 읽기를 포기하는 것이다.

## 2. 무순서의 글쓰기—하이퍼(무/non) 텍스트

데리다의 해체란 기존 텍스트에 있다고 전제되어온 중심이 공空임을 드러내고, 기승전결의 직선적인 논리와 유기적 통일성을 교란하는 것이다. 그렇다면 그의 상호텍스트들 또한 기승전결의 직선적인 논리와 유기적 통일성이 빠져 있어야 할 것이다. 데리다의 글쓰기가 이러하지 않다면 데리다는 자신이 말하는 해체와는 거리가 먼 글을 쓴 것으로 자가당착에 빠질 것이다. 물론 이런 자가당착에 빠질 데리다가 아니다.

《목소리와 현상학》,《그라마톨로지》그리고《글쓰기와 차이》가 1967년 동시에 출판된 것은 결코 우연이 아니다. 이미 계산되어진 것이다. 이 세 권의 책이 물리적으로는 각기 독립된 책(text)이지만, 사실은 이 세 권의 책이 서로 긴밀하게 연계되어 있고 다만 순서가 없다(《입장들》12~13/4~5). 데리다는 해체란 책을 또 다르게 엮는 철끈(《입장들》63/46)이라 했다.

어떻게 이 세 권의 책이 순서 없이 연결되어 있다는 것인가? 이 세 권의 책을 어떻게 읽어야 하는가?

첫 번째 방식은《그라마톨로지》중간에《글쓰기와 차이》를 삽입해서 읽는 것이다. 이렇게 되면《그라마톨로지》전반부(1부)는《글쓰기와 차이》에 대한 긴 서문이 되고,《그라마톨로지》의 후반부(2부)는 도합 11장으로 된《글쓰기와 차이》의 마지막 장인 제12장이 되는 셈이다.

(1)《그라마톨로지》(1부)

《글쓰기와 차이》

《그라마톨로지》(2부)

두 번째 방식은《글쓰기와 차이》중간, 즉 6장과 7장 사이에《그라마톨로지》를 삽입해서 읽어야 한다고 데리다는 말했다. 사실상 그리고 논리적으로(de facto and de jure)(데리다가 매우 빈번하게 사용하는 말이다) 그래야 한다는 것이다. 이유는《글쓰기와 차이》의 전반부 6장은 시간적으로《그라마톨로지》보다 앞서 쓰인 것이다. 즉 1965년《크리티크》라는 비평지에 두 번에 걸쳐(1965년 12월과 1966년 1월) 발표된 긴 논문을 개작한 것이《글쓰기와 차이》의 전반부 6장이고, 이것을 더욱더 상세하게 발전시킨 것이《그라마톨로지》의 전반부(1부)라는 것이다. 즉 시간적으로《글쓰기와 차이》의 전반부가 먼저 쓰였고, 이것에 대한 더욱더 자세한 설명이《그라마톨로지》의 전반부(1부)가 되는 것이기 때문에 이러한 순서로 읽는 것이 타당하다는 것이다. 그러니까《글쓰기와 차이》의 전반부에 해당하는 1장에서 6장까지는《그라마톨로지》의 서문이 된다는 것이다.

데리다는《글쓰기와 차이》의 후반부에 해당하는 도합 5장, 즉 7장에서 11장까지 모두는 '문자학적 개열開裂(l'ouverture grammatologique)'(《입장들》12/4)에 대한 문제를 집중적으로 다루었다고 말했다. 그리고 이러한 '문자학적 개열'에 대한 이론적 기반은《그라마톨로지》전반부에서 자세히 설명되었는데, 바로《글쓰기와 차이》전편 여기저기에서 산발적으로 다루고 있는 기호, 글자(문자), 그리고 형이상학에 대한 개념들을 재차 언급하고 체계화한 것으로, 이는 철학 개념 모두의 구조적 계보학을 가장 성실하고 가장 철저하게 점검한 것이다. 즉, 기호, 글자 그리고 구조(주의)의 기원과 발전을 처음부터 끝까지 추적하여 드러내는 '계보학' 이다. 즉《글쓰기와 차이》에서는 수많은 철학자나 문학가들이 가지고 있었던 동일한 전제와 구조의 복제 현상과 반복을 드러내는 데 비해,《그라마톨로지》에서는 특정 사상가들, 즉 루소, 레비-스트로스 그리고 소쉬르를 깊이 있고 철저하게 다루고 있다. 정신분석학의 용어를 빌린다면,《글쓰기와 차이》는 겉으로 드러나는 의식이라면,《그라마톨로지》는 무의식이다.

 (2)《글쓰기와 차이》(1장에서 6장)
  《그라마톨로지》
  《글쓰기와 차이》(7장에서 11장)

그런데《글쓰기와 차이》의 무의식에 해당하는 텍스트가 더 있다. 이는《목소리와 현상학》과《후설의 기하학 기원: 입문》(1959)이다. 이 두 책은 서로의 카운터파트라고 데리다는 말했다.

 (3)《글쓰기와 차이》(1장에서 6장)
  《목소리와 현상학》과《후설의 기하학 기원: 입문》
  《그라마톨로지》
  《글쓰기와 차이》(7장에서 11장)

또 한편으로는, 데리다는《글쓰기와 차이》,《그라마톨로지》와《목소리와 현상학》중에서,《목소리와 현상학》을 제일 먼저 읽을 것을 권했다. 왜냐하면 목소리(말)와 그리고 이것을 옮겨 적는다고 간주되었던 글자가 서구의 역사에서 어떻게 다루어졌는가에 대한 가장 결정적인 순간들을 포착해서 비판하고 있기 때문이라는 것이다(《입장들》 22/13).

(4) 《목소리와 현상학》
《글쓰기와 차이》(1장~6장은 《그라마톨로지》의 서문)
《그라마톨로지》
《글쓰기와 차이》(7장~11장)

혹은,

(5) 《목소리와 현상학》
《그라마톨로지》 1부(《글쓰기와 차이》의 서문)
《글쓰기와 차이》
《그라마톨로지》 2부(《글쓰기와 차이》의 12번째 장)

그런가 하면, 《목소리와 현상학》을 《글쓰기와 차이》의 5장인 〈'생성과 구조' 그리고 현상학〉 앞에 삽입하여 읽을 수도 있다. 후설에 대한 비판인 《목소리와 현상학》은 《글쓰기와 차이》 5장 〈'생성과 구조' 그리고 현상학〉에 대한 긴 해설 혹은 긴 소개로 간주될 수 있기 때문이며, 이렇게 읽게 되면 5장을 더 잘 이해할 수 있다는 것이다.

또한 이보다 앞서 발표된 《후설의 기하학 기원: 입문》에서, 데리다는 《글쓰기와 차이》라는 책명에서 사용했던 용어인 '글쓰기'

와 '차이'라는 이름으로 서구 철학에서 말하는 현존이나 존재를 비판하고 있다. 이 저서에서 데리다는 이미 문자와 '차연'을 지렛대로 사용하면서 서구 현상학의 집대성이라고 할 수 있는 후설의 현상학을 해체시킨 것이다. 그렇다면 이 책은 《목소리와 현상학》에 대한 긴 주석이라고 할 수 있을 것이고, 《목소리와 현상학》은 《글쓰기와 차이》 5장 〈'구조와 생성' 그리고 현상학〉을 다시 공들여 발전시킨 것으로, 《글쓰기와 차이》 6장에 해당된다. 이렇게 되면 《그라마톨로지》와 《글쓰기와 차이》를 함께 읽을 경우 모두 12장이 된다. 동시에 데리다가 말한 대로, 《글쓰기와 차이》에 대한 긴 해설 혹은 긴 소개로 간주될 수 있는 동시에 《글쓰기와 차이》 앞에 놓여져 《글쓰기와 차이》의 방향과 윤곽을 예시하고 있는 것이다.

(6) 《글쓰기와 차이》(1장~4장)
《목소리와 현상학》
《글쓰기와 차이》(5장과 6장)
《후설의 기하학 기원: 입문》(《글쓰기와 차이》 6장의 긴 주석)
《그라마톨로지》
《글쓰기와 차이》(7장~11장)

혹은,

(7) 《글쓰기와 차이》(1장~5장)

《목소리와 현상학》

《후설의 기하학 기원: 입문》《《목소리와 현상학》의 긴 주석)

《글쓰기와 차이》(6장)

《그라마톨로지》

《글쓰기와 차이》(7장~11장)

위에서 보듯, 서너 권의 책을 이런 식으로 여러 가지 순서로 읽어야 한다고 강조하는 이유는 무엇일까? 데리다가 가장 긴장하면서 해체하고자 하는 것은 이원구조인 동시에 텍스트의 폐쇄이며, 신학과 형이상학이 전제하고 있는 기원과 종말이다. 구조주의가 하고 있는 이 텍스트의 폐쇄야말로 온갖 종류의 미망을 일으키고, 이것이 3천 년 이상 서구 인문학을 구금, 결박했기 때문이다. 텍스트의 폐쇄성을 가장 신랄하게 비판하는 자신의 글들이 각기 독립되고 폐쇄된 텍스트를 쓴다는 것은 자신이 스스로 텍스트의 폐쇄를 유도하는 일이며 이는 치명적인 모순이 될 것이다. 비유적으로 말하면, 말로는 민주주의를 하자고 하고서는 일상 생활에서는 봉건주의적 행태를 보이는 것과 같은 것이 될 것이다. 텍스트의 폐쇄를 없애는 방법 중 하나는 우리가 위에서 간략하게 상론한 대로, 세 권의 책을 어떤 순서로도 읽을 수 있도록 글을 쓰는 것일 것이다. 이는 텍스트가 독립적이고, 기승전결과 유기적 통일성을 가지고 있지 않다는 것, 또한 기원과 종말도 우리의 인식이나 글로는 드러나지 않는다는 사실을 드러내는 것이다. 인간의 말도 그리고 인간의 인식으로 드러나지 않고 포착될 수 없는 기원과 종말을 전제하고, 이것이 이원구조로 가능하다고 주장하는 것, 이것이 3천 년 동안 인문학을 진퇴양난에 빠트렸고, 때로는 폭력과 재앙을 가져오는 이론적 근거가 되었기 때문에 해체해야 한다는 것이다. 폐쇄를 허무는 데리다의 글쓰기는 순서와 유기적 통일성이 없는 하이퍼텍스트이다. 통일성도, 사전에 결정된 순서도 없다. 이는 전통적 의미에서 텍스트란 존재하지 않는다는 사실을 구체적으로 증명한 것이다.

## 3. 반복

데리다의 글은 겹겹이 반복이다. 데리다의 글 모두는 조금씩 기표를 바꾸면서 진행되는 반복이다. '차연'이 끊임없이 다른 기표들로 대체되어 반복되듯이, 《글쓰기와 차이》 각 장은 서로 다른 것 같지만, 11장 모두는 기승전결로 연결되지 않는, 미세한 차이로 진행되는 반복이다. 《글쓰기와 차이》 11장의 전체 제목을 보면 이 사실을 알 수 있다.

> 1장 힘과 의미화
> 2장 사유와 광기의 역사
> 3장 에드몽 야베스와 책에 대한 질문
> 4장 형이상학과 폭력: 에마뉘엘 레비나스 사유에 관한 연구

5장 '구조와 생성' 그리고 현상학

6장 질식된 채 도둑맞은 말

7장 프로이트와 심리를 표상하는 장면(문자)

8장 아르토의 잔혹극과 재현의 폐쇄성(잔혹성)

9장 제한적 경제성에서 일반적 경제성으로: 보유 없는 헤겔주의

10장 인문학 담론 속의 구조, 기호 그리고 유희

11장 생략

얼른 보면, 11장까지 각 장의 제목에 사용된 단어들이 모두 다 다르다고 생각할 것이다. 그러나 실은즉, '차연'이 끝없이 미미한 차이를 내며 다른 기표로 대체되듯이, '힘', '책', '사유', '광기', '의미화', '구조', '생성', '질식', '도둑', '문자', '잔혹성', '폐쇄성', '경제성', '기호', '구조', '생략' 등, 각 장의 제목에 사용된 이 모든 단어들은 '차연'이 각각 다른 콘텍스트에 놓이면서 다르게 표현된 것들이다. 즉 '차연'을 대체한 기표들이다. 1장에서 사용된 '힘'과 '의미화'에서 '힘'은 언어의 '차연'이 가지는 역동적인 힘을 말한다. 그리고 이 힘에 의해 의미화는 무한대로 생성된다. 이것이 루세, 전통 사유자들, 구조주의자들, 그리고 일반인인 우리들이 의미라고 믿었고 사용했던 의미이다. 그러나 데리다는 이 사실을 인정하지만, 동시에 이를 해체한다(이중성). '차연'의 역동적인 힘에 의해 의미의 무한생성이 가능하지만, 동시에 '차연'에 의해 생성된 이 힘과 의미화에 의해 모든 고유성과 의미는 '질식'되

거나 '잔혹'하게 '생략'되거나 '도둑' 맞는다는 뜻이다. '구조' 그리고 '기호'도 의미를 만들지만, 동시에 모든 의미를 부재시킨다. 7장 제목에 사용된 말, 극장 안의 '장면'은 무대로 현실과 절연된 폐쇄된 공간(허구)을 뜻한다. 무대는 반복으로 그 생명을 이어간다. 프랑스어 répétition은 반복이자 동시에 리허설을 뜻한다. 죽은 텍스트가 리허설을 통해 살아 있는 사건처럼 다가오듯이, 무대에서 말은 끊임없이 반복됨으로써 그 생명을 이어온 것이지만, 무대(허구) 위에서의 반복은 데리다와 아르토 그리고 많은 서구 사유자들이 찾고자 했던 고유성과 존재를 무대에서 부재시키는 것이다. 이런 점에서 '무대 장면'과 언어 및 구조의 성질과 동일하기 때문에 '무대 장면'은 '구조', '기호', '도둑맞은 말', '잔혹성', '폐쇄성'에 또 하나의 상이한 반복이자 번역인 것이다. '잔혹성'은 모든 것을 부재시키는, 모든 것을 훔쳐가는, 기호와 구조의 속성이다. '폭력'(이 책 128)을 다르게 반복한 것이다.

결론은 전통적으로 구조에는 중심이, 기호에는 의미가 있다고 전제되었지만, 데리다 입장에서 볼 때는 중심은 공이고, 의미는 무의미화이기 때문에, 구조와 기호는 중심과 의미를 지우는 것이다. '경제성'은 이미 앞에서 설명되었다(이 책 129). '도둑'이란 말은 주네가 사용한 말이다. 아르토는 잔혹극을 설명하면서, 서구의 형이상학과 신학이 우리가 전혀 모르는 사이에 의미, 삶, 주체, 존재를 훔쳐 간다는 뜻으로 도둑이란 말을 사용했다. 따라서 도둑은 '차연(언어)'의 또 다른 대체다. 주네가 서구의 신학과 형이상학이 모든 고유성과 살아 있는 것을 다 훔쳐 달아나는 도둑에 비유했기 때문에, 데리다는 이러한 주네의 표현을 다시 사용한 것이다. 그런데 프랑스어 voler는 '날다(지양)'와 '훔치다', 두 개의 상반되는 뜻이 있다. 헤겔은 변증법은 감각적인 모든 것을 부정함으로써 우리의 정신은 지양을 뜻한다고 주장하지만, 아르토나 데리다의 입장에서는, 정신, 주체, 존재를 훔쳐가는 것으로 간주된다. 그리고 이 '도둑'은 이원구조에 준한 형이상학 안에 구금되어 있는 신을 뜻하기도 한다. 레비나스와 아르토는 이러한 신을 살해해야 된다고, 그리고 이 신을 살해할 수 있다고 전제한다. 물론 두 사람은 실패한다. 두 사람은 오히려 형이상학의 틀로 되잡히는 결과를 맞는다. 서구 인문학사에서 부친 살해는 결코 발생할 수 없다. 이는 오직 환상에서만 가능하다고 데리다는 말한다. 전통과 언어를 벗어나려는 것은 자살행위와 다름이 없다는 뜻이다.

2장 제목에 사용된 '광기' 또한 마찬가지다. 주체, 기억, 의식, 무의식을 다 날려버리는 핵폭탄 같은 언어는 광기(폭력)를 가졌다. 이것이 언어(이성)의 광기이다. 구조가 고유성과 요동치는 사유를 질식시키고 정적 속에 가두어두기 때문에 '광기'를 지니고 있다. 그러나 이러한 이성의 광기에 대항하기 위해서는 또 다른 광기로 대적해야 한다. 즉 데리다의 해체적 글쓰기와 사유가 지니고 있는 광기이다. 11장의 '생략' 역시 언어의 속성인 '차연'이 우리의 모든 기억과 흔적, 무의식, 그리고 의미를 '생략'해버린다는 뜻이다. 그러나 동시에 '생략'은 데리다의 해체적(사선적) 글쓰기에 의해 직선적 사유를 생략시키는 것을 뜻하며, 폐쇄 속의 악순환을 생략시키는 뜻으로 사용된다. 11장의 제목들은 '차연'의 속성을 여러 각도에서 보거나, 다른 층위에서, 혹은 다른 콘텍스트에서 놓일 때, 다른 사유자들이 이미 사용한 다른 '차연'을 그대로 사용하면서, 이를 다른 각도에 놓으면서 대체시키면서 반복한 것이다.

반복은 제목에서만 일어난 것이 아니다. 동일한 기표가 반복되어 각 장에 나타날 뿐만 아니라, 전혀 다른 층위에서 사용되고 있다. '거세된 여자'라는 동일한 말을 다양한 관점에서 사용하고 있는 예를 우리는 이미 보았다(이 책 92~4).《글쓰기와 차이》전편에 걸쳐 사라졌다가 다시 나타나는 단어들 중에, 중요한 것만을 든다면, '중심', '괴물', '구멍', '몽유병적 논리', '암초', '광기', '깨어진 글자판', '난간(gardes-fous)', '잔혹성', '폭력', '야만적', '동요' 등이다.

이러한 표현들은 한 가지 관점에서만 사용된 것이 아니라, 최소한 구조주의자들의 담론이 지닌 성질을 말하는 동시에, 데리다 자신의 해체적 글쓰기의 특징을 뜻하는 것으로, 이중적 관점과 각도에서 사용되었다. 예를 들면, '구멍'은 의미의 부재를 뜻하기 때문에 '차연'으로, 데리다는 '백색 공간', '빈 공간' 혹은 '공'이라고 하지만, 구조주의자들은 구멍을 중심이라고 믿었거나 착각했던 것이기 때문에 중심이라는 뜻도 된다. 여기에 다시 데리다의 해체적 글쓰기는 기존의 '구멍'에 다시 구멍을 뚫어, 이 구멍이 구조주의자들이 믿었던 대로 중심이 아니라 구멍 혹은 공임을 증명하는 것이다. 그러나 구조주의적 글쓰기든 해체적 글쓰기든 모든 글쓰기는 구멍(무의미)만을 만들 수밖에 없다. 두 가지 종류의 글쓰기는 언어의 속성인 '차연'으로 인해 무의미, 공, 혹은 구멍만을 만들 수밖에 없는 형국에 있다. 이 점에서는 데리다의 해체적 글쓰기나 구조주의자들의 글쓰기와 다른 바 없다. 다만 구조주의자들은 중심이라 착각했고, 데리다는 구멍이라고 말한 것이다.

'구멍을 뚫다'라는 말은 말라르메, 베케트, 그리고 프로이트가 사용한 표현이다. 프로이트는 우리의 무의식은 쾌를 얻기 위해 먼 길을 돌아가면서 '길을 뚫는다'고 했다. 길이나 구멍을 내는 것은 폭력(언어)을 동반한다. 그럼에도 불구하고 데리다는 구멍(trou)을 뚫는 행위(글쓰기) 없이는 아무것도 발견(trouver)할 수 없음을 강조했다. 이는 언어는 '차연'이라고 말하지만, 이러한 '차연(구멍)' 없이는 아무것도 할 수 없기에, 언어는 가장 중요한 무기라는 뜻이다. 사유자가 언어를 포기하는 것은 무기를 포기하는 것과 같다고 데리다는 말한다. '구멍'이라는 말은 《글쓰기와 차이》 6장, 7장, 8장에서 이중적인 뜻을 동시에 함의하면서 가장 많이 반복된다.

'괴물'이라는 말도 다른 층위에서, 혹은 이중적으로 사용되면서 반복된다. 데리다가 후설의 현상학을 4개의 각 안에서 이루어지는 논리(tetralogy)라고 하는 이유는, 후설의 현상학도 칸트의 형이상학처럼 4개의 카테고리(category) 안에서 생성되는 사유이기 때문이다. 현상학이 말하는 '괄호치기'는 모든 경제·사회·문화·역사로부터 절단되어진 채, 폐쇄된 진공관 안에서의 논리이기 때문에 '괴물스럽다'는 말이다. 따라서 이러한 사(tetra)각 안의 진공관 안에서의 허구(-logy)는 '괴물의 우화(teratology)'라는 말이다. 구조주의의 사유와 구조화는 모든 사유를 이원구조로 획일화시키고 전체화하고, 모든 고유성을 사상시켰고, 이 사실까지를 망각했기 때문에 '괴물스럽다'고 데리다는 말한다. 구조주의자는, 비유해서 말하면, 품 안에 안고 있는 자신의 아이를 자신이 질식시켜 죽였다는 사실을 모른 채 여전히 아이가 살아 있다고 생각하며 껴안고 있는 어머니에 비유할 수 있다.

동시에 데리다는 자신의 사유와 글쓰기도 '괴물스럽다'고 말한다. 그 이유는 아직 기존의 체계와 개념 속에 들어가지 않은 채, '오직 두 개의 손으로 쓰고 두 개의 머리로 읽고 쓰기' 때문에 너무나 낯설기 때문이다. 그런데 '낯설게 하기(defamiliarization)' 역시 신비평이 강조했던 것이다. 데리다의 해체적 글쓰기는 신비평이 강조했던 이것을 데리다가 파격적으로 극대화시킨 결과, 신비평의 '낯설게 하기'가 결국은 이원구조를 벗어나는 괴물스러운 모습의 글쓰기가 된 것이다.

'난간(gardes-fous)'이라는 말도 이원구조에 흡입되지 않는 광기를 정적 속에 가두는 것을 의미하지만, 동시에 신비를 향한 열정 때문에, 광기(폭력)를 띤 이성과 맞붙어 싸워야 하는 데리다 자신의 광기 어린 사유(섬세한 폭력)를 보호해야 한다는 뜻으로도 쓰였다. '광기'는 어떤 층위에서도 폭력이다. 우리의 사유를 가두는 광기와 이러한 광기에 의해 억압되고 폐쇄된 우리의 사유를 되찾기 위해 이 폐쇄를 뚫기 위한 해체적 '광기'는 보호되어야 한다는 것이다.

그렇다면 데리다는 왜 반복하는가?

- 모든 음악 작품(기악과 성악)이 주제의 멜로디를 정해놓고, 단조와 장조를 바꾸어가며, 혹은 가사를 조금씩 바꾸어가며, 서너 번씩 반복하는 이유는 영향과 효과를 강화하기 위한 것이다. 개념의 틀에서 철저하게 벗어나고자 하는 데리다 글에서 보여지는 반복도 음악 작품이 경미한 차이를 보이며 반복하여 효과를 강화하듯, 해체의 효과를 강화시키려는 데 그 목적이 있다.

- 데리다 해체는 상대방의 담론 안에 들어가 달라붙어 논의의 허를 추적하는 것이다. 전통 사유자들의 텍스트들 안으로 들어가, 이들의 담론에 바짝 붙어서, 혹은 등을 타면서, 혹은 어슷하게 방해하면서 진행된다. 화이트헤드가 말한 대로 서구 철학이 그리고 인문학이 모두 '플라톤 철학에 대한 긴 주석에 불과하다'면, 그래서 구조주의자들이 이원구조의 틀을 무한 반복했다면, 이를 구체적으로 해체하기 위해서는 데리다 역시 무한 반복을 하지 않을 수 없다. 만약 데리다 해체 방식이 추상적이어서, 구조주의자들의 담론과 맞붙어 싸우지 않았더라면, 반복할 필요가 없었을 것이라는 말이다.

물론 데리다의 반복과 전통 사유자들의 반복의 결과는 서로 파격적으로 다르다. 전통 철학자들이 이원구조에 의거한 담론은 정과 반이라는 허구의 폐쇄 속에서 양쪽을 넘나드는 것으로 구조의 힘과 구조가 주는 미망을 강화시키지만, 데리다의 반복이 진행되면, 이원구조가 그 힘을 잃어버리면서 사각의 폐쇄의 어느 한 모퉁이가 탈각된다(이 책 151).

- 반복은 모든 글쓰기의 속성이기 때문에 피할 수 없다. 왜냐하면 기원도, 종말도, 중심도 지금 우리의 인식이나 언어로 포착되지 않는다면, 글쓰기는 철자변치로 시작하여 상이한 반복으로 담론을 이어갈 수밖에 없다. 바로 이런 점에서 데리다는 자신도 반복을 했고, 다른 철학자들도 반복했다고 말한다. 데리다는 자신의 해체 혹은 '차연'은 상이한 반복이자 번역이라 했다. 물론 두 가지 반복에는 파격적인 차이가 있다.

- 반복은 광기의 증후다. 그리고 이 광기는 언어의 광기('차연')로 인해, 영원히 차단된 기원, 고유 이름, 고유 말, 중심, 원에 대한 사유자들의 과다한 욕망에서 비롯된 것으로, 이는 비단 데리다에게만 국한되는 현상은 아니다. 소크라테스, 니체, 데카르트, 푸코 등 거의 모든 철학자들에게도 있었다. 니체는 자신의 글은 다이너마이트라고 했는데, 데리다는 《그림엽서》에서 핵폭탄이라 했다. 이 폭탄으로 기존 체제와 사유의 틀에 대한 은유가 되는 도서실, 우체국, 경찰서를 모두 날리고 싶은 충동을 느낀다고 고백한다.

이곳들은 기존 체계의 힘과 권위, 그리고 이데올로기를 지속시키는 곳으로, 언어의 성질과 유사하기 때문에 느끼는 파괴 충동이다. '차연'의 성질을 핵폭탄으로 비유하면서, 이것이 이미 자신의 손가락(쓰기)과 입(말)까지도 태워버렸다고《그림엽서》에서 고백한다. 자신이 꿈꾸는 기원은 이미 '차연'에 의해 차단되었기 때문에 여기에 따르는 절망도 토로하고 있다. 그럼에도 불구하고 포기할 수 없는 기원에 대한 열정 때문에 그의 글은 광기를 띠고 있다. 또한 언어 자체가 겉으로는 아무런 문제가 없는 것처럼 평온하지만, 비트겐슈타인이 이미 밝혀놓았듯이, '심오한 동요'를 드러내고 있기 때문이다. 이러한 동요, 즉 언어의 광기를 다스리기 위해서는, 이에 버금가는 광기로 반복하여, 이를 교란시켜야 하기 때문에, 시작도 끝도 없는 유려한 다변(hyperbole)으로 반복하는 것은 필수다(《글쓰기와 차이》 96/62).

– 한번도 선행 혹은 선재된 적이 없는 것도 사실은 열정적이며 창발적 반복에 의해 가능해지며(〈니체와 기계〉 45), 이 반복을 통해 미래에 도래할, 그러나 지금으로서는 예측 불가능한 사유가 이미 미래로부터 와서 여기 우리 안에 구체적으로 와 있다는 것이다(《맑스의 유령들》 169/103). 역사의 발전은 창발적 반복에 의해 가능해지는 것이지, 하늘에서 떨어진 것도, 땅위로 솟은 것에 의해서가 아니라는 말이다. 따라서 창발적 반복은 필수다.

그렇다면 데리다식의 반복은 현 체제의 아카데미에서 수용될 수 있는가? 데리다는 자신의 문체, 반복과 과장을 '치명적 죄(hyperbolic hybris)'라 했다. 쉽게 말하면, 데리다가 글을 쓰는 식으로, 즉 반복과 과장으로 석박사 논문을 쓰면 결코 심사에 통과하지 못한다는 말이다. 그러나 개념에 충실하고 논리적 적합성만을 맞추고 따지는 기존 체제의 아카데미에서 하는 일을 두고 데리다는 '여전히 어린아이들이나 하는 낡은 게임'이라 평가했다.[72] 비트겐슈타인은 '모든 논리적 명제는 동어반복'이라 했다.

## 4. 상호텍스트들 포개기

비교적 짧은 글인 〈차연〉에도 이미 적지 않는 수의 사유자들, 즉 소쉬르, 하이데거, 프로이트, 후설, 헤겔, 니체, 들뢰즈 등으로부터의 많은 직접 인용들이 들어와 있었다. 이를 신비평가들은 '병치(juxtaposition)' 혹은 '포개기(imposition/telescoping)'라고 불렀던 글쓰기 기법이다. 〈차연〉에서는 이러한 시학이 매우 소박하게 사용되었다. 그러나 《글쓰기와 차이》에서는 '병치'나 '포개기', 반복과 무제한적인 인용들로 인해 '상호텍스트성'은 엄청나게 두꺼워지면서 상호텍스트들의 관계의 규모가 훨씬 확장되고 복잡해진다. 이는 동시적으로(simultaneously) 혹은 즉시(instantly), 무수히 많은 사유자들의 사유의 유사성(상호텍스트성)을 구체적으로 확인시키기 위한 것이다. 앞에서 논의했듯이, 《글쓰기와 차이》에는 다음

---

72 Jacques Derrida, 'Passions' in David Wood(ed), *Derrida: Critical Reader*, Massachusetts: Blackwell, 1998, 12, 100.

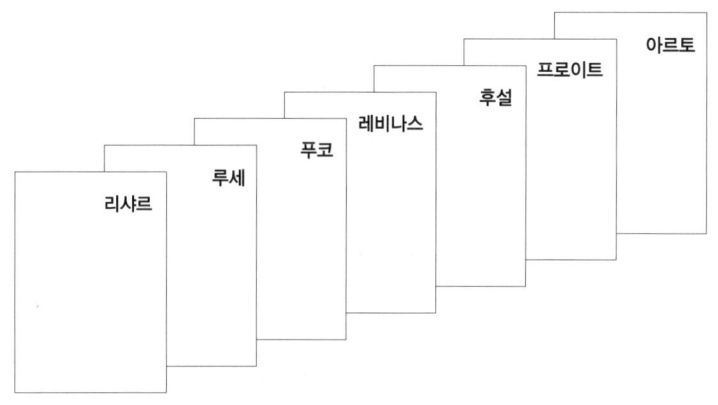

《글쓰기와 차이》에는 원본도, 중심도 없는 복사(simulacra)가 쌓여 있다.

그림처럼 원본도, 중심도 없는 복사(simulacra)가 쌓여 있다. 그리고 3장, 9장, 11장은 이 장들의 연쇄체인의 고리를 자른다.

《글쓰기와 차이》에서 데리다가 보여주는 엄청난 두께의 상호텍스트성을 드러내기 위해서는 철저하게 구조주의적 훈련을 거치지 않고서는 불가능하다. 레비-스트로스가 《구조인류학》(1958)에서 드러낸, 무수히 많은 신화들의 상호유사성은 데리다가 《글쓰기와 차이》에서 보여준 것과 동일한 과정과 방법을 거친 것이다.

상호텍스트들 '포개기'라는 말은 '접목(greffe/graft)'이라는 말로도 표현된다. 접목의 시학, 혹은 상호텍스트들 포개기의 시학(글쓰기)이 매우 구체적으로 언급되는 곳은 《산포》에서다. 상호텍스트들이 드러내는 상호텍스트성이 2중, 3중 무한하게 층이 포개어지는 결과와 상호텍스트들이 무한대로 '접목'된 결과는 동일하다. 이로써 기존 텍스트 안에 있던 이원구조가 무한히 복사된다. 이 결과 이원구조에는 있다고 전제했던 중심이 없으며, 이원구조는 정과 반으로 이루어진 것이 아니라, 둘은 동일한 복제이며, 이로써 이원구조는 밑 없는 심연임이 드러나면서, 이원구조의 힘(미망)은 저절로 빠지게 된다.

다르게 표현하면, 각기 다른 분야에서 각기 다른 사유자들이 사용한 이원구조를 무수히 많이 포개면, 독립된 이원구조가 지니고 있다고 전제한 독립된 정과 반은 더 이상 독립된 정과 반이 아니라는 사실이 드러나게 된다. 이때 정과 반은 없어지면서 정과 반의 대조로 서로 반대된다고 전제했던 의미까지 빠지기 때문에, '빼기' 혹은 '영점의 글쓰기'가 된다. 이것은 솔레르, 데리다, 말라르메, 그리고 베케트 글쓰기의 공통점이다(《입장들》 92/68). 이 결과 헤겔이 정과 반의 차이를 대조로 환원하고 이것이 반에 의해 정이 내재화된다는 헤겔의 전제가 근거 없음을 드러낸다. 이원구조에 의지하고 있는 다른 상호텍스트들과 접목 혹은 포개기를 하면, 전통적 담론의 틀은 거울에 비쳐진 시뮬라크럼으로 드러나면서 강고하게 보였던 이원구조의 틀은 약해지고 부서진다(《산포》 272/221). 이는 데리다의 해체는 철저하게 텍스트 안에서 진행된다는 사실과 함께, 모든 글쓰기의 진면목이 '이중환영', '이중접기', '접목', '포개기'임을 동시에 드러내는 것이다.

## 5. 거울 글쓰기: 미-장-셴(la mise-en-scène)

'거울 글쓰기(mirror writing)'는 이미 앙드레 지드, 마르셀 프루스트가 사용했던 글쓰기 기법이다. 프루스트의 《스완의 사랑》(1913)을 평자들은 '소설 속의 소설(un roman dans le roman)', 혹은 '장면 속의 장면(un tableau dans le tableau)'이라 칭했다. 이는 모든 글쓰기가 이중허구의 틀 안에서의 반복의 반복, 모조의 모조, 혹은 반영의 반영이라는 뜻이다. 즉 앞에서 우리가 논의한 '이중반영'이다(이 책 131~2). 주네의 극 《하녀들》(1947) 역시 두 주인공은 서로가 서로의 모조임을 극화한 것이다. 그러나 〈차연〉이나 《글쓰기와 차이》에서는 데리다가 드러내는 무수한 상호텍스트들의 상호텍스트성을 눈으로 볼 수는 없다.

그런데 〈탱팡〉(《여백들》)에서는 데리다 자신의 글을 왼쪽에, 그리고 레리스의 글을 오른쪽에 병치시킴으로써, 그리고 《산포》에서는 플라톤의 《필레부스》를 페이지 왼쪽에, 말라르메의 《미미크》(1882)를 페이지 오른쪽에 병치시킴으로서 상호텍스트성을 눈으로 볼 수 있게 했다. 마치 그래프처럼 눈으로 볼 수 있게 했다 하여, '그래픽 글쓰기(graphic writing)'라 칭한다. 그러나 동시에 이때 '그래픽'이란 그라마톨로지가 밝혀낸 것, 즉 모든 의미의 기원은 하늘에서 들려오는 음성이 아니라, 문자(gramme)에서 비롯되었다는 역사적 사실을 드러내는 글쓰기란 뜻이기도 하다. 이러한 글쓰기가 《글라》에서 거시적으로 전개된다. 왜냐하면 《글라》에서는 중요한 서구 담론들이 거의 다 언급되면서, 무제한적 상호텍스트성을 드러내기 때문이다.

《글라》에서 데리다는 원시종교, 동양의 종교 그리고 신화까지 조회하면서, 아리스토텔레스, 《성경》, 하이데거, 소쉬르, 프로이트, 라캉까지, 서구 인문학에서 중요한 위치를 차지하고 있는 모든 사유자들의 글을 소환한다. 다르게 표현하면, 《글라》는 이들로부터 무제한적 직접 인용들의 집적 혹은 콜라주이다. 《글라》에서는 이미 상론한 미시적 층위에서의 해체적 글쓰기 기법인 언어유희와 단어 철자변치와 함께, 그리고 거시적 층위에서의 해체적 글쓰기 기법인 반복과 기승전결이 없는 무순서의 글쓰기, 그리고 상호텍스트들 포개기(접목) 등, 모든 해체적 글쓰기 기법이 동원되면서, 수없이 많은 상호텍스트들이 겹겹이 포개진다. 텍스트들이 서로가 서로를 반영(모조)하는, 훨씬 더 복잡하고 확대된 무수한 상호텍스트들의 상호텍스트성의 교차관계를 눈으로 볼 수 있게 했다. 마치 그림처럼, 혹은 그래프처럼 눈으로 볼 수 있는 '그래픽 글쓰기'는 원텍스트가 처음부터 없는 상태에서, 모든 상호텍스트들은 단지 매우 유사하기 때문에 이전의 상호텍스트의 반영(거울)이라는 뜻에서 '거울 글쓰기'라고도 부른다. 이 결과 우리가 종전까지 텍스트라고 전제했던 것은 사실은 허구(이원구조)에 의해 생성된, 토대가 없는 허구 속의 허구라는 뜻에서 '장면(허구) 속의 심연(l'abyme-en-scène)' 속의 글쓰기라고도 칭한다.

한순간 모든 것을 볼 수 있게 하는 것은 시나 소설이 아니라 그림이다. 그런데 글쓰기가 마치 그림처럼 되려고 했던 것이 바로 모더니즘의 시학이다. 이는 작가의 목소리를 직접 드러내지 않고 '객관적 상관물(objective correlative)', 혹은 이미지 포개기 등을 통해, 작가가 직접 독자들에게 말하지(telling) 않고, 작가가 하고 싶은 말을 그림처럼 말없이 독자에게 보여주기(showing) 위해, 글이 그림(painterly writing)처럼 되려고 했기 때문에, '초상화(그림)'라는 말이 자주 제목에 사용되었다. 예를 들면 서구 모더니즘 문학의 두 거장, 제임스 조이스의 소설 제목이 《젊은 예술가의 초상》(1916)이고, 헨리 제임스의 소설 제목이 《귀부인의 초상화》(1881)이다. 그렇다면 그림처럼 말없이 말하고자 하는 내용을 눈으로 볼 수 있게 한 데리다의 글쓰기 방식 역시 현대 시학을 철저하게 따른 것이다. 그러나 글이 그림처럼 순간적이면서 동시적으로 보일 수 있도록 하기 위해, 현대 시학이 강조한 동시성(simultaneity)과 즉각성(instantaneity)은 여전히 일직선적인 개념에 따르고 있다. 즉 변증법이 말하는 예지(protention)와 파지(retention)는 두 개의 점으로 두 개의 현재, 즉 기원과 종말이라는 이원구조 안에서의 현재, 혹은 점이기 때문에, 여전히 폐쇄 속에 순환적 사유(종말은 기원으로 되돌아가는 것이라는 전제로 인해)이다. 또한 사후성, 즉 기원과 종말이 서로 연결되었다는 개념 역시 마찬가지로 일직선적이다(《그라마톨로지》 97/67, 127/85). 글의 내용을 눈으로 볼 수 있도록 한다는 현대 시학이 추구했던 글쓰기를 가일층 심화시킨 데리다의 글쓰기는 분명 현대 시학과 공통되는 면이 있지만, 혹은 연결되어 있지만, 그 결과는 파격적으로 다르다. 파격적으로 다른 이유는 기원은 문자의 기원과 동일하고, 되돌아가야 하는 종말이 기원이라는 전제, 그리고 이원구조 안에 있다고 현대 구조주의와 신비평이 믿었던 중심이 데리다의 그래픽 글쓰기에서는 빠지게 되기 때문이다. 중심이 빠져 있고, 중심 대신 두 개의 반영, 마치 거울에 비추어진 두 개의 더블이 나란히 병치된 것을 눈으로도 즉시 볼 수 있다. 남의 추종을 불허하는 매우 파격적인 데리다의 글쓰기 기법도 전통과 철저하게 연결되어 있지만, 동시에 현대 시학으로부터 떨어져 나오는 이중적 관계를 맺고 있다.

우선 251쪽에 실린 《글라》의 한 페이지를 보기로 하자. 이러한 배치와 윤곽은 조이스의 《피네건의 경야》나 콜리지의 《노수부의 노래》에서 보여지는 중심을 배치하는 방식과는 다르다. 《피네건의 경야》와 《노수부의 노래》의 배치(이 책 252)를 보면 각주와 옆 주(marginalia)는 중앙(중심)에 있는 글을 강화하거나 보조하기 위한 것이다. 그런데 《글라》의 모든 페이지에는 중심 부분이 없다. 대신 왼쪽과 오른쪽이 동일하게 나누어져 있다. 이는 전통적으로 우리가 텍스트라고 믿었던 텍스트는 기실 상호텍스트이고 그래서 중심이 없고, 대신 두 개의 상호텍스트는 왼쪽과 오른쪽 기둥(담론)이 마치 거울 앞에서처럼 서로를 반영하듯, 두 개의 상호텍스트는 닮았다는 사실을 눈으로 볼 수 있다. 즉 왼쪽 기둥과 오른쪽 기둥을 중간에서 접으면 동일해진다는 것이다. 마치 롤랑 바르트의 저서 《S/Z》(1970)에 있는 두 글자 S와 Z를 사선에서 접으면, 두 글자는 동일해지듯이, 상호교차대구법이나 이원구조에 의지한 모든 전통적 텍스트들은 이렇게 접혀진다는 것이다. 왜냐하면 정과 반은 사실은 동일한 것이기 때문이다.

그렇다면 《글라》에서 서로를 반영하는 상호텍스트들은 어떤 것

l'unité et le rassemblement de soi. Tendance vers le centre et l'unité, la matière n'est donc l'opposé de l'esprit qu'en tant qu'elle reste résistante à cette tendance, en tant qu'elle s'oppose à sa propre tendance. Mais pour s'opposer à sa propre tendance, il elle, matière, il faut qu'elle soit esprit. Et si elle cède à sa tendance, elle est encore esprit. Elle est esprit dans tous les cas, elle n'a d'essence que spirituelle. Il n'y a d'essence que spirituelle. La matière est donc pesanteur en tant que recherche du centre, dispersion en tant que recherche de l'unité. Son essence est sa non-essence : si elle y répond, elle rejoint le centre et l'unité, elle n'est plus la matière et commence à devenir l'esprit, car l'esprit est centre, unité liée à soi, enroulée auprès et autour de soi. Et si elle ne rejoint pas son essence, elle reste (matière) mais elle n'a plus d'essence : elle ne reste pas (ce qu'elle est).

*on ne peut tenter de déplacer cette nécessité qu'à penser — mais qu'appelle-t-on penser? — le reste hors de l'horizon de l'essence, hors de la pensée de l'être. Le reste n'este pas, comme on traduit en s'aidant d'une béquille, d'un ersatz ou d'une prothèse (west nicht). Encore faut-il franchir le pas dialectique*

« Une des connaissances qu'apporte la philosophie spéculative, c'est que la liberté est l'unique vérité de l'esprit. La matière (*Materie*) est pesante dans la mesure où existe en elle une poussée (*Trieb*) vers le centre [le milieu : *Mittelpunkt*] Elle est essentiellement complexe [*zusammengesetzt*, rassemblée] et constituée de parties séparées qui toutes tendent (*streben*) vers un centre (*Mittelpunkt*). Il n'y a donc pas d'unité dans la matière. Elle est une juxtaposition (*Aussereinander*) d'éléments et cherche (*sucht*) son contraire (*Gegenteil*) et s'efforce de se relever elle-même (*sich selbst aufzuheben*). Si elle y parvenait, elle ne serait plus matière ; elle aurait sombré comme telle (*untergegangen als solche*). Elle tend vers l'idéalité, car dans l'unité elle est idéelle. L'esprit au contraire a justement son centre en lui-même ; il tend (*strebt*) lui aussi vers le centre — mais il est lui-même ce centre.

*se confirme ici l'affinité essentielle — et non seulement figurative — entre le mouvement de relève (Aufhebung) et l'élève en général : élévation, élèvement, élevage. Ascension aérienne du concept. Le Begriff saisit et emporte vers le haut, oppose sa force à tout ce qui tombe. Il est nécessairement victorieux. La victoire ne lui échoit pas, il la gagne. D'où son caractère impérial. Il gagne contre la matière qui ne peut lui tenir tête qu'à se relever elle-même, à se nier en s'élevant à l'esprit. Il gagne aussi contre la mort : en érigeant jusqu'à la tombe. La sépulture s'élève. Ne nous approchons pas trop vite de la sépulture de Hegel autour de laquelle il faudra s'affairer plus tard*

Il n'a pas son unité hors de lui, mais la trouve en lui-même.

---

La fleur épanouit, achève, consacre le phénomène de la mort dans un instant de *transe*. La transe est cette sorte de limite (transe/partition), de cas unique, d'expérience singulière où rien n'advient, où ce qui surgit s'effondre « en même temps », où l'on ne peut pas trancher entre le plus et le moins. La fleur, la transe : le *simul* de l'érection et de la castration. Où l'on bande pour rien, où rien ne bande, où le rien « bande ».

Non que le rien soit.

Peut-être peut-on dire qu'*il y a* le rien (qui bande).

Plus tôt qu'*il n'y a*, il y bande (régime impersonnel) dans un passé qui ne fut jamais présent (la signature — déjà — le nia toujours) : *il banda* (régime

*« Transe. s.f. Grande appréhension d'un mal qu'on croit prochain. [...] transs, glas qu'on sonne pour la mort; espagn. et portug. trance, heure de la mort, moment décisif; ital. transito, passage de vie à trépas; du lat. transitus, passage. En français, transe, qui a voulu dire toute vive émotion pénible, tient à transir (voy. ce mot). » Littré*

bander, c'est toujours serrer, ceindre (bandé : ceint), tendre, avec une bande, une gaine, une corde, dans un lien (liane, lierre ou lanière). « Bande. sf. [...] E. Wallon, baine; namurois, bainde; rouchi, béne; provinç. et ital. benda; espagnol, venda; de l'anc. haut. allem, bindo; allem, mod, binden, lier; sanscrit, bandh, lier. Comparez le gaélique bann, une bande, un lien. » Plus haut : « Elles nourrissaient leurs enfants, sans les emmailloter, ni lier de bandes, ni de langes », Amyot. Littré, dont il faut lire tout l'article, pour y relever au moins que les bandes sont en termes d'imprimerie, des « pièces de fer attachées aux deux langues du milieu du berceau de la presse, sur lesquelles roule le train ». Double contre sens, au moins, du mot bandé. Qu'appelle-t-on panser

impersonnel) égale *il lia*. Serrure.

Un certain rien, un certain vide, donc, érige.

《글라》는 중심 부분이 없이 왼쪽과 오른쪽이 동일하게 나누어져 있다.

인가? 크게 보면 헤겔의 담론(왼쪽 기둥)과 주네의 담론(오른쪽 기둥)이다. 최고의 철학자이자 근엄한 교수였던 헤겔의 담론이, 사생아, 도둑, 동성애자, 그리고 수인囚人이었던 극작가 주네의 담론과 긴밀한 상호텍스트성이 있음을 데리다는 두 사람의 담론을 왼쪽 기둥과 오른쪽 기둥으로 병치시킴으로써 드러내고 있는 것이다. 데리다의 《글라》는 사실 사르트르가 주네를 헤겔의 틀 안에 넣어

《피네건의 경야》(왼쪽)와 《노수부의 노래》(오른쪽)의 한 페이지

해석한 것(《주네: 성인, 배우, 도둑》)(1952)에 대한 비판이다. 사르트르는 주네를 '나쁜 믿음(mauvais foi)'에 대한 아이콘으로 해석했으며, 동시에 이러한 나쁜 믿음이 결국 주네로 하여금 진리에 이르게 하는 것으로 해석하였다. 즉 헤겔이 말하는 역의 논리를 사르트르는 주네를 읽는 데 적용했다.

데리다는 데리다의 해체가 늘 그러하듯(이 책 2장), 주네에 대해 이중적인 해석을 했다. 한편으로는 주네의 이름조차 보통명사(금작화를 뜻한다)로 해석해 주네의 이름이 이미 거세되어 고유한 정체성을 가지지 못하는 사실을 말하고 있다고 분석한다. 남성의 이름이 꽃 이름으로 화한 것은 거세를 뜻한다. 이는 우리나라 남성의 이

름을 매화라고 하는 것과 동일하다. 또한 꽃 이름인 금작화(genêt)에 있는 시르콩플랙스(^)가 떨어져 나온 것이 거세를 암시한다는 것이 데리다의 위트다. 이뿐만 아니라, 주네의 이름이 바뀌면서, 주네의 행동과 정체성이 무한대로 바뀐다는 사실을 드러낸다. 자아는 진리에 의해 고정된 것이 아니라, 무한대로 바뀌어질 수 있다는 것이다. '차연'이 다른 '차연'으로 끊임없이 대체되듯이 말이다. 또한 주네는 이원구조가 근거가 없다는 것을 잘 알고 있었다(《하녀들》). 이 점에서 주네는 데리다의 해체와 그 맥을 같이한다.

그러나 또 다른 한편으로는 주네는 헤겔의 틀 안에서 구원주의를 갈망했고, 헤겔의 틀을 따른다. 주네의 잔혹극과 제전의 극은 이미 많은 비평가들이 평가하듯이, 구원주의가 그 핵이 된다. 가장 파격적인 주네의 전위극은 결국은 종교적 제식이 되면서, 구원을 말하는 종교로 되돌아가는 종말론이 된다. 《흑인들》(1959)에서 백색은 지극히 문명화되어 생명을 잃어버린 현대 서구 문명을, 그리고 흑색은 원시적 태고의 에너지를 지니고 있는 것을 암시한다. 극 마지막에서 흑인들의 반란이 성공한다는 것은 주네가 말하는 구원이란 사실 기원으로 되돌아간다는 헤겔적인 전통적 종말론과 그 맥을 같이한다. 주네도 아르토처럼 이원구조가 근거가 없다는 것을 알았지만, 다시 이원구조로 되돌아간 예이다. 매우 전위적이고 파격적인 주네의 담론과 사유에도 정신의 자유를 얻기 위해서는 육체를 참해야 한다는 헤겔의 변증법이 주네의 소설과 극에서 드러나고, 이것을 발췌한 인용문으로 콜라주한 것이 《글라》의 오른쪽 기둥이다.[73] 이 점에서 주네는 헤겔의 더블(복사)이 된다.

5장 데리다의 해체적 글쓰기 253

그러나 반영은 주네와 헤겔의 담론 사이에서만 발생되는 것이 아니다. 왼쪽 기둥은 서구 인문학 역사에서 가장 중심이 되는《성경》부터 라캉의 정신분석학 담론까지, 모두 상호텍스트임을 드러낸다. 이를 증거하기 위해 데리다는 헤겔이 열등하다고 평가한 동양의 종교까지 언급하면서, 기독교의 적지 않은 부분이 원시인 그리고 유색인들의 종교에 바탕하고 있다는 상호텍스트성을 드러낸다. 헤겔은 다른 민족들의 종교와는 절대적으로 다르고, 그래서 우수한 종교인 기독교는 절대정신으로 나아가며, 예수를 통해 신이 현시된 종교라고 주장했다. 그리고 헤겔은 기독교는 열등한 이교와 구교와는 관계가 없다고 주장했지만, 데리다는 이 또한 근거 없음을 드러낸다. 기독교는 그리스 신화, 더 나아가 이집트 종교, 조로아스터교, 원시종교, 원시신화 등과 매우 밀접한 관계를 가지고 있을 뿐만 아니라, 성찬례 역시 원시종교인 식인주의와도 크게 다르지 않음을 지적한다. 포도주를 예수의 피로, 빵을 예수의 몸으로 생각하고 먹기 때문이다. 이 결과, 처음(기원)과 끝(종말)이 있다는 《성서》도 절대텍스트가 아니라, 다른 상호텍스트들과 잡종적으로 그리고 밀접하게 연계된 상호텍스트라는 것이다.

또한 데리다는 헤겔의 변증법은 철학적 사유가 아니라, 헤겔이 신봉했던 기독교를 그대로 옮겨놓은 것으로, 인종주의적이고 종교적인 사견과 환상을 절대화시키고 있다는 사실을 헤겔 텍스트를

---

73  보다 자세한 내용은 필자의 졸저《데리다의 정신분석학 해체》, 203~6, 326, 329 참조.

거의 무제한적으로 인용함으로써 증명해낸다. 또한 이러한 논리를 그대로 따라가는 수도 없이 많은 서구 사유자들을 대거 인용함으로써 콜라주한다. 이 결과, 그리스 철학과 그리스 비극 안에 기독교 교리가, 기독교 교리 안에 칸트와 셸링의 철학이, 그리고 칸트와 셸링의 담론 안에 헤겔의 변증법이, 헤겔의 변증법 안에, 하이데거 담론이, 하이데거 담론 안에 소쉬르와 레비-스트로스의 담론이, 그리고 다시 프로이트와 라캉의 정신분석학 담론이 겹겹의 폐쇄 속에 있는 것을 눈으로 볼 수 있게 해준다. 이 모든 담론들이 서로의 모조 혹은 더블이 되는 이유는 이원구조에 근거하고 있을 뿐만 아니라, 이 모든 담론들은 기독교가 말하는 타락 이전과 타락 이후라는 개념이 담론의 뼈대로 작용하고 있기 때문이다. 물론 데리다는 칸트와 헤겔 사유에는 차이가 있음을 섬세하게 지적하지만, 죽음의 논리, 그리고 이원구조에 의지하고 있는 점에서는 차이가 없다는 것이다. 이를 위해 데리다는 헤겔의 저서는 말할 것도 없고, 헤겔의 일기와 편지까지 인용한다.

양쪽 기둥(이 책 251, 《글라》)은 남근을 상징한다. 원시종교에서 거대한 돌기둥은 남근을 거꾸로 세운 것으로 이를 숭상했다. 헤겔 담론 또한 어김없는 남근(남성/이성)중심주의이다. 헤겔이 탁월한 학자이자 교수로 칭송받으면서 독일 정부가 훈장을 주었을 때, 훈장과 함께 부상으로 기둥 위에 앉아 있는 독수리를 받았다. 따라서 왼쪽 기둥을 무너뜨린다는 것은 헤겔의 담론, 남근중심주의, 인종우월주의, 이성주의, 그리고 독수리로 상징되는 헤겔의 제국주의적 전체주의 사유를 무너뜨린다는 뜻이다. 이로써, 주네까지를 포함해 헤겔을 따라가고 있는 모든 서구의 담론을 동시에 무너뜨린다는 뜻이다.

그렇다면 이 거대 기둥을 어떻게 무너뜨리는가? 양쪽 기둥 안에 무수하게 많은 작은 사각형으로 무너뜨린다. 이 작은 사각형은 우리가 앞에서 언급한 '구멍'이다. 데리다의 '차연'의 해체(글쓰기)는 이러한 구조주의자들이 중심으로 착각한 구멍에 다시 구멍을 내는 것이다. 이로써 수없이 많은 작은 구멍(사각형)은 거대 기둥을 서서히 무너뜨린다. 작은 사각형(구멍) 안에는 헤겔의 공식 성명과 모순되는 헤겔의 말이 인용되기도 하고, 헤겔의 사유를 그대로 따라가는 수많은 다른 사유자들의 말이 인용됨으로써, 수없이 작은 사각형의 구멍(trou)은 헤겔의 사유가 겹겹의 반복(상호텍스트성) 속에 또 다른 담론들이 겹겹이 반복되었음을 눈으로 발견(trouver)할 수 있게 한다.

왼쪽 기둥과 오른쪽 기둥 안으로 무수한 상호텍스트들로부터의 인용들이 들어가고 그 안에 다시 많은 상호텍스트가 들어가면, 결과적으로 시뮬라크럼만이 무제한적으로 형성되면서, 두 기둥(헤겔과 주네의 담론)도 동일한 것(double)임을 드러내면서, 헤겔이 주장한 대로 반복이 기원으로 되돌아가는 것이 아니라, 폐쇄 속에서 무한 맴돌기였다는 사실을 눈으로 확인할 수 있게 했다. 이러한 사실을 단순화시켜 그려보면 257쪽 그림과 같다.

257쪽 그림을 다시 압축하면 격자세공 혹은 상호교차대구법의 표시(∝)가 된다. 왼쪽 기둥과 오른쪽 기둥은 정과 반의 관계에 있는 것으로 서로 대조되고 다르다고 하지만, 사실은 양쪽을 왔다 갔

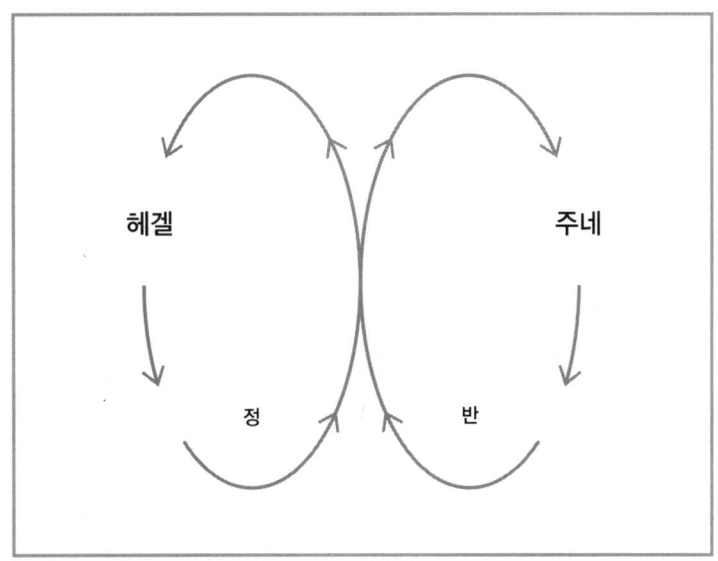

양쪽을 왔다 갔다 할 수 있는 자유는 어디까지나 폐쇄 속에서의 자유이고 무한 유희이다. 진정한 의미에서의 무한과 자유는 아니다.

다 할 수 있는 것이다. 양쪽을 왕복할 수 있지만, 이는 여전히 폐쇄, 즉 바깥 사각형 속에서의 순환이다. 그러므로 양쪽(정과 반)을 왔다 갔다 할 수 있는 자유는 어디까지나 폐쇄 속에서의 자유이고 무한 유희이다. 진정한 의미에서 무한과 자유가 아니다.

그렇다면 데리다는 변증법의 폐쇄의 틀에서 벗어났는가? 데리다는 벗어나지 못했다고 말한다. 다만 '목마른 갈증 속에서의 방황'을 계속하고 '헤겔이 만들어놓은 계단을 계속 올라갔다 내려갔다'를 반복하면서, '이 계단[기둥]을 미세한 구멍으로 뚫고 있을 뿐'이라고 말한다. 헤겔의 변증법이 지니고 있는 폐쇄 속의 순환은 정과 반이라는, 존재하지 않는 이 두 개의 허구, 그러나 결국은 동일한 두 개가 변증법 틀 안에서 합해져 정이 되고 다시 이 정은 반과 합해져 정이 된다는 가설에 따라 무한히 반복되지만, 이는 이원 구조(허구)라는 폐쇄 속에서의 무한 맴돌이이기 때문에 사유는 죽음 속에 갇혀 있다는 사실, 즉 '파리가 유리병 안에서 빠져'(비트겐슈타인) 나가지 못한 채, 죽어 있다는 사실을 눈으로 볼 수 있게 해 주는 글쓰기가 《글라》이다. 데리다의 해체적 글쓰기는 '사유의 종신 감옥형'(김영민)을 피하기 위한 것이다.

## 6. 아포리즘

우리는 앞에서 데리다의 해체가 지니고 있는 이중성에 대해 길게 논의했다. 이 이중성이란 말은 바꾸어 표현하면, 아포리아aporia이다. 해결될 수 없는 난국難局/亂局이라는 뜻이다. 이 아포리아는 그리스어 aporos에서 나온 말이다. 다닐 수 있는 길이 없다는 뜻이다. 이 말을 처음 사용한 사람은 엘리야 학파 제논이다. 그는 이를 판단 중지의 뜻으로 사용했다. 동일한 가치에 대해 두 개의 모순적 말을 할 수밖에 없기 때문에 당황스러운 상황이라는 뜻이기도 하다. 우리가 앞에서 '언어는 독이자 자원'이라는 데리다의 말에 당혹스러웠다.

《자연학》 4권에서 아리스토텔레스 역시 일직선상의 시간은 사실 시간이 아니며, 따라서 우리가 사용하는 시간은 시간의 불가능성 위에 토대하고 있다는 시간의 아포리아에 대해 말했다. 그러나 그는 이를 크게 문제 삼지 않았으며, 여전히 이원구조 안에서 해결되는 아포리아였다는 것이 데리다의 평이다. 하이데거 역시 《존재와 시간》에서 아포리아라는 말을 사용했지만, 이 아포리아 역시 역사에 있어 왔던 존재신학형이상학적 틀 안에서 해결되는 아포리아이다. 데리다가 조명하는 아포리아는 이원구조 안에서 해결되는 것도 아니며, 소피스트들이 주장했듯이 두 개의 판단 사이에서 오가는 것을 뜻하는 것도 아니다. 데리다가 아포리아에 대해 말하는 이유는 지금의 인문학 전반, 법, 민주주의, 국제법, 자본주의 경제체제가 지니고 있는 모순과 아포리아를 주시함으로써, 이것들을 보다 나은 것으로 이행시키기 위해서이다.

우리는 앞에서 소쉬르를 논하면서 언어의 탄생은 언어의 죽음 위에 토대하고 있다는 것을 지적했다. 언어 자체가 이미 아포리아를 포함하고 있고, 이는 데리다가 밝힌 대로, 기표와 기의라는 이원구조로는 해결이 되지 않는다. 언어의 기원은 사실상 언어의 기원이 아니라, 언어가 드러내어야 할 모든 것을 부재시키는 '차연'의 기원이라는 것('최초에 "차연"이 있었다')이다. 언어는 언어의 불가능성 위에 그 토대를 두고 있다. 언어의 순수 기원을 루소는 헤겔처럼 역사 이전에 사용되었던 언어로 상정한다(《그라마톨로지》 359~60/254). 그러나 이것이 불가능해지자, 루소는 신학의 프로그램을 따른다. 즉 창생-발달-대홍수/타락, 그리고 다시 창생-발달-대홍수, 즉 타락 이전과 타락 이후, 그리고 타락은 다시 기원으로 되돌아가는 것이기 때문에 경사스러운 타락이라는 전제하에 폐쇄된 순환성에 의존하게 된다.

헤겔이 말하는 법의 조건인 보편성 역시 아포리아를 품고 있다. 그는 이원구조를 만들고 역 혹은 반의 논리로 아포리아를 해결했다. 사실은 헤겔의 변증법이 말하는 보편성은 주관적 환상이며 여기에서 드러나는 모순을 역사라는 이름 아래에 감추고 무한 연기시키는 것이다. 역사와 현실과는 무관한 변증법을 구체적인 역사와 현실에서 실현하기 위해서는 폭력이 불가피해지는 것이다. 칸트가 말한 법과 보편성 또한 마찬가지다. 칸트는 도덕과 법을 논하면서 가장 중요한 것으로 보편성을 꼽았다. 그리고 이 보편성은 개인의 개별적 의지와 욕구에도 다 적용될 수 있어야 한다고 말했다. 보편성은 마치 자연처럼 보편적이지만 개별적일 수 있어야 한다는 것이었다. 그러나 자연법과 닮아야 한다고 한 보편성은 사실은 자연은 물론 인간과 시간과 공간, 그리고 역사를 다 부재시켜버린다.

법 또한 아포리아를 품고 있다. 법의 기원조차 언어의 기원처럼 설명될 수 없는 사실 위에 토대되어 있다는 점에서 그러하다. 데리다는 카프카의 단편소설 〈법 앞에서〉(1925)를 읽으면서 이를 지적한다. 이 단편소설의 줄거리는 어느 젊은 시골 남자가 법의 문 안으로 들어가려고 하지만, 문 앞을 지키고 있는 문지기는 이를 허락하지 않는다. 시골 청년은 마침내 늙고 죽음을 앞둔다. 노인이 된 청년은 문지기에게 묻는다. '왜 나를 제외한 다른 사람은 법의 문 안으로 들어가려고 시도한 적이 단 한번도 없는가'라고. 그러자 문지기는 '이 법의 문은 오로지 당신만을 위해 만들어졌기 때문'이라고 대답한다. 내가 따르고 복종해야 할 법이 나 개인에게 완벽한 법이라면, 이는 모든 사람에게 적용될 수 없는 법일 것이기 때문이다. 나만의 고유한 언어가 없는 것처럼 나만의 고유한 법이 없다. 여기에 법이 지니고 있는 아포리아가 발생한다. 다르게 표현하면, 보편적이고 초월적인 법, 즉 모든 이에게 그리고 동시에 나에게 완벽하게 적용될 수 있는 법은 역사적으로 단 한 번도 존재한 적이 없다는 말이다. 그럼에도 불구하고 수많은 법은 역사적으로 그리고 계보학적으로는 존재해왔고, 지금도 존재하고 그 힘을 발휘하고 있다. 법의 기원도 역사적이며 경험적이기 때문에 칸트나 헤겔이 상정한 법의 보편성은 존재하지 않는다. 이는 언어의 근거와 기원처럼 법의 기원이나 근거 역시 역사적·경험적 그리고 잡종적 요인에 의해 결정된다는 말이다. 따라서 언어가 자연에서 언어로 이동한 적이 한번도 없었듯이, 법 또한 그러하다. 법은 전적으로 언어처럼 자의적이며 허구적이라는 뜻이다. 법은 법의 법이다. 기의에서 기표로의 이동이 한번도 발생하지 않았기 때문에, 기의는 기표의 기표인 것과 같다.

민주주의, 국제법, 그리고 자본주의 경제체제에도 아포리아가 있다. 개인의 자유를 보장해야 하지만, 동시에 이 자유는 개인의 자유를 구속하는 체계에 의해서만 가능해지기 때문이며, 모든 국가에 공평해야 한다는 유엔에서의 모든 결정과 실천은 여전히 초강대국들에 의해 좌우되며, 자본주의 경제체제는 이미 여러 사람들이 수긍하고 있는 대로 10대 재앙을 가져왔기 때문이다. 이러한 난국을 데리다는 '비결정성' 혹은 '코라Khôra/chôra'라고도 했다. 이는 난국 속에서 난국은 끊임없이 반복될 수밖에 없으며, 반복되지만,

항상 난국은 난국으로 남는다. 이는 해체가 '번역'이지만, '번역'은 번역되지 않는 것을 항상 남긴다는 말과 같다. 그러므로 '약속'은 불가피해진다. '아포리아'가 '약속'을 유발시킨다는 말이다. 이러한 아포리아는 완전하게 번역하거나 현전시킬 수 없으며, 바로 이런 이유로 다른 것으로 결코 환원되지 않고 남아 있는 것이다. 그러므로 해체되어지지 않는 아포리아는 동시에 어느 정도 해체되어진다. 왜냐하면 데리다의 해체를 통해 인문학 전 분야뿐만 아니라, 법까지 걸쳐 있는 이러한 아포리아를 드러냈기 때문이다. 그러나 아포리아는 여전히 남는다.

이 아포리아를 억압하거나 모른 체하지 말고 드러내야 한다는 것이 데리다의 주장이다. 이렇듯 학문과 현실 전반에 걸쳐 있는, 논리와 체계로는 표현이 되지 않고 현전되지 않는 이러한 아포리아를 드러내기 위해 데리다는 아포리즘을 사용한다. 아포리즘은 니체가 선택했던 것이다. 아포리즘은 라이프니츠의 합리성에 대항하여 비연속성을 따른다. '내가 독일인 중 아포리즘에 통달한 첫 번째 인물이다. 아포리즘은 영원의 형식이다.' 니체가 말한 '영원의 형식'을 데리다는 다음과 같이 자세히 반복했다. '건축[이원구조]은 아포리즘을 관용할 수 없다. 서구에서 건축이 존재한 이후 줄곧 이러했다. 힘찬 아포리즘은 사라졌다고 결론 내려야 할 것이다. 비록 이것이 있다고 해도, 보이기 위해서 나타나지도 않으며 공간을 돌아다니지도 않는다. 어떻게 이것을 읽어야 하는가? 결코 들어오지도 않고, 그렇다고 결코 떠나지도 않는다. 따라서 시작도, 끝도, 토대도, 종말도, 위도, 아래도, 안도, 바깥도 없다'《프시케》〈서문을 위한 52개의 아포리즘〉 511)(1987). 아포리즘이 함축하는 것은 데리다가 찾고 있는 타자이자, 은유나 기하학주의나 구조주의가 포착하지 못한 사유이다. 기하학주의, 구조주의는 지형적 은유로 구성된 것이다. 이를 포월 혹은 초과하는 사유가 데리다가 구하고자 하는 타자이다. 이를 위해 데리다는 아포리즘으로 변증법을 피한다. '나는 아포리즘의 열정 안에 있는 타자만을 사랑한다. 이것은 불행과 비운 혹은 부정[74]을 따라 발생하지 않는다. 이것은 가장 사랑스러운 긍정의 형식을 취한다. 동시에 욕망의 기회이다'《프시케》〈서문을 위한 52개의 아포리즘〉 523).

데리다가 기존의 개념적 틀 안에서 인정받지 못한 아포리아와 아포리즘을 그의 글쓰기에서 보듬으려는 것은 틀(제도권) 안에서 편안하게 복지부동하는 의미나 진리, 그리고 사람들을 흔들어 교란시키기 위한 것이다. 이원구조에 근거한 담론들은 예외 없이 아포리아를 발생시키고, 모순의 결박 그 자체로 꼼짝도 할 수 없는 형국에 있다. 그러나 이 형국에 집중하고 끈질기게 사유한다면 무한한 새로운 가능성이 있기 때문이다. 데리다가 이 아포리아를 드러내고 조명하는 이유는 아포리아에는 희망이 있기 때문이다. 아포리아 철자의 'ap-'는 '멀리서'라는 뜻이며, 'phori'는 빛이라는 뜻이다. 따라서 '아포리아'의 또 다른 뜻은 '멀리 있는 빛'이다. 항상 이중적으로 보는 것이 데리다의 해체다. 니체가 권려하면서 사용

---

74 '불운', '비운' 그리고 '부정'은 헤겔의 틀을 따른 결과다. 더 자세한 설명을 원하면, 필자의 졸저《데리다의 정신분석학 해체》, 394~5 참조.

한 경구(aphorism)도 마찬가지다. 멀리(ap-) 있는 지평(horizon/horism)이다. 그렇다면 데리다가 말한 아포리아를 표현하는 아포리즘은 어떤 것인가? '모든 타자는 모든 타자이다('Tout autre est tout autre')'(《죽음이라는 선물》)이다. 이를 동어반복으로 이해하면 변증법으로 귀속된다. 평자들이 말하듯, '빛을 발하며 진동하는' 이 경구는 번역이 사실상 불가능하다. 또 다른 경구로는 '타자는⋯⋯ 여러 개의 서로 모순되는 목소리에서만 도래한다('L'autre appelle à venir et cela n'arrive qu'à plusieurs voix')'(《프시케》〈타자의 고안〉 61)이다. 이는 아포리아에서 다양한 타자들의 도래 가능성이 있다는 뜻이다.

이제 데리다 해체에 대한 마지막 정리를 하자. 지엽적으로 데리다의 해체(적 글쓰기)는 '눈이 멀거나 죽음에 이르지 않도록 하면서 보게 하'(《산포》 318/261)기 위한 것이다. 우리는 결코 진리(태양)를 눈으로 직접 볼 수 없기 때문에, '차연(허구의 빛)'으로 쓰인 글쓰기(허구)를 통해 우리로 하여금 '차연'의 성질을 보게 하고 '차연'으로 짜여진 진리의 허구를 백일하에 알게 하는 것이다. 즉 수사(언어 혹은 '차연')의 이동과 속임수(《그라마톨로지》 영문판 216)를 보고 알게 하는 것이다.

더 넓게 보면 데리다의 해체와 이를 담은 글쓰기는 고정된 지금의 체계와 형식을 파격적으로 수정하여 기존의 제도와 관점을 움직이게 하기 위한 것이다. 데리다가 말하는 타자는 지금 우리가 예견할 수 있고 프로그램시키고 계산한 것이 아니라, 전적으로, 절대적으로 다른, 예측 불가능한 타자이다. 데리다는 자신이 기대하고 기다리는, 자신도 예견할 수 없는 전적으로 다른 미래를 도래(l'avenir)라 했고, 예측 가능하고 프로그램되어 있는 미래는 미래(le futur)라 했다. 둘 다 미래에 속하지만, 미래는 과거와 현재로부터 오는 것이고, 도래는 미래(이 미래가 현재와 과거와 단절된 것은 아니다)로부터 와서, 이미 지금 여기에 구체적으로 도래해 있지만, 다만 형식, 체계, 언어로 드러나지 않는 것일 뿐이다. 어떻게 이미 구체적으로 우리 안에 도래해 있다는 것인가? 현재의 체계와 제도의 불합리함을 대면하면서, 이를 수정, 변화시키고자 하는 우리의 창발적 반복과 결의 속에 도래할 타자와 정의는 이미 여기, 지금 구체적으로 도래해 있다는 것이 데리다의 설명이다. (물론 이것을 방해하는 살아 있으나 회귀하려는 과거에 집착하는 유령 같은 사람들의 수도 아주 많다.) 이런 점에서 데리다의 사유는 전적으로 기존의 존재론과는 다르다. 데리다의 사유와 타자는 헤겔, 하이데거 등 전통적 사유처럼 기원으로 되돌아가는(revenir) 유령(revenant)이 아니다. 기원으로 되돌아간다고 전제한 존재론(ontology) 모두를 유령론(hauntology)이라고 패러디했다. 따라서 《맑스의 유령들》을 두고 한국 학자들이 '데리다의 유령학' 혹은 '데리다의 유령론'이라 칭하는 것은 지독한 오해이거나 전적으로 혼란을 초래할 수 있다. 《맑스의 유령들》은 이원구조에 안착해 있는 맑스의 인간해방론과 그의 존재론, 즉 유령론에 대한 데리다 해체이다. 유령은 과거로부터 오는 것이며, 따라서 시대착오적이거나 낙오된 것을 뜻한다. 이미 반복해서 지적했지만, 데리다의 사유에는 시대착오적인 과거에 대한 향수나 기원으로 되돌아가려는 움직임이 없다. 데리다는 자신의 사유를 두고 유령론이라고 말한 적도 없다. 데리다 글쓰기 또한 유령성(언어라는 허구성)에 근거하고 있지만, 유령론은 아닌 것이다. 데리다의 글쓰기는 이원구조에 흡입되어 사산된 것이 아니며, 데리다가 말한 정의는 과거와 현재와 단절된 것이 아닌 미래로부터 도래하는 것이지, 과거로 되돌아가는 것이 아니기 때문에 유령론이 아니다. 유령론은 헤겔이나 하이데거, 혹은 프로이트나 라캉의 사유에서처럼 기원(무의식)으로 되돌아가는 움직임을 지닌 전통 존재론을 패러디하면서 사용한 말이다(이 책 127~8 주 37, 173~4). 데리다가 전통적인 존재론을 유령론이라 패러디할 때, 프랑스어 되돌아가다(revenir)에서 동명사형인 revenant이 유령이라는 언어유희도 이 사실을 뒷받침하는 데 한몫을 한다.

데리다의 해체가 하는 일은 도래하는 사유를 차단하려는 모든 것(가장 큰 걸림돌인 이원구조와 이에 기반하는 전통적 담론들 즉 유령론들)을 차단하면서, 도래할 타자를 환대(hospitality)하는 것이다. 이것이 정의이고 책임이라고 데리다는 말한다. 데리다가 '모든 것은 궁극적으로 해체될 수 있지만, 정의는 해체될 수 없다'(《니체와 기계》 35)[75]고 말한 것, 그리고 '해체는 정의다'라고 말한 이유는 데리다의 해체가 궁극적으로 지향하는 것이 정의이기 때문이다. 물론 데리다가 원하고 기다리는 완벽한 정의 혹은 타자는 데리다가 원하는 해체처럼 역사에서 한번도 나타난 적이 없다. 그러나 부단히 이를 위해 책임을 다할 것을 데리다는 채근한다.

---

75 Sprinker(ed), *Ghostly Demarcations*, 253.

미래로 열려 있는 모든 경험들은 괴물스런 도래를 환영하기 위해 준비하고 준비되어 있어야 한다.…… 동시에 절대적으로 이상하고 낯선 이것을 길들여야 한다.…… 그래서 괴물스런 이것이 새로운 관습이 되도록 해야 한다. 이것이 문화운동이다. 비정상적이며 괴물스럽다는 이유로 처음에 거절당하는 텍스트와 담론들은 종종 전유당하고, 동화되고, 기존의 문화와 섞이기 전에, 문화를 수용하는 풍토를 바꾸면서, 문화적·역사적 경험을 변경시킨다. 역사의 모든 것은 철학이나 시에서 매번 한 사건이 발생할 때마다, 받아들여질 수 없고, 관용할 수 없고, 이해할 수 없는, 즉 어떤 괴물성을 띠고 있다는 사실을 보여준다.[76]

데리다의 해체는 인문학, 역사와 실제 문화에 적극적으로 그리고 파격적으로 개입함으로써, 보다 나은 인문학, 민주주의, 국제법, 문화로 변경시키는 것에 그 목적이 있다. 어느 국내 평자가 말하듯, '형식의 단절'이나 '형식만의 작동'을 더 중시하는 것도 아니며, 형식의 단절에서나 가능한 '빈 공간'에서 모색하는 정의도 아니며 관념론도, 초월주의도, 유토피아도 아니다.

그렇다면 데리다의 도래할, 괴물스런 사유가 있는 곳은 어디쯤일까? 아마도 지금 우리(의 사유)가 살고 있는 집(구조)의 문밖에서 문을 두드리고 있다고 비유할 수 있다. 물론 이 소리에 반응하는 사람들과 이를 모른 척하며 무시하려는 사람들이 있다. 데리다는 《글

---

[76] 'Passages—from Traumatism to Promise', trans. Peggy Kamuf, in *Points……: Interviews, 1974~1994*, ed. Elisabeth Weber, Stanford: Stanford University Press, 1995, 387.

쓰기와 차이》 맨 마지막에서 도래할 사유를 수용하려는 자신의 글쓰기와 사유를 이렇게 표현했다. '지금 새로운 사유가 <u>잉태되고 형성되고 서서히 자라며 산고를 경험하면서</u> 출산을 앞두고 있다. 그러나 태어날 어린아이의 모습이 괴물처럼 그 모습이 흉측하고 형식도 없고 말도 없어, 그 어떤 종에도 속하지 않는, 그래서 명명할 수 없는 것이어서, 이로부터 눈길을 돌리는 사람들도 본인은 동시에 보고 있다'(강조의 밑줄은 데리다의 것)(428/293). 이는 데리다가 추구하는 앞으로 도래할 예측 불가능한 사유, 즉 타자는 현재의 체계로 설명되지 않고, 그래서 낯설기가 '괴물스럽다'는 말이다. 너무나 낯설기 때문에 눈길을 돌리는 사람들을 주시하고 있다는 말은 여전히 형이상학적인 전제로 글을 쓰는 사람들을 철저하게 분석해서 해체하면서 동시에 도래할 타자를 위해 글쓰기를 한다는 뜻이다. '괴물스럽다'는 표현은 니체가 《이 사람을 보라》에서 '후세 사람들은 나의 사유를 괴물스럽다고 생각할 것이다'라고 한 말에서 데리다가 빌려온 표현이다.

데리다 해체는 모든 층위에서 철저하게 이중적이다. '괴물스럽다'는 표현은 비단 데리다 자신의 사유나 글쓰기, 혹은 도래할 타자를 수식하는 표현으로만 쓰인 것은 아니라는 사실이다. 앞에서 〈언어 유희-단어들의 기계체조〉에서 이미 말했듯이, 데리다가 사용하는 모든 기표는 이중적으로 사용된다는 사실을 언급한 바 있다. 마찬가지로, 괴물스러운 것은 비단 데리다의 사유, 혹은 도래할 사유만이 아니다.

…… 신비평 이후, 여전히 많은 '-이즘'들이 등장했다. 이러한 정상화는 가장 특이하고 창발적인 작품과 텍스트들, 그리고 가장 개인적인 어법의 글쓰기에서 발생하고 있는 것들의 관점으로 보면, 그 자체가 괴물스럽다. 그러나 이러한 괴물성이 바로 정상적인 것이다. 이러한 정상적인 괴물성은 편재해 있다.[77]

우리가 상식이고 정상이라고 생각하는 그 속에 이미 근거가 없는 자의성이 존재한다는 말이다. 따라서 괴물성은 데리다의 사유에만 국한되는 것이 아니라, 데리다의 해체 대상이 되는 사유와 논리에도 사용한다. 다만 종류가 다른 괴물성일 뿐이다. 이미 《글쓰기와 차이》에서 구조주의적 사유를 '괴물스럽다'고 했다. 또한 니체가 서구 신학과 형이상학은 '교수형리'라고 한 비판을 데리다는 따르면서, 구약에서 아브라함이 하느님의 명령에 따라 이삭을 죽이려 한, 즉 가장 충실하게 법을 지키려는 그 순간은 결국 '괴물스러운' 논리로 변한다고 말한다(《죽음이라는 선물》). 신을 위해 자식을 희생시킨다는 것은 더 나아가 여성을 희생시켜도 된다는 논리이기 때문이다. 가족은 신과 가부장의 존재를 위해 언제라도 희생되어도 된다는 논리이다. 이렇듯 '괴물스러운' 논리가 나 자신을 타자와 묶는 상식이 되었고, 생명까지를 담보하고 요구하는 논리

---

[77] 'Some Statements and Truisms About Neo-Logisms, Newisms, Positisms, Parasitisms, and Other Small Seismisms', trans. Anne Tomiche, in *The States of 'Theory' : History, Art and Critical Discourse*, ed. David Carroll, New York: Columbia University Press, 1990, 79.

가 우리의 일상적 상식 속에 깊게 장착되어 전선 없는 전쟁을 일으키고 있다. 데리다의 해체는 이러한 괴물스러운 논리에 또다시 괴물스러운 자신의 사유와 글쓰기로 전쟁을 일으킨 것이다. 데리다의 해체는 사실 평범하게 말하면, 니체의 말 그대로 기존의 해석에 또 다른 해석을 가하는 것이라 할 수 있다. 그런데 해석은 사실은 다름 아닌 전쟁이다. 기존의 틀과 인식에 구멍을 내는 것이기 때문이다. 이 일은 전투적 상황을 전개한다. 약 100년 전 니체가 전 유럽을 상대로 전쟁을 선포했듯이, 데리다도 전쟁을 선포한 것이다.

'괴물스럽다'는 말은 데리다가 사용하는 기표가 늘 그러하듯, 《산포》와 《입장들》에서는 '빈 공간'이란 말로 대체되었다. '빈 공간'이란 표현도 두 가지의, 이중적 함의가 포함되어 있음을 간과해서는 안 된다. '빈 공간'에 한 가지의 일양적인 함의만 있다고 생각하고 접근을 하기 때문에 적지 않는 학자들이 데리다의 사유를 '은유로 이루어진 관념론', '허무주의적 자유주의', '미소微小 담화', '약한 긍정의 메시아적 힘', '미학적 준종교적 신비주의'로 평가하거나, '형식의 단절'을 통한 '빈 공간'이 타자가 존재하는 곳으로 생각하지만, 이는 오판[78]이다. 데리다는 화행이론을 희화화했지만, 수행적 차원을 배제하는 대신 적극적으로 이에 개입해서 끊임없이 이를 수정시켜야 한다고 말했다. 비판으로서만 끝나서는 안 된다고 했다. 그러므로 데리다 해체는 '실천적 응용, 결정, 책임'과 '지

---

[78] 프레드릭 제임슨을 위시해 아메드, 네그리, 이글턴 등의 오평에 대한 데리다의 반론은 데리다의 논문 〈맑스와 아들들〉을 참고할 것.

체 없는 행동과 가담'을 뜻하며, 따라서 '모든 부재를 제외한다'고 그는 말했다.[79] 데리다 해체는 모든 것을 부재시키는 '빈 공간'이 아니라, 모든 층위를 다 포함하고 있는 것이다. 데리다 해체에는 버리는 것이나 경시되는 것은 없다. 또한 자신의 해체는 '지금 그리고 여기'의 구체적인 사건에서 출발한다고 데리다는 말한다.[80]

'지금 그리고 여기'를 칸트, 후설, 헤겔 등 전통적 철학자들이 최후의 진리, 현존, 표현, 존재가 드러나는 시간과 공간으로 간주했지만, 데리다는 맑스가 강조한 역사와 물질 분배의 현장이며, 도래할 타자가 도래했을 때, 차지하는 일상적 현실의 장소와 시간이다. 지금의 체계, 틀, 형식에 구멍을 뚫는 이유는 기존의 틀로 이루어진 현실, 전통, 역사, 세계를 바꿀 수 있는 타자를 환대하기 위한 것이다. 데리다의 해체는 '의사(quasi)-초월적 구조'로 초월적 '차이'를 해체하면서(뚫으면서), 이를 열어둔다. 이는 가장 추상적인 구조와 분석으로 세계 속에 역사적·물질적 상황에 개입하여 변화를 유도하는 동시에, 무한한 가능성을 위해 사유를 열어둔다는 뜻이다. 따라서 데리다의 해체가 시도하는 탈정치(depolitization)는 반드시 그리고 동시에 재정치(repolitization)를 뜻하는 이중성을 지니고 있다.[81]

그러므로 데리다가 《맑스의 유령들》에서 말하는 '신 국제성'이란 계급투쟁의 소멸이나 갈등이 희석되는 것이 결코 아니다. 문제

---

[79] Sprinker(ed), *Ghostly Demarcations*, 249.
[80] Sprinker(ed), *Ghostly Demarcations*, 248.
[81] Sprinker(ed), *Ghostly Demarcations*, 223.

가 되고 있는 자본주의, 민주주의, 국제기구에 대해 새로운 평가를 뜻하는 것이며, 동시에 절대적 평가 기준이나 사전에 정해진 계산이 존재하지 않기 때문에, 모든 기준과 체계는 언제라도 바꿀 수 있다는 것을 말한다. 언제라도 바꿀 수 있다는 것은 열어둔다는 말이다. 그럼에도 불구하고 데리다는 '신 국제성(도래할 국제 법과 민주주의)'은 이미 현실(reality)이라고 했다. 따라서 '비가시적' 이라는 말과 '빈 공간' 이란 말을 데리다 해체의 전 콘텍스트를 다 잘라낸 채, 이 표현을 한 가지 뜻으로 환원 고정시키면, 데리다 해체를 막연한 관념론으로 오해할 수밖에 없다. 이는 참혹할 정도로 빈곤하게 데리다를 읽는 것이다.

다시 한번 강조하지만, 데리다는 텍스트의 철저한 읽기에서 출발, 전통과 언어 안에서 진행된다. 과거의 잘못을 되풀이하지 않기 위해서 과거의 잘못을 철저하게 파헤치고 이것들을 기록하고 보관해야 한다고 했으며, 화행이론이 말하는 일상 생활에서의 말과 결정, 그리고 참여를 매우 중시한다는 사실이 데리다의 해체를 관념론으로 고정할 수 없는 이유다.

데리다 해체가 관념론이 아닌 또 다른 이유는 해체가 끼친 영향은 실질적이기 때문이다. 데리다는 '지금 그리고 여기'에 있는 우리의 사유, 법 그리고 문화에 막강한 영향을 끼치고 있다. 데리다의 해체는 결코 '형식의 단절'에서 오는 '빈 공간'을 추구하는 것이 아니다. 이를 증명하는 하나의 사례는 포웰이 지적한 대로, 데리다의 영향으로 하버드와 같은 미국 아이비리그에서 CLS(Critical Legal Studies)가 설립된 것이다. CLS란 서로 다른 학제 간에 소속해 있는 사람들이 기존의 법이 얼마나 서구중심적인 사유와 전제로 이루어졌는가를 파헤치면서, 이의 모순을 드러내면서 고치고 수정하는 것이다. 이는 한번도 시도된 적이 없었던 제도이다. 데리다 해체의 영향은 편재해 있다. 데리다의 글에 대해 논의하는 글에서나, 심지어 의도적으로 데리다의 글을 제외 혹은 부재시키는 담론과 논의조차도 이미 데리다의 영향 아래에 놓여 있다.

데리다 해체는 철학과 문학, 법의 경계를 넘어 다른 장르까지 영향을 끼쳤다. 존 케이지의 음악은 침묵을 담아내려고 했다. 실지로 연주가 되지 않는 침묵이 그의 곡에 많이 삽입되었다. 건축에서도 해체적 영향은 현저하다. 바우하우스와 르 코르뷔지에에 의해 정점에 이르렀던 현대 건축은 직선, 유리, 시멘트, 금속을 기본 건축자재로 사용하면서 선명하고 밝은 거주공간을 만들었고, 이는 서구의 이성중심주의를 반영했다. 특히 태양에 절대적인 의미를 부여하면서 지어진 르 코르뷔지에의 빌라 사보아는 아침 5시에 뜨는 태양의 햇살을 받으며 일어나기 위해서, 그리고 하루 종일 햇살이 집으로 들어오게 지어진 집이었다.

이와 동일한 전제하에 과다한 유리와 금속으로 지어진 프루이트 이고 공동건축물도 현대 건축을 대표하는 것으로, 1951년 현대 국제 건축 의회(CIAM: The Congress of International Modern Architecture)로부터 가장 우수한 건축물이라는 평가를 받아 상까지 받았다. 그러나 거의 모든 벽을 유리로 했기 때문에(햇볕을 가장 많이 받기 위해) 건물에 살고 있는 거주자들의 심리적 불안은 가중되었다. 또한 자연과 격리된 건물 안의 도로는 범죄의 온상이 되면서, 거주자들의 불안과 불편이 누적되었다. 마침내 1972년 이 건축물의 존폐 여부에 대한 사용자들의 의견을 물은 결과, 이들은 합창하듯 '날려버려라'(blow it up)고 한 것이었다. 그 다음날인 1월 6일 현대 건축의 상징인 이 건물은 다이너마이트로 폭파되었다.[82] 이는 인본주의 혹은 인간의 목적이라고 모더니즘이 구가했던 가치가 사실은 인간의 종말, 혹은 죽음의 논리였다(《여백들》〈인간의 종말(목적)〉)는 데리다의 말을 가장 물리적으로 증명해준 셈이다.

포스트모던 건축물은 동화에 나오는 집들처럼 곡선과 장식, 다양한 색상들이 채택되었고, 장식과 기능이라는 이분법이 소멸되는 대신, 이중 코드가 건축물에 적용되었다. 현대 건축의 트레이드마크인 직선으로 된 사각형의 건축물들을 '편재한 바보상자'라고 패러디하고, 현대 건축의 구호, '더 단순한 것일수록 더 풍부한 것이다(Less is more)'라는 말을 '단순한 것일수록 지루하다(Less is a bore)'라고 되받아치면서, 곡선과 함께 로버트 밴튜리가 말한 대로, 죽은 듯한 경직된 직선과 단순함이 아니라 '무질서한 에너지(messy energy)'를 건축물에 부여하려 했다. 그러나 필자가 실지로 목격한 여러 개의 포스트모던 해체적 건축은 마치 가우디 건축처럼 곡선이 많았고, 색채가 화려하고 동화 같은 분위기를 자아내어 재미는 있지만, 건축비가 현대식 건축보다 많이 들 것이라는 우려를 배제할 수 없었다. 우리는 앞에서 데리다 해체는 전통 없이는 불

---

[82] Tom Wolfe, *From Bauhause to Our House*, New York: Bentam Books, 1999, 63~4.

가능했음을 논했다. 마찬가지로 유희적인 포스트모던 해체적 건축도 사실은 철저하게 서구 건축의 전통 안에서 이미 있었던 다양한 건축 양식을 혼합시킨 것이다. 포스트모던 건축의 대가 찰스 젱크스가 이 사실을 강조하면서 그의 책《건축의 새로운 패러다임》[83] 서두에서, 건축은 정신과 전통을 잃어버리면 그 길을 잃어버린다고 쓴(written) 구절은 우리에게는 쓴(bitter) 말임에 틀림없다.

또한 패션에서도 상당한 변화가 일어났다. 1990년대 벨기에의 세 명의 미술과 학생들, 드리스 반 노튼, 앤 드뮐미스터, 그리고 마틴 마르지엘라에 의해 해체적 패션이 유행했다. 옷을 거꾸로 뒤집어 입어 솔기나 안감을 겉으로 드러내었고, 우리나라에서는 서태지가 백팩이나 의상에 가격표를 그대로 붙인 채 무대에 등장한 것을 해체적 패션으로 볼 수 있을 것이다. 이는 패션 디자이너들이 상류사회를 상대로 한 비싼 고가품과 명품에 대중 소비자들을 종속시키는 것에 대한 저항의 일환이었다. 또 비대칭적 헤어스타일이 대세가 되기도 했었다. 이뿐만이 아니다. 필자가 방문했던 호주의 모나쉬대학 캠퍼스에는 세계의 모든 종교의 사원과 예배당이 거대한 공간에 함께 지어져 나란히 공존하고 있었다. 물론 이렇다고 해서 이 세계에서 앞으로 종교분쟁이나 인종차별이 없어진다거나, 패션계가 상류층 고객과 하류층 고객과의 차별을 없앤다고도 필자는 믿지 않으며, 음악이 침묵만을 담을 수도 없다. 그럼에도 불구하

---

[83] Charles Jencks, *The New Paradigm in Architecture*, New Haven: Yale University Press, 2002, 1.

고 변화는 우리가 모르고 있는 사이 진행되고 있다.

데리다의 말대로 변화는 이미 우리의 마음속에 매우 구체적으로, 지금 그리고 여기에 와 있는데, 우리가 이에 결정적인 형식을 부여하지 못하고 있을 뿐이다. 페레스트로이카가 우리가 예상하지 못했던 때에 발생했듯이, 데리다의 '차연'은 발생한다. 중동에서 지금 회오리바람처럼 불고 있는 서민들의 봉기는 결국 역사가 어느 쪽으로 움직이고 있는가를 보여준다. 역사는 필연적으로 '차이'에서 '차연'으로의 이동이다. 거의 30년 내지, 40년 동안 정체되었던 중동의 '차이'는 서방의 '차연'에 의해 밀려날 수밖에 없다. 체제와 제도의 변화를 그토록 오랫동안 도외시한 대가가 얼마나 혹독한가는 이제 이들이 앞으로 엄청난 비용을 들이면서, 서서히 배워야 할 교훈일 것이다.

데리다 해체는 '우울한 자유주의'라는 평가도 근거 없는 것이다. 데리다의 글은 엄청난 에너지와 칼날 같은 비판을 통해 드러나는 지적 깊이와 예상치 못했던 언어유희와 유머로 무기력한 니힐리즘의 늪으로 가라앉지 않는다. 또한 아방가르드 행위예술처럼 여전히 이원구조 안에서 우연성에만 기대는 것이 아니며, 안이한 긍정도 아니다. 안이한 긍정이 아닌 이유는 데리다 해체의 '무한 긍정'의 중심에는 여전히 일상화되지 않은, 아직 드러나지 않고 있는, 그러나 분명히 그리고 구체적으로 이미 여기에 도래할 정의를 위협하고 이를 억누르는 기제와 장치가 도처에 편재해 있다는 사실을 충분히 인지하고 있기 때문에, 도래할 정의를 위해서는 눈에 보이는 혹은 눈에 보이지 않는 전쟁이 불가피하기 때문이다. 우리

귀에 끊임없이 들려오는 기존의 담론 안에 그리고 우리의 상식 안에 이미 우리의 사유를 부재시키고 생명까지 요구하는 괴물스러운 논리가 반복적으로 우리를 위협하고 있기 때문이다. 데리다 해체가 고뇌에 찬 전쟁일 수밖에 없는 또 다른 이유는 언어가 이미 모든 것을 빼앗아버렸기 때문이다. 그리고 언어의 함정은 가장 영리하다는 사람들조차 빠져 나올 수가 없을 정도로 막강하다. 따라서 언어의 함정에서 벗어나 언어를 제어하는 일은 지난한 전쟁일 수밖에 없다.

또 다른 이유는 체계 없이는 아무것도 할 수 없지만, 그러나 체계는 개인의 자유를 끊임없이 구속하는 아포리아 속에 있기 때문이다. 개인의 정직성과 개성, 그리고 때로는 생명까지 희생할 것을 끊임없이 요구하는 장치와 담론들이 무엇인지를 알고, 이에 대해 지속적이고도 체계적인 저항과 총성 없는 전쟁이 불가피하다는 말이다.

이제 어린 후학들이 제기할 것으로 예상되는 질문에 답하면서 이 책을 끝내고자 한다. 고정불가의, 비가시적인 데리다의 사유를 읽고 이해하는 것이 현실적으로 어떤 이익이 있는가라고 물을 것이다. 비록 비가시적이지만, 데리다는 우리가 오랫동안 의지하고 믿었던 이원구조가 얼마나 잘못된 것인가를 깨우쳐준 것은 과소평가할 수 없다. 모든 노력을 다해 물을 붓고 있는 사람에게 다가와 밑이 빠진 독이라고 말해준 것 하나만 보더라도 그의 사유가 관념론이라고 평가할 수 없다.

이뿐만이 아니다. 이미 1996년 펴낸 《해체》에서 필자는 데리다를 꼼꼼하게 읽다보면, 서구 지성사의 조감도를 얻게 되고 이것은 큰 보상이라 말한 바 있다. 왜냐하면 그 어떤 공부도 역사적 조망 없이는 결코 진전되지 않기 때문이다. 보상은 또 있다. 데리다를 꾸준히 읽다보면, 자신도 모르게 독해력이 향상되고, 자신의 글 또한 이전에 비해 치밀해지고 있음을 알게 될 것이다. 이것은 인문학도들에게는 결정적인 보상이다. 인문학은 결코 끝날 수 없는 물음의 과정 그 자체다. 필자는 가끔 공부한다는 것이 아주 못된(nasty) 짓이라는 생각도 한다. 왜냐하면 상대방 논지의 허점을 찾아내고, 왜 틀렸나를 밝히면서, 자신의 논지가 옳다는 것을 증명하는 것이기 때문이다. 이렇게 하지 않으면, 서구 학계에서는 살아남지 못한다. 이 결과 서구 인문학 역사는 하극상의 역사이다. 바로 이로 인해, 서구의 인문학은 발전해왔다. 따라서 간단명료한 요약이나 정답이 아니라, 기실 우리가 배양해야 할 것은 질기고 강인한 독해력과 함께 상대방을 설득, 유혹할 수 있는 수사다.

과학의 하이테크만큼 말의 하이테크도 중요하다. '나는 여전히 배가 고프다'는 히딩크 감독의 짧은 이 한마디의 말에, 우리는 깊이 그리고 오랫동안 감동했었다. 김연아의 전 코치였던 브라이언이 다른 선수의 코치 자격으로 한국에 들어왔을 때, 왜 김연아와 결별하게 되었는가에 대한 한국 기자들의 질문에 그는 이렇게 대답했다. '김연아가 우승했을 때 우리 모두는 얼마나 행복했던가, 지금도 나는 매우 행복하고, 앞으로도 우리 모두 행복했으면 좋겠다.' 글쓰기와는 거의 무관한 듯한 스포츠인들이 구사하는 말의 하이테크이다. 이 사실을 감안하면, 데리다가 구사한 말의 하이테크는 어쩌면 그렇게 놀라운 것이 아닐지도 모른다. 말의 하이테크란 인문학에서만 필요한 것이 아니다. 일상 대화에서, 외교문서나 무역협정서 작성에서도 긴요하다. 요점만 정리해놓은 쉬운 글만을 읽으려고 하고, 남이 제시하는 정답과 길만을 따라가면, 영원히 남의 해석과 수사에 설득당하고 끌려다녀야 한다. 이에 따르는 손실은 쉽게 계산할 수 없을 만큼 막대하다.

혹자는 데리다가 대안을 내어놓지 않았다는 이유로 데리다를 읽어야 할 필요가 있는가라고 물을 것이다. 그러나 인문학은 대안을 제시하는 것이 아니다. 과외공부에 익숙해진 후학들에게는 이 말이 무책임한 말처럼 들리겠지만, 그러하다. 심지어 주식 투자 상담자에게 '주식 투자를 어떻게 하는 것이 정답입니까' 하고 물어보면, 그가 만약 정직한 고수라면, 주식 투자에는 한 가지 정답은 없다고 답할 것이다. 그 대신 이런저런 것을 조심하라고 일러줄 것이다. 데리다 또한 마찬가지다. 전통, 이원구조, 언어의 함정을 조심하되, 이를 버리지 말고, 철저하게 이해하고 고유하게 사용하라고. 이는 우리 삶에 우리도 모르는 사이에 드리워지는 억압과 한계를 뚫으려는 의지이자 인간이 지닌 무한 가능성에 대한 믿음에서다. 데리다가 모든 것을 결정하지 않고 무한대로 열어두면서 결정적인 답을 하지 않는 이유는, 그가 모호한 기회주의자거나 추상적인 관념론자이어서가 아니라, 데리다 자신도 어떤 인문학이 미래에 도래할지 모르기 때문이다. 이것이 이 책 시작에서 필자가 데리다를 정직하고 솔직한 사람이라고 평한 많은 이유 중에 하나이다. 오히려 절대적 대안을 말하는 사람들과 담론들에 대해 두 눈을 부릅뜨고 살피고 분석해야 하는 것이 진지한 인문학도들의 의무가 아닐까. 자신의 해체는 다시 해체될 것이라고 데리다 스스로 말했고, 그래서 아주 활짝 열려 있다. 활짝 열려 있는 이유는 데리다가 말한 대로 해체는 인간은 '무한한 도약'[84]을 할 수 있다는 신념이며, '생에 대한 무한한 긍정'이기 때문이다.

---

84  Sprinker(ed), *Ghostly Demarcations*, 250.

## 보론: 《맑스의 유령들》—데리다의 맑스 해체

데리다의 《맑스의 유령들》은 1993년 미국 캘리포니아 주립대학 리버사이드 캠퍼스에 있는 〈사상과 사회연구센터〉에서 데리다가 발표한 글을 다시 다듬은 것이다. 이 글은 정치경제에 관한 현실적인 문제를 다루고 있기 때문에 많은 국내외 학자들의 즉각적인 관심을 불러일으켰고, 반응과 평가도 각양각색이었다. 그러나 서구 맑스주의자들의 《맑스의 유령들》의 이해는 오판과 오평의 잔치였고, 이러한 오평이 국내에 그대로 수입되어 유포됨으로써, 《맑스의 유령들》은 더욱 빈곤하게 이해되고 읽혔다. 이러한 오평의 이유는 무엇보다도 모든 텍스트 읽기의 가장 기본 철칙인 텍스트 자체에 대한 꼼꼼한 읽기는 물론 데리다 해체에 대한 전체적 조감 또한 전적으로 결여되었다는 데서 기인한 것으로 보여진다.

    필자는 《맑스의 유령들》을 데리다가 그 이전까지 해왔던 해체와 수미일관한 해체의 일환으로 본다. 이 말은 이 입문서, 특히 2장에서 우리가 상론한 것처럼, 데리다의 해체는 해체되는 대상과 항상 이중적인 관계를 가지듯,《맑스의 유령들》에서도 데리다가 맑스와 가지는 관계는 이중적이라는 말이다. 동시에 우리가 이 책 3장에서 보았듯이, '유령'이나 '타자'라는 중요 기표도 '차연'처럼 끊임없이 산포하고 있다. 따라서《맑스의 유령들》은 데리다가 그 이전까지 해왔던 해체와 동일한 방식으로, 맑스가 고수하고자 했던 이원구조(사용가치 vs 교환가치)를 해체하면서, 동시에 우리가 지금 맑스로부터 무엇을 승계하고 실천해야 하는가를《맑스의 유령들》에서 말하고 있는 것이다. 동시에 작금의 전일적 자본주의 경제체제 및 민주주의, 그리고 국제법이 드러내고 있는 모순과 10대 대재앙[1]을 극복하기 위해 이의 수정과 변화에 토대로 한 '도래할 정의'의 필요성을 데리다가 적극 촉구했다는 말이다.

이러한 필자의 취지에 대해 어느 국내 평자는 '데리다는 더 나은 민주주의를 말한 적이 없다'고 하면서, '데리다의 정의는 내용—idea, 관념—이 아니라, 형식—단절의 형식—이므로 "out of joint" 하는 형식 또는 작동이 더 중요하다'라고 했다. 데리다의 사

---

[1] 《맑스의 유령들》에서는 10대 대재앙을 다음과 같이 언급하고 있다. 1. 실업 문제다. 인건비를 줄이고 생산성을 높여 보다 많은 이윤을 창출하기 위해서는 인력을 줄이고 보다 첨단화된 기계로 대체해야 하기 때문이다. 이로 인해 실직 현상은 규칙적으로 반복되고 중산층은 결국 빈민층으로 추락할 수밖에 없다. 2. 집 없는 사람들이 빠르게 증가되고 있다. 이들은 결국 떠도는 신세가 되어, 추방되거나, 한 국가의 민주주의 제도에서 제외된다. 3. 무자비한 경제 전쟁이 세계 전역에 확산된다. 4. 자본주의 시장경제가 제시하는 전형적 개념(선언의 말)과 현실에서 발생하는 모순을 극복하기가 불가능해진다. 또한 경제보호주의 정책과 각국의 보호주의를 부수려는 자본주의 시장 논리를 앞세운 국가 사이에 긴장은 늘 촉발된다. 5. 급속히 늘어나는 외국 부채와 이와의 유관 기관들로 인해 엄

유와 해체에서는 내용과 형식 중 어느 하나를 중시하거나 선호하지 않는다. 이는 이원구조에 안착하는 것이기 때문이다. 이는 데리다가 가장 경계하는 것이다. 위의 평자의 해석은 자동적으로 《맑스의 유령들》을 관념론으로 환원시키는 것이다. 데리다가 기존의 체계를 전복(dislocate)한다, 혹은 기존의 형식에 구멍(trou)을 낸다는 말은 형식의 단절, 혹은 내용과 현실 및 역사와의 단절을 뜻하는 말이 결코 아니다. 단절이 불가능하다는 사실을 우리는 이 책에서 이

---

청난 인구들이 굶주림에 봉착한 채 절망한다. 자본주의 시장경제 논리는 이들을 보호하려고 한다고 하지만 결국 제외시키는 모순이 반복적으로 발생한다. 6. 무기 산업과 이것의 교역이 국가들의 과학 연구, 경제, 그리고 노동의 사회화에 규칙적으로 포함되는 것이 당연한 것으로 간주된다. 이 결과는 무기 교역이 증가되고, 빈번히 마약 거래와 연관된다. 7. 핵무기 확산이다. 핵을 가진 국가들은 다른 나라가 가진 핵으로부터 자국을 보호하기 위해 핵이 필요하다는 논리를 편다. 핵무기 확산은 더 이상 통제불가능한 상태다. 8. 인종 간의 전쟁이다. 이는 지역사회, 국가, 패권, 경계, 고향 그리고 혈맹에 대한 원시적인 개념적 환영에서 비롯된다. 원형주의(archaism)는 나쁜 것은 아니지만, 지금처럼 원격통신 기술로 인해 심리적으로 한곳에 속할 수 있는 정서가 불가능해졌다. 공간적으로 우리의 존재가 끊임없이 산포되어, 지역으로부터 나의 뿌리가 뽑혀졌다는 불안감에서 원형주의, 즉 한 장소에 고착하려는 심리와 생물학적으로 결정되는 인종에 속하려는 심리가 가중된다. 9. 동유럽의 사회주의 국가, 그리고 전역에서 증가되고 있는 마피아와 마약 거래상들을 강대국들은 더 이상 통제할 수 없다. 이탈리아의 시실리, 무솔리니 독재정권의 파시즘, 대서양 양쪽에 있는 민주주의 국가들, 자본주의를 재수정한 이탈리아 기독교가 재건한 민주주의 국가 등은 마피아와 마약 거래상들과 길게 그리고 깊게 연계되어 있다. 마피아와 마약 거래상들이 세운 유령 정부는 국제사회 경제체제뿐만 아니라, 자본 순환, 국가 간의 정치 외교에도 이미 침투되어 있다. 10. 국제법과 이의 제도에서 드러나는 불평등이다. 많은 경우 국제법과 정의는 유럽 철학의 폐쇄된 개념에 근거하고 있다. 그리고 이에 따라 거의 예외 없이 초강대국들이 의사 결정을 한다. 불투명하고 위선적으로 인도주의라는 이름하에 강대국들은 약소국에 개입하고 침략한다 (《맑스의 유령들》 134~9/81~4에 있는 내용을 단순화시켜 약축한 것임).

미 여러 번 논의한 바 있다. 단절과 이어짐이라는 이중적 관계가 작동하기 때문에 여전히 연결되어 있는 것이다. 이러한 이중적 관계를 갖는다는 것은 더 나은 것(형식과 함께 내용과 현실)을 창출해내기 위한 것이다. 단절은 불가능하다. 단절할 수 있다는 생각이야말로 가장 위험한 최악의 폭력을 유발한다는 사실을 데리다는 반복해서 강조했다. 또 어느 평자는 도래할 정의를 '단절의 형식'이 가져다주는 '빈 공간'에서 타진하고 있다고도 했다. 그런데 '빈 공간' 또한 데리다가 사용하는 모든 기표처럼 이중적으로 이해해야 한다. '빈 공간'은 칸트나 헤겔이 말하는 역사처럼 시공간을 초월하고 모든 것을 부재시키고 부정한 후에 생기거나, '형식의 단절이나 작동'에서 오는 '빈 공간'이 아니라, 아직까지는 비가시적이지만, 그러나 미래로부터 와서 이미 우리 마음속에 존재하는 것으로, 보다 나은 민주주의와 국제법을 끌어낼 수 있는 '무한한 자원'을 뜻한다.

위와 같이 필자가 이의를 제기하자, 위의 평자는 '내용과 형식'을 '내용과 모양새'로, '형식의 단절'을 '단절의 형식'으로 수정하고서, 훨씬 더 대담한 결론을 선언한다. '우발적인 타자, 유령이 기존 체제에 구멍을 내는 것, 바로 이것이 데리다의 해체이자 정의이'며 '도래할 정의는 바로 타자, 유령이 기존 체계를 열어젖히는 열림'이라고 했다.

그야말로 '우발적인' 이러한 결론의 배경이 무엇일까? 혹《맑스의 유령들》을 두고 한국 학자들 모두가 '데리다의 유령론(학)'이라 칭하는 것을 듣고,《맑스의 유령들》에서 가장 중요한 역할을 맡은 주인공이 유령이라고 생각한 것이 아닌지. 그러나 제목을 보더라도 복수의 '유령들'이다.《맑스의 유령들》에서는 온갖 종류의 유령들이 난무하고 있다. '차연'이 끊임없이 다른 기표로 대체되듯이(이 책 122~35),《맑스의 유령들》에서 '유령'과 '타자'라는 기표도 끊임없이 조금씩 다른 여러 가지 뜻을, 때로는 서로 상반되는 의미까지를 함축한다.[2] 따라서 위의 평자가 '유령'에 '우발적인 타자'라는 단서를 달기는 했지만, 이는 아직 아무것도 명시하지 못한 상태이다. 아니면 위의 평자는《맑스의 유령들》에는 단 한 가지 '타자'와 단 한 가지 '유령'만이 있다고 전제하는 것이라면, 이는 데리다 읽기를 포기한 것이다(이 책 227). 곧 아래에서 설명되겠지만, 단언할 수 있는 것은 '우발적인 유령'이든, 그 어떤 종류의 유령이든, 유령은 기존 체제에 구멍을 내지 못한다. 유령이 할 수 없는 일이기에 햄릿 선친의 유령은 산 자들에게 빈번히 찾아와 잘못된('out of joint') 시대와 상황을 결절시킬('out of joint') 것을 독려했고, 이에 지위 고하를 막론하고 살아 있는 자들, 왕자 햄릿, 학자 호레이쇼, 충직한 밤 지킴이 마셀러스와 버나도가 약속을 한 것이다.《맑스의 유령들》의 맥리脈理가 되는 지금의 정의와는 전적으로 다른 정의의 도래는 결코 '우발적인 유령'에 의해서가 아니라, 살아 있는 우리가 하는 것이다.《맑스의 유령들》은 데리다가 그의 녹쓸지 않은 글쓰기 솜씨를 유감없이 뽐내며, 유령 소설 같은 분위기

---

[2] Richard Beardworth, *Derrida & the political*, London: Routledge, 1996, 84. 이 책은 이하 Beardworth로 약칭.

를 농도 있게 연출하고 있기 때문에, 독자로서 재미있게 읽기 위해서는 상당한 초현실주의적(surrealistic) 상상력이 요구되지만, 결코 유령이 주인공이 되는 유령 소설이 아니다.

먼저 《맑스의 유령들》에서 '유령'이라는 기표가 얼마나 다양하게 다른 뜻으로 산포되는가를 드러내려고 한다.[3] 이렇게 해야, 앞으로 한국 독자들이 유령을 한 가지 뜻으로 고정시키는 일이 없어질 것이며, 《맑스의 유령들》을 '데리다의 유령론(학)'으로 지칭하는 것이 데리다 해체를 '해체론' 혹은 '해체주의'로 칭하는 것보다, 훨씬 더 부적절하다는 것을 깨달을 수 있을 것이기 때문이다.

가장 중요한 것, 도래할 정의를 위해 우리가 환대해야 할 타자는 유령과 두어 가지 비슷한 양상을 띠고 있기는 하다. 그래서 데리다는 '이것'을 'It spooks(Es spukt)'라고 맑스가 한 표현을 그대로 인용하면서, 이 문장을 번역하기가 어렵다고 실토한다. 필자가 무리해서 번역하면, '이것은 유령처럼 된다' 혹은 '이것은 유령화 된다'일 것이다. '유령처럼 되'는, 혹은 '유령화 되'는 '이것' 자체가 유령 그 자체는 아니다. 물론 '이것'이 최악의 상태에 이르면 맹악猛惡의 화신(히틀러)이 되거나, 혹은 과거에 집착하는, 역사의 발전

---

[3] 기존 체제 순치형의 학인들은 아래 필자의 글을 두고 산만하고, 난삽하고 논리적 연결이 없다, 혹은 문체가 학술서에는 합당하지 않다고 비판하겠지만, 필자는 개의치 않겠다. 왜냐하면, 필자의 아래 글은 탄탄한 논리 틀 안에 있을 뿐만 아니라, 고정되지 않는다는 사실을 증거하기 위한 물적 자료이며 이를 한국 학인들이 은폐한다면, 데리다 읽기는 지금처럼 지극히 피상적 차원에 머물 것이기 때문이다. 필자의 증거 자료가 긴 이유는 데리다에 대한 은폐와 오해가 그만큼 긴 것에 비례하기 때문이다.

을 가로막는 사람(유령)이 된다. 그러나 원래의 '이것', 환대해야 할 '이것'은 유령과는 거리가 아주 멀다. 데리다는 '이것'을 다시 '이방인'이란 말로 바꾸어 표현한다(《맑스의 유령들》 272/172). 이 지점에서 우리는 플라톤의 《소피스테스》에 등장하는 이방인을 떠올릴 수 있겠다. 확실한 무엇을 주장하지 않는 대신, 확실한 것을 주장하는 사람들의 논쟁을 바로 옆에서 끝까지 열심히 경청한 후, 양쪽 사람들의 논쟁이 다 끝난 마지막에 가서야 왜 양쪽의 논쟁이 모두 잘못된 것인가를 열심히 일러주고는 홀연히 자리를 떠나는 사람이다. 데리다의 모습이 이와 유사하다. 데리다가 그리고 맑스가 '이것'으로 표현한 '이것'이 유령 그 자체가 아니라는 사실을 초보 데리다 독자들에게 급히 확연히 각인시키기 위해, 거의 억지에 가깝게 윤색하자면, '이것'은 우주와 우리 안에 있다고 하는 진기, 기독교에서 말하는 영성, 불교에서 말하는 불성쯤이라고 생각하는 것이, '이것'을 '우발적인 유령'으로 고정해서 타자와 등식화하는 것보다 훨씬 덜 위험하다. '이것'은 잠재태에 있는, 그러나 조만간 현재태로 변환할 수 있는 그 무엇이다. 혹은 데리다가 '이것'을 다시 '이방인'이라고 했으니, 이는 제도권 안으로 들어오지 못한 타자, 혹은 경계인일 수도 있다. 기독교 용어로는 '선지자'이다. 그러나 '이것' 혹은 '이방인'이 매우 중요한 알속이지만, 더 중요한 알짬은 '이것'을 살아 있는 사람들, 즉 미래를 당기기 위해 노력하는 사람들과 데리다와 같은 지식인들이 앞장서서 '이것'에 창발적으로 혹은 고유하게 응대할 때, 기존의 체계를 열어젖힌다는 것이다.

데리다의 설명을 더 들어보자. '이것' 혹은 '이방인'은 독특하며 이름이 없으며, 프로이트가 사용한 용어, '괴기한(무의식)'과 '낯익은(의식)' 사이에 있다. 그러나 '이것'은 우리의 장소도 '이것'의 장소도 아닌 곳을 비가시적으로 점령한다. 이 말은 이미 언어와 구조에 진입하기 직전의 단계에 있다는 뜻이다. 혹은 데리다의 해체적 사유처럼 이원구조 사이에 있다는 말이다. '괴물스런'(이 책 267) '이것'이 우리가 살고 있는 집(구조나 체계) 밖에서 반복적으로 문을 두드리고 있다고도 유추해볼 수 있다. '이것'은 언어와 표상 체계 그리고 사회제도 안으로 들어오기 직전이어서 그 어떤 것도 의미하지 않는다. 이것이 데리다의 해체적 사유를 '고정불가'라고 하는 이유다. 그럼에도 불구하고 '이것'은 우리가 평상시 정확하다고 생각했던 의미를 패주시킨다. 이것이 바로 데리다 해체가 했던 일이다. '차이'를 '차연'으로 패주시키지 않았던가. 또한 '이것'은 우리가 모르기 때문에 두려워, 말하기를 원치 않는 그 장소로부터, 반복적으로 찾아오고, 화급하게 주장하고, 우리로 하여금 사유하고 말하도록 하고, 이것은 매번 너무나 막강하여 저항할 수 없으며, 너무나 독특해서 미래와 죽음에 대한 고뇌와 같다고 데리다는 말한다. 이원구조가 더 이상 성립될 수 없다는 것을 알았을 때 수많은 서구 전통철학자들이 고민에 고민을 거듭했고, 이 문제는 끊임없이 반복적으로 그들에게 되돌아와 다시 이 문제에 대해 생각하도록 했다는 사실을 여기서 상기하는 것이 이해에 도움이 될 것이다. 이원구조에 종속되지 않았던 그 잉여의 사유가, 그 타자가, '이것'이 이렇게 하도록 했다. 데리다의 설명을 더 들어보

자. '이것'은 '전통적 존재론처럼 폐쇄 속에 순환되었던 자동화된 반복이 아니다'(《맑스의 유령들》 272~3/172). 자동화된 반복을 하지 않는 것은 결코 유령이 아니다. 왜냐하면 유령은 자동화된 반복을 하면서 과거로부터 와서 다시 과거로 회귀하는 그 무엇, 내성화된 습관 그 자체, 혹은 이러한 습관에서 벗어나지 못하는 사람이거나, 전통적 사상가들이 쓴 존재론이기 때문이다. 프랑스어로 유령(revenant)은 과거에 고착된, 혹은 과거로부터 와서 과거로 다시 되돌아가는(revenir) 사람이다. 따라서 《맑스의 유령들》에서 알속이 되는, 유령과 두어 가지 공통적 속성을 가진 '이것' 혹은 '이방인'은 유령이 아닌 것이 자명하다. 데리다는 '이것'을 다른 곳에서 다른 말로 설명했는데, '이방인' 혹은 '이것'은 아포리아 속의 타자로써 현재로서는 표상되지 못한 '타자의 영원한 회귀이며, 아포리아와 모순에서 드러나는 법의 영원한 아이러니'(《글라》 212~5/187~90)라고 했다. 유령 그 자체가 결코 아니다. 이 사실은 데리다를 더 읽어보면 확실해진다. '도래할 정의'를 위해 우리는 '이것'을 과거로부터 되돌아오는 <u>유령들</u>(revenants)로서가 아니라, 다른 <u>도래자들</u>(autres arrivants)로 우리가 환대해야 함을 데리다는 명시하고 있기 때문이다. 이 사실이 《맑스의 유령들》의 알속이고 더 중요한 심급은 '이것'은 권리와 법을 (관)통해, 동시에 권리와 법을 넘어가는 것임을 데리다는 강조했다(강조의 밑줄은 데리다의 것)(《맑스의 유령들》 277/175). 이는 우리가 앞에서 여러 번 강조했던 대로, 체계 안에서 철저하게 체계 자체를 질문하면, 그 체계를 넘어갈 수 있다(초과, outrance)는 데리다 해체의 이중적 기본 전략이다.

《맑스의 유령들》의 최종심급은 전통적 담론들인 유령론(hantologie)을 초과하고, 우리가 유령(과거에 집착하는 주체)에서 벗어난 주체들이 되어 도래할 정의를 위해 지금의 체계와 제도를 바꾸어야 한다는 것이다. 그리고 특히 지식인들이 이에 앞장을 서야 한다는 것이다. 위의 평자가 말한 대로, 수행적 차원의 모든 경험을 배제하고 '형식의 단절(혹은 '단절의 형식')'에서 가능한 '빈 공간(단절 후에 필연적으로 오는 것이 텅 빈 공간이 아니고 무엇인가)'에서 '우발적인 유령인 타자가 기존 체계를 열어젖히는 것으로 정의가 도래'한다면, 타자도, 신념도, 사회도 존재할 수 없다고 아마쉐르(Hamacher)와 데리다는 말한다.[4] '사건과 미래를 개열시키는 것은 모든 것에 대한 관심의 조건이 되는 것이며, 모든 내용에 대한 무관심을 뜻하는 것이 아니다. 이러하다면, 의도도, 필요성도, 욕망도 없을 것이'(《맑스의 유령들》 123~4/73)라고 데리다는 강조했다. 위의 국내 평자처럼 '내용보다는 형식의 단절이나 작동이 더 중요하다'고 생각하는 것은 데리다가 가장 경계하는 이분법적 사고이며, 이는 데리다의 사유를 많은 구미 학자들처럼 형식주의로 환원시키며 관념론으로 고정하려는 것이다.[5] 기존의 형식에 개입(intervention)하는 이유는 지금과는 파격적으로 다른 타자들, 보다

---

4 Sprinker(ed), *Ghostly Demarcations*, 203.
5 Derrida, 'Marx and Sons', in Sprinker(ed), *Ghostly Demarcations*, 199~200, 248~252. 이하 이 글은 Derrida, 'Marx and Sons'로 약칭. Beardsworth, 그리고 Sprinker(ed)에 편집된 Werner Hamacher의 'Lingua Amissa: The Missianism of Commodity-Language' 참고.

나은 현실(자본주의, 민주주의, 국제법)과 역사, 보다 나은 정의와 주체들, 즉 내용들을 창출(invention)하기 위한 것이다. 되풀이하면, 기존의 구조와 형식, 체제를 뚫는 혹은 해체하는 이유는, 보다 나은 민주주의, 보다 나은 국제법, 보다 나은 경제체제를 기반으로 하는, 보다 나은 정의를 도래시키기 위해서이지, '빈 공간'에서 도래할 정의의 가능성 타진으로만 끝내기 위해서가 아니다. 경제체제, 민주주의, 국제법에 기반하지 않는 정의는 그야말로 관념론이나 유토피아에 불과할 것이다. 구멍을 뚫는다는 것은 '실천적 응용, 결정, 책임'과 '지체 없는 행동과 가담'을 뜻하며, 따라서 '모든 부재를 제외한다(rule out absention)'고 데리다는 말했다.[6] 제임슨이 강조했고, 데리다가 재차 언명했듯이, 해체는 '지금, 그리고 여기'의 구체적인 사건에서 출발한다.[7] 따라서 '지금 그리고 여기'는 칸트, 후설, 헤겔 등 전통적 철학자들이 최후의 진리, 현존, 표현, 존재가 드러날 것으로 전제했던 시간과 공간이 아니다. 맑스가 강조한, 역사가 이어지고, 물질 분배가 발생하는 현장의 실재 장소와 시간이다. 지금의 체계, 틀, 형식에 구멍을 뚫는 이유는 기존의 틀로 이루어진 현실, 전통, 역사, 세계를 바꾸기 위한 것이라고 데리다는 말했으며, 탈정치(depolitization)는 반드시 그리고 동시에 재정치(repolitization)를 뜻하는 이중성을 보인다고 데리다는 강조했다.[8] 따라서 데리다는 자신이 말하는 '신 국제성'이란 계급투쟁

---

6 Sprinker(ed), *Ghostly Demarcations*, 249.
7 Derrida, 'Marx and Sons', 248.
8 Derrida, 'Marx and Sons', 219, 223.

의 소멸이나 갈등이 희석되는 것이 결코 아니며, 문제가 되고 있는 자본주의, 민주주의, 국제기구에 대해 새로운 평가를 뜻하는 것이자 동시에 절대적 평가기준이나 사전에 정해진 계산이 존재하지 않기 때문에, 모든 기준과 체계는 언제라도 바꿀 수 있다는 것을 의미한다고 말한다. 데리다는 '신 국제성'은 이미 현실(reality)이라고 했다.[9] 데리다가 말하는 정의, 혹은 '신 국제성'은 '형식의 단절'에서 오는 '빈 공간(빈 공간이 아니면, 카오스, 혹은 동물의 세계일 것이다)'에서 타진하는 것이 결코 아니다. '도래할 정의' 또한 현 상태에 있는 정의, 그러나 실인즉 정의가 아니어서 아포리아를 드러내는 현재의 정의에 대한 철저한 이해(orientation)에서 출발, 이를 수정하면서 연결되는 동시에 이로부터 떨어지는 이중적 관계에 있다.

이제 데리다가 유령에 대한 함의를 조금씩 변화시키며 얼마나 다양하게 사용했는가를 보기 위해, 잠시 데리다의 글을 밀착해 읽기로 한다. 여기서 데리다 초보 독자들은 우선 '차연'의 또 하나의 대체가 '유령'이라는 것, 그리고 '차연'이 얼마나 다양하게 다른 뜻으로 변하는가(이 책 3장), 동시에 힐리스 밀러가 '데리다의 글은 마침내 모두 문학이 되었다'고 평한 것을 기억하는 것이 도움이 될 것이다. 이 밀러의 말을 초보 독자들을 위해 좀 더 쉽게 필자가 설명하면, 데리다가 개념화를 피하기 위해 쓰는 백색 글쓰기의 한 가

---

9 Derrida, 'Marx and Sons', 242, 239.

지 특성은 마치 강한 하늘 바람을 타고, 빠르게 이동하는 구름들이 다른 구름들과 합해지다가 떼어지다가를 반복하면서, 그 구름 모양이 일정하지 않고 무수히 바뀌는 것처럼, '유령'의 함의도 끊임없이 바뀌기 때문에《맑스의 유령들》에서 한두 가지 뜻으로 고정이 되지 않는다는 뜻이다.

우선 맑스가 '유령'에 대해 무슨 말을 했나부터 살펴보자. 왜냐하면 데리다가 맑스의《독일 이데올로기》에서 출발하고 있기 때문이다. 맑스의《공산당 선언》의 첫 문장, '유럽은 지금 공산주의의 유령에 사로잡혀 있다'라는 말은, 맑스 자신과 노선을 달리하는 여타의 사회주의자 혹은 공산주의자들을 패러디했던 말이다. 또한 맑스는 정치경제사와 돈이 유령성에 근거하고 유지된다는 것을 알았기 때문에,《독일 이데올로기》에서 종이가 금(돈)으로 바뀌는 과정(화폐통화)을 철학에서 말하는 이상화에 비유했으며, 마술에 다름 아니라고 했다. 또한《정치경제학비판 요강》에서 맑스는 화폐를 귀신, 거대한 이름의 그림자, 환영, 유령, 표면으로 표현했다. 또한 금(Geld), 정신(Geist), 탐욕(Geiz/Gaz)이 모두 동일한 어근을 가진 것처럼, 이것들은 서로 불가분의 관계에 있음도 맑스는 자명하게 인지했다. 데리다는 맑스의《독일 이데올로기》를 '유령의 역사학', '정치적 유령과 환영의 계보학', 더 정확하게는 '환영의 세대들의 아버지 논리'이며, '철학사에서 가장 거대한 환영기계'라고 평가한다. 역사뿐만 아니라, 개인 또한 철저하게 유령성으로 구성되어 있음을 맑스는 알았다. 맑스는 우리(인간)는 몸을 팔아 그림자만을 지키고 있는 사람, 즉 유령이며(《맑스의 유령들》

191/117), 철학에서 말하는 '사건(Ereignis)' 또한 마찬가지라는 것이다. 역사에 등장하는 무수하게 많은 위인들, 심지어 혁명정신의 화신들도 하나같이 과거의 마스크(prosopopoeia)를 쓰고 있다는 사실을 맑스는 알고 있었다. 혁명의 정신이든 유령이든 늘 과거 인물의 말과 복장을 입고 등장한다는 사실을 맑스는 그의 저서《루이 보나파르트의 브뤼메르 18일》에서 구체적으로 밝히고 있음을 데리다는 길게 인용한다(《맑스의 유령들》 180~6/110~4).

그렇다면 데리다는 무엇을 유령이라 했는가? 초기부터 데리다는 유령이란 수사를 줄곧 사용해왔다. 그는 일찍이 구조를 사람이 살지 않는 유령의 건축물(《글쓰기와 차이》 13~4/5~6)에, 프로이트를 유령에, 그리고 전통적인 존재론들을 '유령론'이라 패러디했다. 맑스의《독일 이데올로기》에서 그 영감을 받은 것처럼,《글라》에서는 변증법 정반합의 3박자에 맞추느라고 앞으로 나아가지 못한 유령의 무리들이 등장한다. 이는 서구 전통적 담론들이 유령론이라는 의미를 담고 있다. 이는 모두 이원구조에 결박되어 있다는 뜻이다. 유령론을 쓴 사람들은 유령들이다.

맑스가 그의 글에서《아테네의 타이먼》을 전폭 인용했다면, 데리다는《맑스의 유령들》에서《햄릿》을 전폭 차용하면서, 유령(성)에 대해 맑스보다 더 세밀하고 더 다양하게 묘사한다.[10] 앞에서 '이것(Es)'으로 표현된 이것(it)은《햄릿》에서 중요하게 작용하지만, 초보 데리다 독자가 단단히 기억해야 할 것은 이미 '이것'은 앞에서 우리가 설명한 '이것'과는 매우 다른 층위에서, 여전히 공통적인 속성(반복)이 있기는 하나, 상당히 다른 양상을 지닌다. 햄릿 선친의 유령은 앞에서 설명되었던 '이것'과 공통의 뿌리를 지니고 있지만, 햄릿 선친의 유령은 억압된 원혼과 가까워 하위층으로 떨어진, 미래가 아니라, 과거에 속하는 '이것'이다. 이 말도 이해가 어려우면, 이렇게 생각해보라. 우리의 정신은 우리가 어떻게 이것을 부리고 벼리고 단련시키는가에 따라 달라진다. 마찬가지로 유령과 비슷한 양상을 띠고 있는 '이것'도 상황에 따라 좋게, 혹은 나쁘게 얼마든지 변하는 것이라고 생각하면 된다. 데리다가 유령과 대화하고 응대하는 것이 매우 중요하다고 말한 것은 아주 간단하게 표현하자면, 역사 청산을 의미한다. 우리나라 상황으로 바꾸어 말하면, 항일투쟁을 하다가 비명에 죽어간, 지금까지 이국 멀리에서 그리고 구천을 떠도는 많은 원혼들의 유골이나마 제대로 찾아 양지바른 곳에 묻어주고, 역사에 그들의 행적들과 이름들을 꼼꼼하게 기록하라는 뜻이다. 이것이 정의의 일환이고, 역사 보전이기에 이보다 더 중요한 일은 없다는 것이 데리다의 뜻이다. 아마도 데리다는 홀로코스트로 인해 죽어간 수십만 유대인들의 원혼을 생각하면서, 이런 말을 했으리라 필자는 추측한다. 이것이 도래할 정의의 한

---

10 우연의 일치인지, 아니면 필연인지, 《햄릿》에서도 유령에 대한 묘사가 끊임없이 바뀌고 있다. 햄릿 선친의 유령은 '차연'처럼 끊임없이 다른 기표로 대체된다. '미망'(I, ii, 127), '이것'(I, iii, 62), '환상'(I, i, 54), '이방인'(I, v, 164), '현전(재)의 물건'(I, v.) '정상이 아닌, 방황하는 정신'(I, i, 155/I, iv, 6), '환영'(apparition), '사물(thing)의 형식'(I, ii, 210), 그리고 유령이 다시 나타났을 때, '사물('What, ha's this thing again')'로 호칭된다. 물론 '유령' 그리고 '귀신'이라는 말로도 표현된다.

축이 된다는 뜻이지, 유령과 같이 신들려, 유령과 교통하라는 뜻이 아니다. 데리다 자신도 하지 않는 해괴한 일을 왜 독자들에게 하라고 하겠는가? 데리다가 늘 그러하듯, 내용을 극화(dramatization : 과장誇張의 일환)(이 책 96, 243~4, 314)시킨 것이다. 평범하게 표현하면, 억울하게 희생된 사람의 원혼과, 이것을 발생시킨 불의를 바로잡는, 역사 바로 세우기이다. 이 말은 특히 한국인들이 귀담아 듣고 반드시 실천해야 할 사항이라고 생각한다.

《햄릿》에서 확연한 유령으로 이미 그 형체를 갖춘(앞의 '이것'은 이 정도의 형체가 없었다), 그러나 온몸은 갑옷과 투구를 뒤집어쓰고 있어 결코 고유한 얼굴은 드러내지 않는 '이것', 즉 햄릿 선친의 유령에 대해 가장 의미심장한 말을 하는 사람은 햄릿이다. '몸은 왕과 함께 있었지만, 왕은 몸과 함께 있지 않았다(The body was with the King, but the King was not with the body)' (IV, ii, 24~26). 선친의 유령은 선친(고유성)이 아니라, 육체라는 물질 혹은 사물(thing), 즉 '이것'임을 뜻한다(앞에서 우리가 설명했던 '이것'은 사물 그 자체가 아니었다). 선친의 유령이지만, 선친의 고유성은 빠져 있다는 뜻이다. 헛것이라는 뜻이다. 그런데 헛것이, 혹은 '이것', 사물이, 그리고 다시 사물의 사물, 허구의 허구가 되는 '극중극(a play-within-a play)'[11]이 《햄릿》에서 가장 중요한 것으로 작용한다. 햄릿은 극(허구/유령) 속의 극(허구/유령), 즉 이중환영(la double séance)(이 책 131~2)인, 《곤자고의 살해 The Murder of Gonzago》가 가장 중요한 것이라고 말한다( 'The play is the thing' )(II, ii, 604). 여전히 고유성이 빠진 물질 혹은 헛것의 헛것

(극중극), '이것'이 가장 중요하다는 뜻이다. 이중환영, 혹은 극중극(미-장-센)을 it으로 받고, 고쳐 쓰면 'it matters'이고, 이는 '중요하다'의 뜻이지만, 직역하면 '이것은 물질화된다'이다. 또한 영어 'it matters'를 프랑스어로 다시 고쳐 쓰면, 'il s'agir'가 된다. '가장 중요하다'를 직역하면 '이것은 활동한다'이다. 《햄릿》에서 유령(이것/허구)은 반복적으로 등장하고 퇴장하고, 무대 밑 그리고 무대 위에서 여러 사람들에게 잘못된 시대를 바로잡을 것을 약속하라고 책려하며 부지런히 활동한다(이러한 반복은 우리가 앞에서 논의했던 '이것'과 공통되는 속성이다). 이 유령의 얼굴을 덮고 있는 면구는 영어로 beaver인데, 이 단어는 면구 이외에도 다른 뜻이 있다. 유령처럼 땅속이나 물속에 사는 비버이며, 이의 또 다른 뜻은 매우 부지런한 사람이다. 《햄릿》에서 그러하듯, 역사도 절대진리가 아니라, 가장 중요한 허구의 허구에 의해 끊임없이 부지런히 진행되어왔다는 뜻이다.

《햄릿》이라는 극이 허구/이것(유령)에 의해 모든 것이 결정되고 주도되듯이, 서구 철학 또한 허구/이것에 정신, 존재(Es), 원-기억, 고유성이라는 이름을 부여했고, 서구의 경제정치사 및 혁명정신까

---

11 햄릿은 부친을 살해한 삼촌의 양심을 떠보기 위해, 궁중을 방문한 극단에게 이 무언극을 공연해 줄 것을 부탁한다. 이 극은 《햄릿》과 동일한 내용이어서 이 극은 《햄릿》이라는 극 속에 있는 또 하나의 극이며 모조(double)가 된다. 모조의 모조, 혹은 허구의 허구는 햄릿이 말한 대로 가장 중요한 '이것'이며, 다시 햄릿이 말한 대로 동시에 '덫'이기도 하다. 데리다가 '차연'의 이중성(독이자 약)에 대해 말한 것을 생각하면, 이해에 도움이 될 것이다. 유령(허구)도 마찬가지다. 건설적이기도 하고 파괴적이기도 하며, 악이기도 하며, 선이기도 하다.

지를 결정지었다. 서구 전통 철학과 종교는 고유한 것이 다 빠져버린 '이것(Es)'에 '존재(Es)'라는 매우 거창한 이름을 붙여준 것이다. 이것을 데리다는 '역내투화(paradoxical introjection)'(강조의 밑줄은 데리다의 것)라 한다. 서구 철학은 아무것도 아닌 허구, 그러나 마치 살아 있는 것과 같은 '유령 효과('차연'의 효과)'에 몸을 부여한 것(incorporation)이다. 그러나 이것 역시 역육체화(《맑스의 유령들》203/126)로, 시체화이다. 왜냐하면 내 고유한 몸을 버리고 유령의 몸(허구, 이것)으로 대체했기 때문이다. 모든 이데올로기와 존재론, 그리고 기성종교 및 주물숭배(fetishism)가 바로 '역내투화'의 결과다. 사실주의, 개념, 관념론, 경험주의, 맑스의 유물론 역시 마찬가지다. 유물론은 기독교의 정신주의를 거꾸로 뒤집어 놓은 것이어서 여전히 이원구조 안에 있다. 이원구조를 극복한다는 것은 이원구조를 거꾸로 뒤집는 것이 아님을 데리다는 여러 곳에서 밝혔다. 맑스의 유물론은 기독교가 말하는 구원을 사후 내세에서가 아니라, 현실에서 구현하려 했다는 점에서 정반대인 것 같지만, 여전히 종말론이었다. 바로 이런 이유로 계보학적으로 맑스의 유물론은 헤겔의《정신현상학》과 맞닿아 있으며, 헤겔의 현상학은 다시 기독교와 연계된 것으로 헤겔의 정신주의와 맑스주의는 서로 정반대인 것 같지만, 사실 동일하다(《맑스의 유령들》210/133).

《햄릿》에 등장하는 유령(허구/이것)은 면구, 투구, 마스크, 그리고 발끝까지 내려오는 갑옷으로 완전무장하고 나타나기 때문에, 유령(허구)의 고유성은 영원히 연기된다. 이는 '차연'이 끝없이 역동적으로 움직이면서 의미를 만들지만, 실인즉 이는 무의미를 양산하기 때문에, 드러내야 할 의미와 고유성은 영원히 연기된다는 것과 같은 이치다. 이를 데리다는 '면구와 투구의 효과(visor effects)'(《맑스의 유령들》 170/104)라 했다. 유령의 몸 전체를 덮은 철갑옷은 고유한, 생물적인, 살아 있는 몸을 대체한 허구, 헛것으로 자신의 정체성을 숨기는 마스크이다. 따라서 유령(허구의 허구)의 본질이란 철저하게 비본질적이다. 비본질적인 유령은 그럼에도 불구하고 가장 구체적인 계급을 드러낸다. 햄릿 부왕의 유령(specter) 이 착용한 면구, 투구 그리고 갑옷은 그가 왕권(scepter)의 소유자임을 드러내듯이, 유령은 신분과 계층을 분명히 나타낸다. 이뿐만이 아니다. 딱딱하고 정체성(고유성) 없는 마스크는 제도적 · 문화적 보호 아래 이데올로기의 핵(ideologem)이 된다. 그리고 이 '환영적 투구'는 맑스의 《독일 이데올로기》와 《자본》에서 프로그램의 일부로, 그리고 수사 중의 수사로 작용한다. 유령의 갑옷의 효과가 가장 딱딱하게 되어 재앙이 된 경우가 파시즘과 나치즘이다.

동시에 투구와 갑옷은 유령처럼 고유성을 감추기 때문에, 늘 문제가 될 수밖에 없다. 따라서 이에 대해 문제제기를 해야 한다는 것이다. 데리다는 자신의 해체는 철저하게 문제제기(problem)라는 사실을 여러 곳에서 강조했다(《글쓰기와 차이》 78/131, 116/192, 《그라마톨로지》 4/13, 126/84, 231~2/161~2, 《입장들》 21~2/13). 따라서 《맑스의 유령들》에서 데리다가 추모해야 한다는 맑스의 유령 (정신)은 호레이쇼가 햄릿의 선친의 유령을 두고 '국가의 어떤 전복을 예고하'고 국가와 '잘못된' 시대를 조사(probation)(I, v, 156) 하는 것이라 했다. 이를 현 자본주의 체제의 잘못을 질책하는 맑스

(의 유령/정신)로 유추해 생각해볼 수도 있을 것이다. 이런 유령(specter)은 안을 철저하게 조사하는 사람(in-spector)이다. 따라서 이러한 사람을 우리는 존경해야 한다. 유령(specter)을 철자변치하면 존경(respect)이다. 그런데 이 또한 데리다의 해체 정신이 아닌가. 우리가 앞에서 언급했듯이 데리다의 해체는 기존의 것, 즉 언어체계, 전통, 텍스트의 안을 우선 먼저 미세한 것까지도 철저하게 조사한다고 하여 '방사선 검사'라고 하지 않는가. 이것을 기초로 한 철저한 질문제기가 데리다 해체의 밑절미인 것이다. 그리고 이 또한 맑스의 정신이었다. 《맑스의 유령들》은 맑스의 유령(정신)을 소환(추모)하여 현 자본주의 체제 안을 철저하고 미세하게 조사하자는 것이다. 미세하게 조사한다는 것은 전통적인 존재론, 즉 유령론(ontologie와 hantologie를 프랑스어로 읽으면 발음이 동일하다)처럼 과거로 되돌아가는(revenir) 기계적 반복을 피하기 위한 것이며, 유령론이 되지 않기 위한 것이다. 그러니 《맑스의 유령들》을 두고 '데리다의 유령론(학)'이라 부르는 것은 마치 말을 마차 뒤에 묶어놓은 상황이다. 왜냐하면 《맑스의 유령들》을 '데리다의 유령론(학)'으로 이해하고 칭하면 이 책을 바로 읽는 길을 원천적으로 봉쇄하기 때문이다. 이것은 이 글 맨 끝에서 사실로 드러나고 있다.

데리다 해체적 사유는 미래에 도래할(arrivant) 타자를 위해 작금의 사태를 철저하게 조사하는 문제제기이다. 동시에 문제제기는 데리다 자신이, 혹은 우리가 기다리는 도래할 타자를 방어(problema)하기 위한 것이다. 이 말은 '차이(언어)'의 대폭력을 '차연(언어)'의 미소한 폭력으로 막는(이 책 203~4) 데리다 자신의 해체 전략[12]을 함축한다. 그러나 문제제기와 방어는 여전히 유령성(글)의 딱딱한 갑옷(비고유성/헛것)으로, 즉 '차연(비고유성/유령성/언어)'으로 이루어질 수밖에 없다. 그럼에도 불구하고 고유성을 감추는 '면구와 투구의 효과'에 데리다의 해체적 사유가 개입되면, 유령의 허구성이 드러나는 동시에, '도래할 타자'를 위한 해체적 사유를 방어할 수 있다. 이로서 데리다가 말했듯이, 유령의 딱딱한 갑옷은 악을 쫓는 무기도 될 수 있다(《맑스의 유령들》 222/140). '차연(언어)'의 독(대폭력)을 해체적 글쓰기(작은 독 혹은 폭력)로 치유해야 하듯이, 데리다의 문제제기는 기존에 나 있는 '구멍(모순, 불의, 아포리아)'에 다시 '구멍(해체)'을 냄으로써, 보다 나은 사유(체제와 현실)를 유도하기 위한 것이다. 따라서 이 구멍(trou) 없이는 아무것도 발견(trouver)할 수 없음을 데리다는 이미 초기부터 여러 번 강조한 바 있다(《글쓰기와 차이》). 구멍을 낸다는 것은 새로운 지평을 여는 것이 아니라, 《아테네의 타이먼》에 등장하는 화가가 말했듯이, '흑판에 다시 검은 그림을 그리는 것'(《맑스의 유령들》 130/78)과 동일하지만, 이를 통한 시행착오를 거치면서, 현실, 역사, 세계, 그리고 우리의 사유는 점차 변화한다.

유령의 또 다른 특징은 '차연'처럼 무수히 많은 다른 잡종들의 유령들과 무서운 속도로 관계를 맺으며, 서로에게 전염시키고 전염되는 사회성이다. 이런 이유로 순수한 '차연'이 없듯이, 순수한

---

[12] Beardworth, 69.

유령(헛것, 허구)은 없다. 또한 유령 또한 인간처럼, 혹은 인간 또한 유령처럼, 사회적 활동을 한다. 그런가 하면, 유령은 자본주의 체제에 소외된 주체의 두려움 그 자체다.[13] 동시에 유령은 단순히 허구로 머무는 것이 아니라, 매우 구체적으로 사회적·정치적 내용을 지니고 있다.[14] 또한 유령의 출몰은 늘 긍정적이고 역사의 발전을 돕는, 관대하고 평화로운 것이 결코 아니다. 딱딱한 갑옷으로 중무장한 유령, 즉 이원구조에서 파생된 허구를 실체로 믿고 이에 결박된 자들은 상대방을 정확하게 보지 못하는 상태에서 전쟁을 했다. 한국전쟁이 이랬고, 지금도 대한민국은 이 비슷한 상황이다. 역사와 현실에서 보듯, 추상적인 것 때문에 엄청난 대량 학살과 전쟁이 발생할 수 있기 때문에 추상적인 것도 추상적이라는 이유로 경시하면 안 된다고 데리다는 말한다.

맑스는 슈티르너를 향해 유령에 되잡힌 인물이라고 비판한 이유는 슈티르너가 맑스 자신보다 더 먼저, 더 오랫동안 유령을 제거하려 했기 때문이다(《맑스의 유령들》 222/140). 그러나 둘은 너무나 닮았다. 둘 다 이원구조 안에 있고, 둘 다 헤겔의 아들(데리다의 평에 따르면 아버지보다 못한 아들들)이었고, 둘 다 기독교적 종말론을 구현하려는 점에서 그러하다. 둘은 서로의 더블(double) 혹은 모조(유령)임을 암시하기 위해, 여러 번 데리다는 슈티르너의 성 대신 이름을 사용한다(Marx와 Max). 맑스의 유물론(유령론)은 종말론

---

13 Sprinker(ed), *Ghostly Demarcations*, 40.
14 Sprinker(ed), *Ghostly Demarcations*, 53.

(해방론)이었고, 이는 환영(유령성)에 딱딱한 갑옷을 입힌 꼴이다 (《맑스의 유령들》 171/105). 이원구조에서 태어난 헛것, 유령을 실체로 믿었기 때문에, 현대 제국주의의 이론적 근거[15]가 되었고, 종국에는 파시즘, 나치즘으로 변모했고, 이 결과 참학의 대학살이 발생한 것이다. 역사에서 그리고 작금에 끊임없이 일어나고 있는 종교전쟁과 폭력도 동일한 이유에서다. 이원구조에 근거하는 논리, 법, 체제, 주체, 그리고 윤리는 칸트와 헤겔 사유에서 보듯, 위선이자 주체의 억압이자 추상화(유령화)이고, 급기야는 폭력을 유발시키기 때문이다.[16] 따라서 이원구조가 드러내는 아포리아를 중히 여긴다는 말은 기존의 논리와 체계로 억압되지 않은, 전체주의적이지 않은, 다양하고, 잡종적인, 도래할 타자(들)를 환대한다는 뜻이다. 그러나 앞에서 강조한 대로, 단순한 환대로만 끝나는 것이 아니라, 현실의 제도와 체계로 연결되어야 한다. 현재의 논리와 정의에 의한 국제법, 민주주의, 경제체제로 인해 폭압되어진 '파격적으로 다른 타자'[17]는 유령의 종류처럼 다양하고 여러 가지이며 잡종일 수밖에 없다.

혁명까지 '철저하게 환영적이며 시대착오적'이라는 것을 알았던 맑스는 혁명은 과거의 꼬리로 귀속되어서는 안 되며, 미래를 향해 나아가야 한다고 믿었기 때문에, 이롭고 시대착오적이지 않는 유령과 나쁘고 시대착오적인 유령을 구별하려 했다. 이는 플라톤

---

15 Beardworth, 93~4.
16 Beardworth, 60, 65, 67, 74.
17 Beardworth, 48.

이 좋은 모방과 나쁜 모방을 구별하려 했던 것(《산포》 211~3/ 169~71)과 동일한 형이상학적 제스처이다. 맑스는 나쁜 유령을 추방하고 탁마하려 했다. 바로 이런 이유로 데리다는《공산당 선언》은 유령(수사)에 사로잡힌 맑스(유령)가 유령을 쫓아내기 위한 수사(유령성)로 시작한다고 말한다(《맑스의 유령들》222/140). 맑스는 유령을 쫓아내지 못한다. 맑스 역시 유령이다. 이분법을 고수했기 때문에, 그리고 유령이라는 말도 사실은 수사(유령/허구)이기 때문이다. 맑스는 유령(specter/Gespenst)의 의미론은 이미 정신(spirit/Geist)의 의미론으로 가득 차 있으며, 혁명정신, 실제 현실, 생산적 혹은 재생산적 상상력, 유령, 환영 등에도 견고한 경계가 없으며, 역사와 삶의 모든 것이 움직이는 만화경 속 환영(phantasmagoria)임을 알게 된다.

그럼에도 불구하고 맑스는 유령성에서 벗어나고자 필사의 노력을 했다. 맑스는 탁마에 필요한 언어에 매우 능통했으며, 슈티르너에게 유령에 관한 한, 자신이 한 수 위임을 주장했다. 맑스는 유령을 통제할 수 있다고 믿었다. 맑스는《독일 이데올로기》에서 최고의 원原 유령을 찾으려 했고, 유령들을 열 개의 계급으로 분류, 서열화했다. 데리다는 왜 하필 열 개의 유령인가라고 묻는다. '맑스 손가락이 열 개뿐이 되지 않아 더 이상 셀 수 없었기 때문인가'라며 데리다는 농담한다. 유령 분류와 서열화가 십계명만큼이나 중요하다는 사실을 함의하기 위해, 맑스는 열 개의 유령으로 서열화한 것이다. 맑스의 유령 분류판(Table)에서 예수는 일곱 번째 유령으로 분류된다. 맑스, 슈티르너, 그리고 가장 신실한 기독교인들로

하여금 가장 큰 불행과 큰 고통을 안겨준 유령이라는 것이다(《맑스의 유령들》 229~30/144).

맑스가 가장 철저하게 추방하고자 했던 유령은 자본주의 체제 하에서의 상품가치였다. 이를 제거할 때 사용가치가 드러난다고 믿었기 때문이다. 상품가치에 대한 그의 신랄한 독설은 유명하다. 《자본》에서 맑스는 '모든 고유성과 살아 있는 삶을 빼앗아, 동질화시키는 시니컬한 창녀'라 했다. 데리다는 이 헛것이 휘황찬란한 빛 속에서, 우리의 눈을 멀게 하는 순간, 이것은 우리에게 살아 있는 실체처럼 보이는 가유假有가 된다고 했다. '차연'처럼, 그리고 '유령'인 상품가치 또한 다른 상품가치와 관계를 맺으면서, 급격하게 움직이면서 전염되고 전염시킨다. 사용가치가 망실되고 전적으로 모든 것이 상품가치로 변하는 순간은 눈 깜짝하는 찰나보다 더 찰나적인 것이기에, 데리다는 '허구의 강타(coup de théâtre)'라 했고, 맑스는 '주술적 속임수(Eskamotage/conjuring trick)', 그리고 '도둑질'(《맑스의 유령들》 202/127)이라 했다.

죽어 있지만, 실체보다 더 생생하게 살아 있는 것으로 착각하게 만드는 이 유령(상품가치/돈)이 물신숭배를 낳았기 때문에, 유령(상품가치)을 쫓아내면, 사용가치(이 책 163 도표)가 회복된다고 맑스는 믿었다. 이는 후설이 '표지'를 다 제거하면, '표현'을 되찾을 수 있다고 믿었던 것과 동일한 형이상학적 욕망, 목적, 제스처이다. 맑스는 상품가치와 사용가치라는 이분법을 정해놓고 '현상학적 괄호치기'를 하려 했던 것이다. 그러나 후설의 현상학처럼, 이러한 맑스의 지난한 노력은 수포로 돌아간다.

데리다는 자본주의 경제체제에 있는 우리들을 유령(물신)의 힘에 되잡힌 채, 강신으로 몸을 떨며, 세앙스(혼을 부르는 제식)에 참석한 사람들에 비유했다(《맑스의 유령들》 204/241, 151/127). 메타-언어가 없듯이, 유령들을 제어할 메타-유령은 없다. 헛것이 생생하게 살아 있는 실체로 착각되는 그 찰나, 자본주의 체제에 살아가고 있는 우리들의 머리는 현기증을 느끼며, 빙빙 돌아가다가 정신을 잃어버린다. 이는 유령의 힘에 의해 세앙스의 탁자도 움직이며 비행한다는 전설과 유추적 관계를 갖는다. 접신이 되면 물건도 움직인다는 전설(유령 소설)이 전하는 것처럼, 물건인 탁자(Table), 즉 맑스가 유령들을 열 개의 유령으로 계급화한 계기판(Table)—칸트의 네 개(질, 양, 관계, 양상)의 계기판(Table), 혹은 십계명판(Table)만큼이나 중요한—이 빙빙 돌아간다고 데리다가 표현한 것은 유령들이 '차연'처럼, 마구 섞이며 서로 전염되고 활동하는 바람에 맑스가 세워놓은 유령들의 서열과 체계가 완전히 무너지는 사실을 희화화한 것이다. 맑스는 유령의 수를 세는 척했지만, 너무나 많아 세지 못한다고 데리다는 말한다. 맑스가 만든 유령의 서열을 기록한 유령 계기판(Table), 즉 탁자(Table)는 비행하지만, 이는 물론 초월이나 전통 철학이 말하는 정신의 지양이 아니다.

유령 이야기가 전하듯, 강신이 되면, 헛것(유령)을 실체로 착각하는 우리들은 점차 상품가치에 의해 전염된다. 그리고 이 상품가치는 자본주의 체제에서는 절대적 가치와 법의 탁자(Table, Thing, Matter, Hûle), 즉 계기판이 되면서, 네 개의 다리가 달린 탁자는 네 다리를 가진 '예언적 개'가 되어, 이 시대의 우상(유령)이 된다. 우리 모두 이 우상(유령)을 바라본다. 이는 나쁜 극장 안, 무대 위의 배우(비정상적 거울/유령)들을 계속 보면서, 우리는 이들을 닮아가다가 결국 동일해진다(le quidproquo théâtrical)(《맑스의 유령들》 247/155). 맑스가 말하는 인간소외가 극에 이른 것이다. 세상과 역사는 유령들의 난무와 원무가 펼쳐지는 무대(Table)이고, 전일적 자본주의 경제체제에서 혼신을 다해 상품가치에 매달려 살아가는 나, 너, 그리고 우리들은 이 무대 위에서의 자동인형 기계들, 유령들인 것이다.[18]

이상에서 개략적으로 살펴본 바, '이것' 혹은 '유령'을 결코 고정시킬 수 없다. '유령' 혹은 '이것'은 결코 언어로도 표상될 수 없다. 다만 이것은 끊임없이 다르게, 비슷하게, 파괴적으로, 창조적으로 변한다는 사실만은 확실하다. '유령' 혹은 '이것'이라는 기표가 《맑스의 유령들》에서, 그리고 심지어 데리다가 상호텍스트로 전폭 사용한 《햄릿》에서도 끊임없이 산포하고 있는 이유는 이 사실에서 연유한 것이다. 불교에서 마음을 표현하고자 했던 단어가 50개가 훨씬 넘는다(이 책 138 주 40)는 사실을 여기서 상기한다면, 데리다

---

18 제리(Alfred Jarry)의 《우부 왕》(Ubu roi)(1849)에 등장하는 희화화된 주인공들은 물질에 대한 탐욕으로 인해 맑스가 말하는 인간소외(자연을 오남용한 결과 자연과 인간과의 소외, 빈부의 차이로 인한 계층과의 소외, 일과 인간과의 소외, 개인과 개인과의 소외)의 극단적인 형태로 드러난다. 영문학사에서 마지막 낭만주의 시인이었고, 낙천적 성격의 예이츠마저 이 극을 관람한 직후 공포의 전율을 느꼈다고 술회한 적이 있다(William Butler Yeats, *Autobiography*, New York: Macmillan Publishing Company, 1965, 233~4).

의 이러한 언어유희, 즉 '이것' 혹은 '유령'을 고정시키지 않고 끊임없이 다른 단어로 대체하는 것은 어느 데카당의 편벽이 아니라, 정직하고 솔직한 노력으로 이해되어져야 하지 않을까.

위에서 간략하게 본 바대로《맑스의 유령들》은 '데리다의 유령론(학)'이 아니라, 데리다의 유령론 해체이다.《맑스의 유령들》에서 데리다가 유령론(학)을 주장한 것이 아니라, 맑스의 유령론(유물론)을 해체한 것이다. 물론 데리다의《맑스의 유령들》도 글(허구)로 쓰인 것이기에, 유령성에서 벗어날 수 없다. 그러나 '유령론'은 아닌 것이다.《맑스의 유령들》을 '유령론'이라 칭할 수 없는 이유는《맑스의 유령들》은 무엇보다도 동어반복처럼 들리겠지만, 맑스의 해체이고, 데리다의 해체란 기존 해체 대상이 되는 사유자나 텍스트와 이중적인 관계를 갖기 때문이다. 데리다는 다른 전통적 철학자들과 이중적 관계를 갖듯이(이 책 2장), 곧 아래에서 구체적으로 설명되겠지만, 맑스와도 이중적인 관계를 갖는다. 이중적이란 고정불가의 동어반복이다. 고정불가한 것을 두고, '론'이나 '학'이란 말을 사용하는 것은 정확한 것은 아니며, 더구나 유령론을 해체하는 것을 두고 '유령론(학)'이라 하는 것은 적절하지 않다.

무엇보다도 데리다 자신은 단 한번도《맑스의 유령들》을 '유령론(학)'으로 지칭한 적이 없다. 초기 때부터 데리다가 명시적으로 '유령론'으로 칭한 것은 전통적인 형이상학에 기반을 둔 존재론을 패러디할 때이다. 맑스의 유물론도 전통적 존재론을 거꾸로 뒤집은 것이기 때문에 여전히 존재론, 즉 유령론이라는 것이 데리다의 말이다. 이분법 안에서 어떻게 뒤집든 이것은 다 이분법이며, 이분법에서 발생되는 모든 담론은 다 기원으로 되돌아간다는 전제를 지니고 있듯이, 맑스 또한 사용가치 vs 교환가치라는 이분법을 고수하면서 사력을 다해 사용가치를 되찾으려고 한 이유는 이런 때가 오면 인간해방이 가능하다고 믿었던, 유령론이라는 것이 데리다의 평가다. 우리가 바로 앞에서 보았듯이, 이에 대한 데리다의 풍자가 《맑스의 유령들》에서 벌어지며, 맑스의 인간해방론 혹은 유물론도 존재론이어서 유령론(hantologie/spectrologie)이라고 희화화한다. 이러하다면 《맑스의 유령들》의 적절한 명패는 '데리다의 유령론(학)'이 아니라, '데리다의 유령론 해체'가 아닐까. 《맑스의 유령들》에서 데리다는 맑스의 자기비판 정신, 철저한 물질분배에 대한 분석 정신을 계승하자는 것이지, 맑스의 유물론을 그대로 계승하자는 것이 결코 아니기 때문이다. 그러나 '데리다의 유령론 해체'는 여전히 《맑스의 유령들》의 반편半偏에 해당할 뿐, 사북은 아니다.

앞에서 지적한 대로, 《맑스의 유령들》에서 데리다가 맑스와 맺는 관계도 다른 사상가들과의 관계처럼(이 책 2장) 수미일관되게 이중적임을 이제부터 설명한다. 맑스로부터 데리다가 무엇을 취하고, 무엇을 삭제하려고 했는가? 위에서 이미 언급된 것이지만, 선명하게 정리하기로 한다.

― 데리다와 맑스의 차이점

이 점에 대해서는 위에서 상당히 언급했기 때문에, 간략하게 압축한다. 데리다는 누누이 자신의 입장(들)은 맑스의 유물론과는 철저하게 다르며(《입장들》 85~6/62~3, 100/78), 맑스 유물론이 결코 형이상학을 벗어나지 못하는(《입장들》 96/74~5) 이유는 기존의 사유와의 단순한 차이 혹은 대조로는 형이상학적 체계를 극복할 수 없기 때문이라고 했다(《입장들》 86/64). 그리고 상술했듯이, 데리다는 맑스 유물론이 가져온 재앙이 무엇인가를 세세하게 지적하면서 희화화까지 했다. 유물론은 이원구조에 의지하는 존재론, 즉 유령론(학)이기에 다른 모든 유령론들과 함께 해체되어야 한다는 것이 데리다의 지론이다. 그리고 다른 전통적 사상가들처럼, 맑스는 그 누구보다도 이러한 이원구조가 성립 불가능하다는 것을 철저하게 알고 있었지만, 이것을 유지하려고 필사의 노력을 했다는 사실을 데리다는 세세하게 드러낸다. 이는 후설, 헤겔, 소쉬르, 레비-스트로스, 플라톤 등 모든 전통적 사유자들이 보여주었던 딜레마와 동일한 것이다.

― 데리다와 맑스의 공통점

(1) 맑스의 유물론은 전통 철학이 시도했던 이론적-사변적 전복과는 다른 것으로, '지진(seismic)에 비유할 수 있는 사건'[19]이며, 바로 이 점이 데리다 자신의 '해체 이전' 단계(pre-deconstructive)

(《맑스의 유령들》 269~70/170)에 해당하는 것으로써, 자신과 맑스 사유는 결코 동일한 것은 아니지만, 중요한 일면이 포개어진다(overlap)는 사실을 밝혔다. 맑스는 경제체제와 현재의 제도 모두가 유령성(허구)에 근거한 것으로, 언제라도 바꿀 수 있다는 사실을 증명했고, 그리고 맑스는 바꾸기 위해 철저하게 기존의 체계를 분석했다. 데리다 또한 맑스를 논하기 전 초기 때부터 줄곧 요식행위에 불과한 서구 인문학 체계를 분석하고 이를 넘어서야 한다고 설파했던 사람이다. 따라서 맑스의 전략은 데리다의 해체전략과 직결된다. 또한 데리다는 가장 상식적이고 기초적인 일상의 언어 사용의 배경이 되는 콘텍스트, 가치, 의도까지도 철저하게 분석해야 한다고 주장했다. 그가 그토록 철저하게 해체를 한 화행이론(이 책 88~9 주 25)이 바로 해체의 초석이 되는 것은 데리다 해체는 일상에서의 수행성이 그 밑절미가 되기 때문이다. 그러나 현 수행성에 안주하지 말고, 지금 언어 사용의 토대가 되는 콘텍스트를 변화시키고 이것을 동시에 초과해야 함을 데리다는 강조하고 있다(《맑스의 유령들》 59~60/30~1).[20] 데리다가 화행이론을 공중분해시켰지만, 화행이론을 없애자는 말이 아니라, 화행이론을 더욱 발전시

---

19 서구 지성사에서 가장 큰 충격은 코페르니쿠스의 지동설, 다윈의 《종의 기원》, 그리고 프로이트가 말한, 의식은 결국에는 무의식에 의해 점령당한다는 정신분석학, 이 셋이었다. 데리다는 맑스의 유물론은 이 세 가지 충격을 모두 합친 것이라고 했다.

20 더 많은 설명을 원하면, Hillis Miller, 'Performativity as Performance/ Performativity as Speech Act: Derrida's Speical Theory of Performativity,' *Southly Atlantic Quarterly*, 106. 2, Spring 2007 참조.

키자는 말이다. 이렇게 놓고 보면, 아포리아를 드러내고 있는 작금의 민주주의, 국제법, 그리고 자본주의 경제체제를 철저하게 분석, 해체해야 된다는 데리다의 주장은 이미 예고된 수순이었다. 왜냐하면, 무엇보다도 데리다 해체는 철저하게 현실에서 발생하는 일에 초점을 맞추면서 시작되기 때문이다.

데리다는 몇몇 초강대국에 의해 좌우되는 국제기구와 유엔, 그리고 이들에 의해 인권과 민주주의라는 이름으로 진행되는 모든 국제기구의 프로그램도 재점검하고 협상해서 다시 만들어질 때, 보다 나은, 도래할 국제적 민주주의가 가능해진다는 사실을 역설했다. 민주주의라는 이름으로 기본 이념이 지켜지지 않을 뿐만 아니라, 현대와 함께 잉태한 민주주의 역시 위험한 형이상학의 틀과 알리바이를 감추고 있으며, 위선이 횡행하고 있기 때문에 수정되어야 한다는 것이다. 국제기구가 평등과 민주주의 그리고 인권이라는 이름하에 한 약속 또한 유령적(《니체와 기계》 49)이며, 기성종교 또한 마찬가지라는 것이 데리다의 주장이다. 특정 지역을 성지로 지키는 구원주의인 기성종교가 말하는 약속과 구원 역시 심연의 사막에 있는 유령(성)에 의지하고 있을 뿐만 아니라, 이 안에는 죽음과 계산, 알리바이, 협박과 속박이 들어있음도 간과해서는 안 된다는 것이다(《맑스의 유령들》 265/167).

세계 공동체로 모든 국가(강대국과 약소국가 모두)에 그 이익이 보편적으로 공평하게 분배될, 도래할 민주주의는 지금의 민주주의와 국제기구에 대한 우리의 견고한 불만 속에, 그리고 연대하여 개선하려는 열정적 반복 속에 이미 여기에 와 있다는 것이 데리다의 생각이다. 그리고 이러한 민주주의는 초강대국에 의해서가 아니라, 약소국가들 그리고 약자들에 의해 앞당겨질 것이기 때문에, 이들을 보호해야 한다고 데리다는 말한다. 기득권을 가진 사람들이 기득권을 포기한다는 것은 불가능하기 때문이다. 지금의 제도와 체계에 대한 철저한 분석을 근거로 한, 제도의 수정과 변혁은 바로 맑스가 가장 치열하게 주장했던 것이다. 이 점에서 데리다는 유보적으로 혹은 잠정적으로 유물론자라는 말을 들어도 무방할 것이다. 철저하게 현실에 그 바탕을 두고 출발하고 있기 때문이다.

(2) 데리다와 맑스와의 동질성은 두 사람 모두 아포리아에 철저하게 집중했다는 사실에 있다. 자본주의 경제체제 속에서 상품 혹은 교환가치(나쁜 유령)에 매달려 살아가는 우리는 더 이상 약속하고 맹세할 수 없는 존재가 된다. 아마도 이것은 필자가 생각하기에는, 10대 대재앙에 추가해야 할 또 하나의 대재앙일 것이다. 점점 피폐해져가는 인간관계를 비판하기 위해 맑스가 전폭적으로 차용한 셰익스피어의 《아테네의 타이먼》의 타이먼은 맑스의 이상적 인물이다. 타이먼은 돈에 따라 말과 행동을 바꾸기 때문에 진정한 신의는 다 망실되어버린, 아테네 사람들을 향해 저주한다. 돈에 의해 모든 것이 좌우되는 대부분의 우리들은 맹세할 능력이 원천적으로 없다(you are not oathable)(IV, iii, 138)는 것이다. 이 결과 약속은 배신(infidelity)에 대한 충의(fidelity)가 될 뿐이다. 타이먼의 저주, '약속은 하라, 그러나 일체 수행하지는 말라(Promise……, but perform none)'(IV, iii, 73)는 말이 드러내는 이중결속 혹은 아포리

아는 돈(상품가치/유령)으로 모든 것이 지배되는 자본주의 경제체제(유령)에서는 피할 수 없다. 플레비어스는 '세상은 오로지 말에 불과하다(The world is but a word)' (II, ii, 152~3)고 한다. 이 말은 슈티르너에 의해 인용되었던 말이기도 하다. 또한 요즈음 학인들은 우리가 살아가고 있는, 우리가 만든 세상은 결국 말로 된 허구임을 뜻하는 말로 자주 인용하지만, 플레비어스가 뜻하는 것은 타이먼에게 쏟아지는 칭송과 존경의 말로 이루어지는 타이먼의 세상은 타이먼이 주위 사람들(결국은 타이먼이 거지가 되었을 때는, 그토록 많은 것들을 얻어 누린 친구들과 충신들은 2명만 제외하고 다 배신했다)에게 지나치게 후하게 뿌려준 돈(유령)에 기반하고 있다는 사실을 넌지시 암시해준 것이다. 사실 타이먼의 돈(유령)이 사라졌을 때(타이먼이 거지가 되었을 때), 타이먼의 세상(유령)도 사라졌다. 타이먼이 거지가 된 후, 해변에서 우연히 많은 금화를 발견하여 다시 부자가 되지만, 그는 아테네로 다시 돌아가지 않고 해변에서 죽는다. 이는 돈(유령)으로 지배될 수밖에 없는 세계(유령)를 거부한 것이다. 맑스의 과장의 역설(hyperbolical paradox)은 현 상태(status quo)에 만족하지 않고, 진리를 향한 치열한 외침이라고 데리다는 평가했다(《맑스의 유령들》 76/42). 셰익스피어의 열렬한 독자였던 맑스는 타이먼의 저주(IV, iii, 28~42)를 길게 인용한 이유는, 이를 통해 아포리아와 이중결속, 이중구속을 드러내기 위해서이며(강조의 밑줄은 데리다의 것)(《맑스의 유령들》 78~80/43~4), 맑스와는 달리 이러한 아포리아를 회피해버린 슈티르너와 맑스의 차이는 매우 크다고 데리다는 지적한다(《맑스의 유령들》 211/133).

데리다 해체 또한 아포리아에 집중하고(이 책 192, 258~64), 맑스처럼 그토록 유령성과 가상성에 대해 분석하고 비판하는 이유 역시 고유성 혹은 기원에 대한 추구[21] 때문이라고 제임슨은 평했다. 데리다는 많은 사람들이 추측하듯이, 안개처럼 번져나가고 있는 작금의 몽환적 문화와 '참을 수 없이 가벼운' 담론들과 학문을 주도한 사람이 결코 아니다. 그의 겉모습은 얼핏 데카당 같은 데가 없지 않다. 그의 글 솜씨가 언어 유희성에 많이 의지하고 있기 때문이다. 그러나 그의 속내는 데카당하고는 거리가 아주 먼 사람이다. 따라서 위의 제임슨의 평은 정확하다. 그리고 이 입문서 역시 이 사실을 짚었다(이 책 90~1, 142, 187, 243~4). 그리고 데리다는 일찍이 이 사실을 매우 길게 고백한 바 있다(《그림엽서》 247~49/230~32). 이유는 유령(성), 혹은 가상(성)에 안주하면, 역사도 정의도 사건도 타자도 사라지게 되기 때문이라고 데리다는 그 이유를 밝혔다.

또한 자본주의 경제체제의 민주주의는 원래 지니고 있었던 민주주의의 취지, 즉 지역의 대표성이나 목소리를 반영하지 못한 채, 거대 기업과 거대 매스컴에 의해 제어되고 통제, 결정된다는 이 엄청난 아포리아를 우리는 다 알고 있다. 이렇듯 '결절된 시대(out of joint)'를 모른 체하고, 자본주의 만세를 외치는 후쿠야마를 향해, 데리다는 '오만하고' '무감각하기 짝이 없는 경박함' (l'imperturbable légéreté)(《맑스의 유령들》 130/78)이라며, 통절의 속사포를 날린 이유도 자본주의 경제체제가 드러내는 아포리아를 모른 체했기 때문

---

21  Sprinker(ed), *Ghostly Demarcations*, 45.

이다. 후쿠야마의 태도는 특히 지식인으로서 무책임 그 자체이며 불의, 즉 정의가 아니라는 것이다. 자본주의가 드러내는, 감당이 도저히 되지 않는 역기능과 화, 부조리를 감춘 채, 자본주의의 완전한 승리를 자축하며, 맑스에게 안녕을 고하며, 영원히 땅에 묻으려 하자(미국 대학에서는 맑스를 철학 이론으로만 가르치지, 경제학과와 정치학과에서는 가르치지 않은 지 매우 오래되었다), 데리다는 맑스의 유령(정신), 즉 자기비판 정신(유령)을 영접하고 추모해서 자본주의의 헌 체제를 철저하게 비판할 필요가 그 어느 때보다 높기 때문에, 맑스의 유령(정신)을 소환하고 추모(좋은 유령 혹은 정신을 추모한다는 것은 유령론을 주장하는 것이 아님을 다시 반복한다)해야 한다는 것이다. 이러한 비판정신은 두말할 필요 없이 데리다 자신의 해체 정신이기도 하다.

(3) 맑스처럼 데리다는 연대를 중시했다. 데리다는 이를 위해 타자(들)와 늘 그리고 반드시 견결히 연대해야 함을 강조했고, 이것이 정의라 했다.《햄릿》의 유령이 보초병들, 학자인 호레이쇼, 그리고 왕자인 햄릿, 신분고하를 막론하고 다 함께 약속하고 맹세하라고 책려하자 이들은 모두 함께 맹세(We swear!)(I. v)하듯이, 모든 타자와 함께 연대해야 함을 데리다는 강조했다. '모든 것을 <u>타자와 함께</u>, 그리고 <u>모든 타자와 함께</u> 사유하는 것은 선물이다.…… 이는 타자와 함께 가동된다. 모든 타자는 모두 다 같이 함께 타자이다' (강조의 밑줄은 데리다의 것)(《맑스의 유령들》 169/103). 여기서 '타자' 란 중세의 신이 새로운 이름을 얻어 다시 부활한 작

금의 타자(라캉은 '대타자' 라는 말을 사용한다)만을 뜻하는 것이 아닙니다. 우리가 앞에서 《맑스의 유령들》에서 '유령'이 고정되지 않는다는 것을 보았듯이, 여기 '타자' 라는 기표도 고정되지 않기 때문이다.[22] 앞의 인용에 나오는 '타자' 는 내 옆에 있는 동료이기도, 내 이웃이기도 하면서, 소외된 약자이기도 하며, 약소국가이기도 하며, 소수민족이기도 하며, 양심을 계속 두드리는, 그러나 아직은 형체가 없는 '이것' 이기도 하며, 시대를 앞서는 선지자이며, 경계인이기도 하며, '이방인' 이기도 하며, 내 안에서 여전히 잠자고 있는, 불교 용어로는 대아大我, 기독교 용어로는 세속의 내가 아닌 영성靈性 속의 있는 나 아닌 도저到底한 나이기도 하다. 동시에 이와는 반대되는 소아小我이기도 하며, 세속을 살아가는 죄인이기도 한 나이기도 하다. 동시에 산 자들이 계승하고 건사하며 실천해야 할 전통이기도 하며, 기존의 제도와 체계이기도 하다. 물론 도래할 정의이기도 하다. 늘 데리다는 기존의 것을 초과하기 위해서는 기존의 것 안에서 먼저 이를 수정해야 한다는 이중전략을 강조했다는 것, 동시에 데리다는 이원구조에 의해 결정되어지는 모든 것을 수용하지만 결국 다 수용하지 않았다는 사실을 기억하는 것이 이해에 도움이 될 것이다. 데리다는 자신이 말한 대로, '두 손으로 썼고, 두 개

---

22 Beardworth, 84. 데리다가 사용하는 기표뿐만 아니라, 사유가 고정불가라는 것은 다른 학자들도 강조했다. Joseph H Smith, et al(ed), *Taking Chances: Derrida, Psychoanalysis, and Literature*, Baltimore: Johns Hopkins University Press, 1984, 80. Attridge Derek et al(ed), *Post-Structuralism and the Question of History*, Cambridge: Cambridge University Press, 1987, 124.

의 머리로 읽'었을 뿐만 아니라, 이 결과 두 발을 양쪽에 딛고 있다는 것도 기억한다면 이해하기에 어려운 말이 결코 아니다. '타자'란 그러므로 현 자본체제와 제도를 뜻하는 동시에 현 자본주의의 아포리아 속에서 실현되지 못하고 있는, 도래할 자본주의이자 민주주의와 함께 도래할 정의이기도 하다. 지금의 자본주의를 철저하게 분석, 해체하지 않으면, 도래한 정의도 불가능하다는 것이기 때문이다. 동시에 현재의 나와 여전히 실현되지 않고 남아 있는 나 사신이자, 자본주의 체제에 살고 있는 사물화되이 소외된 나이기도 하다. 지금의 나를 철저하게 분석하고 인식해야 대아大我로든 영성 속에 있는 도저한 나로든 향할 수 있기 때문이다. 데리다의 '타자'와 '유령'이 이처럼 산포되면서 끊임없이 상이하게 때로는 이중적 함의를 드러내는 동시에 여전히 그 고유성은 드러나지 않고 있기 때문에, 여전히 유령성에 근거하는 약속이 또 발생할 수밖에 없다. '유령'과 '타자'는 데리다가 사용하는 다른 기표처럼 고정시킬 수 없으며, 열쇠 개념이나 이원적 논리로도 분석, 설명되지 않는다. 그런데 연대의 중요성을 맑스만큼 강조한 사람이 있었던가. 그러나 데리다가 연대해야 한다고 하는 타자는 맑스가 포괄했던 대상들을 포함하면서 동시에 이를 초과하고 있기 때문에, 바로 위에서 언급했듯이, 그 범위가 훨씬 더 광활하다는 사실만은 분명히 해둘 필요가 있다.

(4) 맑스와 데리다 두 사람은 역사를 매우 중시했다.《맑스의 유령들》부제목 일부인 '신 국제성(the New International)'과 '민

주주의'는 1845년 10월, 바이틀링을 위시해 대대적인 국제 동맹 이름(the International Society of the Democratic Friends of All Nations)에서 일부 따온 것이다.[23] 데리다가 현 자본주의 체제와 이를 고수하려 하며 지금의 체제에서 기득권을 쥐고 있고, 후쿠야마를 위시해 맑스를 영원히 땅에 묻으려고 하는 사람들을 통틀어 '성스러운 연대(the Holy Alliance)'라 칭하는 이 말 역시 맑스가 그 당시 교황을 위시해 자본주의자들을 통칭했던 말이다. 그러나 데리다는 맑스가 '국제적'이란 이 말을 사용했을 때에는 런던에서 가진 공산주의자들의 모임에 참석한 몇몇 유럽 국가들을 지명한 것이지만, 이제는 강대국뿐만 아니라, 약소국가들의 이익과 권리의 동일한 분배를 뜻하는 말로 사용되어야 하며, 모든 국가들의 언어와 고유성까지를 아우르는, 지금처럼 초강대국에 의해 주도되어지는 국제기구와 민주주의가 아닌, 미래에 도래할 민주주의를 '신 국제적 민주주의'라 한 것이다. 이렇듯 옛날에 사용된 표현이나 기표를 다시 사용하면서 이를 수정하고 재해석한다는 것이 데리다 해체의 또 하나의 기본원칙(이 책 197)인데, 이것은 무엇을 뜻하나? 단어 하나에도 역사의 단절과 연속, 이중성이 있다는 것이다.

정치경제학자 중 역사의식이 가장 탁월했던 맑스였다. 그는 그 당시 자신과 유사한 입장을 표방한 많은 사회주의자들의 담론을 가차 없이 비판했다. 데리다 역시 자신의 선언과 비슷한 유사한 선

---

23 Karl Marx, *The Communist Manifesto*. Ed. Frederic L. Bender. New York: W. W. Norton & Company, 1988, 11. 이하 Marx로 약칭.

언을 하는 포스트구조주의자들을 해체했다. 맑스는 봉건사회주의자들은 귀족사회에 대한 향수에 불과하고, 기계화와 산업화를 무조건 반대하는 낭만주의적 자연주의적 사회주의자들과 바이틀링이 주창했던, 중산층 사회의 물질주의로부터 떨어져나와, 기독교인들로만 구성된 공동체 안에서 순수 정신주의를 지향하는 것, 이 모든 것은 역사적 관점의 상실이라고 비난했다.[24] 데리다 역시 기원에 대한 향수, 혹은 기원으로 되돌아간다는 담론들은 모두 회귀설(헤겔 정신철학, 프로이트와 라캉의 정신분석학, 하이데거의 존재론)이자 유령론이며, 사변적(speculative) 정신(spirit)은 유령성(spectrality/spirituality)에 근거한다는 사실을 보여주면서, 모든 종류의 순수주의를 줄기차게 비판해온 이유 중의 하나가 순수주의는 역사성을 간과한다는 이유 때문이었다.

맑스의 입장을 극심하게 요약하면 '태초에 계급투쟁이 있었다'이다. 이는 데리다의 해체를 극심하게 요약한 말, '태초에 "차연"이 있었다'는 말과 상통한다. 맑스의 경우는 사회현상, 특히 사회계급과 이에 따른 물질분배에서, 데리다의 경우는 텍스트에서 그 출발점을 두고 있다는 점에서 공통점이 있다. 이 두 사람 다, 눈에 보이는, 증명할 수 있는 물질적인 것에서 출발하여 역사를 가장 중요한 터로 간주했다. 그러므로 이 두 사람은 무엇보다도 모든 것을 역사적 관점에서 보고자 했다. 즉, 맑스는 인간의 역사는 물질 그 자체가 아니라, 물질과 자본(부)을 과거로부터 정해진 것에 따른

---

24  Marx, 37~8.

분배와 이에 따른 결정, 그리고 이를 위한 투쟁에 의해 이어져왔다는 사실을《루이 보나파르트의 브뤼메르 18일》에서 밝혔다.[25] 데리다 역시 니체의 계보학을 따르면, 인문학 역사는 하늘에서 들려오는 소리(말)가 아니라, 다양한 입장에 따른 기존의 (상호)텍스트들의 재해석이었음을 설파한 것은 맑스의 역사적 입장과 동일하다. 역사, 전통, 그리고 언어를 벗어나려고 하는 것이야말로 최악의 폭력을 유발한다고 데리다가 비판했듯이(《글쓰기와 차이》4장), 맑스 또한 역사의 연속성을 부인하면 안 된다고 강조했고, 자본주의는 봉건주의와 귀족사회의 체제를 무너뜨린 매우 효율적인 체제였다는 것을 인정해야 한다고 하면서, '……보다 개선된 생산관계는 구사회의 자궁 안에서 성숙해지기 전에는 결코 나타나지 않는다'고 했다.[26]

(5) 데리다와 맑스를 잇는 또 하나의 견고한 다리는 두 사람 다 현실 참여를 중시했다는 점이다. 《맑스의 유령들》에서 데리다는 이를 강력하게 호소하고 있다. 작금의 자본주의 체제의 괴리와 이에 따른 10대 대재앙을 드러내는 이 어두운 시기에, 맑스의 유령/정신(철저한 자기비판 정신과 자본주의 체제의 물질분배에 대한 철저한 분석)을 추모하며, 자본주의가 드러내는 아포리아에 고유하게

---

25 Marx, 33.
26 Marx, 31. 이러한 역사의식은 과학사를 조감한 쿤에 의해 반복되기도 했다. Thomas Kuhn, *The Structure of Scientific Revolution*, Chicago: University of Chicago Press, 1989, 56~65.

응대하는 것은 우리 모두의 의무이지만, 특히 지식인들에게 이는 가장 중대한 책임임을 데리다는 강조했다. 마셀러스가 '호레이쇼, 그대는 학자 아닌가. 그러니 유령에게 응대하게'(I, i, 42)라고 채근했듯이, 데리다는 유령에게 고유하게 응대(response)하는 것은 책무(responsibility)라 했다.[27] 지식인들은 이 어두운 시기, '탈구(out of the joint)'된 시대가 아무런 문제가 없다고 말하는, 혹은 착각하는 현 자본주의 기득권자들의 탈구(잘못)된 사유(예를 들면 후쿠야마의 사유)와 체제를 다시 탈구(해체)시키는 것이다. 데리다는 《맑스의 유령들》은 학술서가 아니라, 현 자본주의 체제와 국제기구, 그리고 민주주의가 드러내고 있는 부조리와 모순에 대한 지식인 자신의 응대이고, 책임감에서 쓴 것임을 밝혔다(강조의 밑줄은 데리다의 것)(《맑스의 유령들》 90/51). 데리다는 다른 곳에서 이렇게 말했다.

마셀러스가 미래 학자의 도래를 예견한 것은 아주 가능한 일이다. 미래를 잉태시키는 학자는 타자로 증명될지 모르는 환영, 즉 여전히 잉태되지(사유되지) 않는 복잡성이 자신의 학문에 모순과 제한이 아니라, 오히려 조건이 된다는 것을 선언하면서, 환영에게 말하는 법을 알

---

27 데리다가 또 언어유희로 말한 것을 데리다 초보 독자들을 위해 무리하게 우리말로 전유하면 선비정신이라 할 수 있을 것이다. 조선의 선비들은 때로는 한 사람이, 때로는 만 명에 이르기까지, 일인소나 만인소로 잘못된 시대와 사회에 대해 글로 임금에게 고했다. 그러나 의도는 좋았지만 현실적 전략이 없었고, 대부분 피상의 늪에서 허우적대다가 함께 함몰해버렸다는 것이 필자의 생각이다. 실용적 안목을 가지고 있었던 학자들은 유배당했다.

고 있다고 용감하게 시인할 것이다(강조의 밑줄은 데리다의 것).[28]

유령이나 환영에게 말하는 방법을 알고 있는 학자란 과거를 반복(유령론)하며 안주하는 학자가 아니라, 미래를 선취하려는 학자이다. 유령이나 환영에게 말을 한다는 것은 이원구조에 결박된 사유를 우선 초과하는 것이며, 더 나아가 타자, 정의, 약속, 과거에 억울하게 희생된 자들에 대한 역사적 책임감을 촉구하는, 심오한 윤리 의식을 지닌 학자라는 말이다. 데리다는 이것(정의)을 주문하고 촉구하는 것이다. '모든 것은 해체될 수 있지만, 정의는 해체될 수 없다'[29] 혹은 '해체는 정의'라고 데리다가 말한 것은 결코 공소한 선언이 아니다. 데리다의 삶이 증거하고, 제임슨이 강조했듯이, 데리다는 작금의 상황에 가장 엽렵하게 질문하고 행동한 지식인[30]이었다. 데리다는 자신은 진보를 후원한다고 했다.[31] 그러나 데리다의 진보적 입장이 기존의 진보단체와 노선, 혹은 문화운동과 정확하게 일치하지는 않는다. 그렇다고 해서 그가 아무런 행동을 하지 않은 것은 결코 아니었다. 다만 그의 해체가 일거에 진리를 잡아채려고 하지 않는 것처럼(이러한 방식은 위험하다고 경고했다), 그의 진보적 개입 역시 점진적이어야 함을 강조했다. 우리는 이 책 1장

---

28  Jacques Derrida, *Archive Fever*, tr. Eric Prenowitz, Chicago: University of Chicago Press, 1996, 39.
29  Derrida, 'Marx and Sons', 253.
30  Sprinker(ed), *Ghostly Demarcations*, 29.
31  Paul Patten and Terry Smith(ed), *Jacques Derrida, Deconstruction Engaged: The Sydney Seminars*, Sidney: Power Publications, 2001, 100.

〈데리다의 삶〉에서 그가 현실참여를 위해 동분서주했음을 지적했다. 데리다는 《맑스의 유령들》에서 가장 중요한 최후의 말, 커튼 라인(a curtain line)을 마셀러스가 학자인 호레이쇼에게 한 말로 대체하면서, 이에 강조의 밑줄까지 친다. '<u>그대는 학자 아닌가</u>. 그러니 유령에게 응대하게.'[32] 지식인들의 현실참여를 독려하는 말이 《맑스의 유령들》 맨 마지막 말이다. 이것이 《맑스의 유령들》의 최종심급이기 때문이다.

데리다는 맑스주의자가 결코 아니지만, 그의 해체적 읽기가 늘 그러하듯, 맑스를 철저하게, 풍부하고 공평하게 이중적으로 읽었다고 필자는 생각한다. 이 결과 종전의 자신의 해체적 입장을 한 치의 흔들림 없이 유지하면서(이 사실이 많은 맑스주의자들을 불편하게 했고 불평하게 했다. 이는 우리가 끊임없이 일상에서 경험하는 미성숙이기도 하다), 동시에 작금의 그 어떤 맑스주의자들보다 맑스를 더 도와주었다고 필자는 생각한다. 그럼에도 불구하고 맑스주의자들의 오판과 오평은 그 도를 넘어서고 있다.

---

32 〈보론〉 초입에서 언급한 국내 평자의 말대로, '우발적인 타자, 유령이 기존 체제에 구멍을 내는 것, 바로 이것이 데리다의 해체이자 정의' 라면 《맑스의 유령들》의 마지막 커튼 라인은 '유령이여, 유령에게 응대하라' 였을 것이다. 셰익스피어 이래 약 450여 년이 지나는 동안, 비평가와 극작가들은 말할 것도 없고, 그 누구도 관심을 갖지 않았던 엑스트라에 불과한 마셀러스의 말에 엄청난 의미를 부여하고 조명한 것은 박해받는 소수민족과 약자들을 위해 동분서주했던 주변적 사유자로서 데리다가 보여준 또 하나의 아름다운 첨예함일 것이다. 《햄릿》을 다시 쓴 뮬러의 《햄릿 기계》와 스탑퍼드의 《로젠크렌츠와 길드스턴은 죽었다》는 여전히 귀족을 조명한 것이다.

《맑스의 유령들》을 두고 아메드가 '은유로 된 관념론'이라고 하자, 데리다는 30년 동안 은유와 관념론에 대해 자신만큼 철저하게 해체한 사람은 없다고 했다. 루이스는 데리다의 해체는 여전히 형이상학적이며, '유령론적 정치학'이라 했다. 또한 아메드의 말에 동의하면서 루이스가 '제3의 길(정반합)'을 모색한다고 평하자, 데리다는 '낡은 모자'라 답했다. 그런가 하면 네그리는 '포스트구조주의의 존재론'이라 했다. 존재론은 유령론이다. 데리다가 초기 때부터 줄곧 해체하려 했던 것이 유령론(특히 《글라》)이다. 또한 맑스주의자들이 주장하는 대로 자신이 하고자 하는 것이 정체화이고 화해였다면, 자신은 30년 동안 전혀 다른 글을 썼을 것이라고 데리다는 일축했다.[33] 또한 원격통신기술을 이용한 전지구적 연대를 데리다가 주장했다고 추측한 것에 대해, 19세기 말 군중선동을 목표로 한 선거 캠페인에서도 있을 수 없는 '어처구니없는 발상(a slur)'이라고 데리다는 응수했다.[34] 데리다는 자신은 포스트구조주의자도 포스트모더니스트도 맑스주의자도 아니며, 너무나 지독한 오평을 하는 대다수의 맑스주의자들과 헤어져야 하겠다고까지 했

---

33 Derrida, 'Marx and Sons', 225.
34 연대란 반드시 IT를 통한 대대적인 조직을 뜻하는 것은 아니다. 아무런 조직 없이, 침묵 속에서, 소리 소문 없이 하는 연대야말로 저비용 고효율의 극치일 것이다. 우리 각자가 가지고 있는 구매력과 선거권을 철저하게 이용하면 대기업도 정치가도, 외세도 다 항복하게 된다. 평소 검소한 생활을 하며, 조금 손해 보더라도, 국가와 사회에 해로운 결과를 가져오는 결정에 대해서는 조직 안에서 미미하지만, 꾸준히 저항하는 것, 불의에 대항하다가 화를 당한 사람이 출판하는 책이나 언론 매체가 만드는 신문이나 잡지를 꾸준히 구매하는 것, 커피보다는 가급적 국산차를 더 마시고, 마트도 가지만, 꾸준히 재래시장을 이용하는

다.[35] 데리다는 맑스주의자들 자신들이 맑스의 법적 승계자임을 자처하지만, 이들은 데리다 자신의 글은 물론이고, 맑스조차 제대로 읽어내지 못하고 있다고 평했다. 자격이 없는 아들들과 딸들(맑스주의자들)이 죽은 부친(맑스)의 법적 승계권을 가져야 한다고 주장하는 것은 적절치 못하다는 것이다. 데리다는 이들을 길거리에서 활보하고 있는 수많은 유령이라 패러디했다. 이때 유령이란 시대에 뒤떨어지는 사람을 뜻하며, 과거 회귀적이라는 말이다. 이는 맑스가 가장 싫어했던 것이지만, 맑스가 가장 싫어했던 것을 하면서도 아메드, 이글턴, 스피박, 네그리, 루이스 자신들은 맑스의 법적 아들과 딸임을 주장한다는 것이 우습다는 말이다. 이들은 《맑스의 유령들》의 콘텍스트를 전혀 보지 않고, 한두 개의 용어만을 '무자비하게'(데리다의 표현) 잘라내어, 필자가 보기에는 데리다의 용어들을 시대에 뒤떨어진 자신들의 신념을 토해내는 구멍으로 사용한 것이다. 이들 맑스주의자들은 필자처럼 죽은 듯 조용한 유령이 아니라, 자신들이 큰소리친 것에 대해 전혀 근거도 제시 못하고, 책임지지도 못하는, 그렇지만 세계 학계라는 무대 위에서 화려한 조명을 받고 있는 매우 거칠고 시끄러운 유령들(Poltergeists)로 보인다.

    제임슨의 《맑스의 유령들》 읽기가 다른 맑스주의자들에 비해

---

것, 국선도나 태권도 중 하나를 국민 각자가 장기간 꾸준히 하는 것은 철저하게 한국인이면서도 동시에 당당한 세계인이 되기 위한 저비용 고효율의 연대이다. 지극히 고유한 한국인이 되는 것과 세계인이 되는 것은 결코 서로 양립될 수 없는 것이 아니라 양립될 수 있다.

35 Sprinker(ed), *Ghostly Demarcations*, 242.

상대적으로 양호한 이유는 제임슨은 《맑스의 유령들》과 데리다 이전 글들 사이에 있는 연속성을 인지했기 때문이라 했다. 그러나 제임슨이 데리다의 입장을 '미학적'[36]이라고 평한데 대해서, 데리다는 단호하게 '정치적'이라고 했고, '약한 메시아적 힘(제임슨이 벤야민의 표현을 반복한 것)'으로 평가한 것에 대해서는, 자신이 표현한 '구원주의 없는 구원성('없는'이란 말이 부정이나 부재를 뜻하는 것이 아님을 데리다는 여러 차례 상기시킨다. 데리다의 해체 전략의 이중성과, 연결과 단절에서 이어지는 역사성을 중시했다는 것을 상기하면 이해가 어려운 말이 아니다)'에는 벤야민에게는 없는 '무한 도약'이 있다고 했다. '구원주의적(messianistic)'과 '구원적(messianic)'과의 차이는 엄청나며, 데리다 자신의 입장은 형이상학적이지 않다는 뜻이다. 제임슨은 데리다의 글쓰기를 바르트의 '영점의 글쓰기', 혹은 말라르메의 '백색 글쓰기'처럼 어떤 논리적 명제도 피해가는 글쓰기라는 사실을 지적하면서, 《맑스의 유령들》은 '미학적 준종교적 신비주의', '유토피아주의', '데리다주의', 혹은 고유성을 포기하는 '미소微小 담화(minimal narrative)'라고 평했다.[37] 이때 '미소 담화'는 맑스주의자들이 끊임없이 유혹을 느끼는 존재론과 종말론의 맑스주의가 아니라, 이원구조를 배제한 구원주의로, 오로지 철저하게 사회현상만을 분석하는 맑스주의를 뜻한다는 것이다. 따라서 《맑스의 유령들》은 모든 것이 유령성 혹은 가상성

---

36　Sprinker(ed), *Ghostly Demarcations*, 54.
37　Sprinker(ed), *Ghostly Demarcations*, 32~6.

(virtuality)에 근거한다는 것을 알기 때문에, 모든 구원주의는 유령성을 수정하는 약한 메시아주의이며, 이러한 시도는 이미 벤야민과 브레히트에 의해 시도되었기 때문에 데리다와 이들 사이에는 비트겐슈타인이 말한 '가족유사성'이 있다고 제임슨은 말했다.[38] 이에 대해 데리다는 벤야민과 자신 사이에는 접근선적인 관계에 있고, 서로 교차하고, 닮았지만(강조의 밑줄은 데리다의 것), 동일한 것이 아닌, 이에 반하는 것이라고 한다.[39] '반한다'는 뜻은 이원구조 안에 있는 정과 반에서의 반이 아니라, 데리다가 말하는 초과(outrance)(이 책 157, 196~7)를 뜻한다. 데리다는 자신이 말한 '구원주의 없는 구원성'은 신념이며, 이러한 신념은 역사적으로 종교나 이데올로기로 결정되면서, 침전되었기 때문에 이것을 막기 위해, 이 신념(강조의 밑줄은 데리다의 것)을 '교육적 가치', 혹은 '전략적 대응'으로 표현한 것이 '구원주의 없는 구원성'이라고 했다.[40] 이 신념을 계속 살려야 하는 이유는 유령(성), 혹은 가상(성)에 안주하면, 역사도, 정의도, 사건도, 타자도 사라지게 되기 때문이라고 데리다는 그 이유를 밝혔다. 또한 데리다는 자신이 말한 '구원주의 없는 구원성'은 유토피아도 추상적 형이상학도 아니라 했다. 그의 구원성은 철저하게 지금 그리고 여기에서 발생되고 있는 사건에

---

38 길게 논할 장소가 아니라서 논의를 생략하지만, 브레히트와 데리다 사이에 '가족유사성'이 있다는 제임슨의 말은 상당한 무리다. '가족유사성' 안에 있는 가족들의 차이의 폭과 깊이를 어느 정도로 잡는지가 관건이 되겠지만.

39 Sprinker(ed), *Ghostly Demarcations*, 250~1.

40 Sprinker(ed), *Ghostly Demarcations*, 254~5.

끊임없이 개입, 분석하면서, 기존의 형식과 체제에 구멍(trou)을 내는 것으로, 이 구멍(trou) 없이는 아무것도 발견(trouver)할 수 없음을 초기 저서에서부터 되풀이해 강조했다. 이는 도래할 정의를 기다리면서, 욕망과 고뇌, 긍정과 불안, 약속과 협박의 환원될 수 없는 결합이며, 기다림이자 구체적인 행동을 포함하고 있다[41]고 데리다는 설명했다.

데리다 해체는 해체되는 대상과 이중적 관계(break and non-break)를 맺음으로써 기존의 텍스트를 공평하게 그리고 보다 풍부하게 읽는 것인데, 데리다는 맑스도 이렇게 읽었다고 생각한다. 이러한 데리다 해체 혹은 이중적 관계는 데리다가 다른 사상가들과 데리다가 맺고 있는 이중적 관계와 수미일관되게 동일한 것이다. 따라서 데리다가 밝힌 대로, 《맑스의 유령들》은 다른 저서와도 긴밀하게 연결되어 있다.[42] 이것이 《맑스의 유령들》의 꿰미이고 이를 포괄적으로 칭하는 말은 '데리다의 유령론(학)'이라기보다는, '데리다의 맑스 해체'가 아닌가 필자는 생각한다. 한국 학자들이 '데리다의 유령론(학)'이라고 할 때, 이것이 무엇을 뜻하는지를 정확하게 짚어주는 것이 어린 후학들(학부생들과 대학원 학생들)에게 도움이 될 것이다. 어느 한국 학자는 데리다가 '존재론을 유령론으로 바꿀 것을 주장했다'라고 하는가 하면, 또 어느 국내 학자는 '데리

---

41 Sprinker(ed), *Ghostly Demarcations*, 250~1.
42 Derrida, 'Marx and Sons', 219, 230~1.

다의 존재론은 유령론'이라고 평한 것, 그리고 이 글 초입에서 언급한 평자가 '우발적인 타자, 유령이 기존 체제에 구멍을 내는 것, 바로 이것이 데리다의 해체이자 정의이'며 '도래할 정의는 바로 타자, 유령이 기존 체계를 열어젖히는 열림'이라고 대담한 선언을 한 것도, 《맑스의 유령들》을 한국 학자들이 '데리다의 유령론(학)'이라고 칭한 것에 따른 후유증이 아닌가 생각한다. 즉《맑스의 유령들》을 한국 학자들이 '데리다의 유령론(학)'이라고 칭하자, 성급하게 유령이 《맑스의 유령들》에서 가장 중요한 주인공이라는 근거 없는 상념을 유발시킨 것이 아닌지. '차연'과 '유령'처럼 이들의 사유 역시 지극히 사회적이고 정치적이라, 서로 전염되고 전염시킨 것이 분명해 보인다. 아니면, 한국 학자들이 《맑스의 유령들》을 두고 '데리다의 유령론(학)'이라 하는 이유는 루이스와 아메드를 따르며, 루이스가 칭한 것[43]을 이 두 사람의 이름을 밝히지도 않은 채, 그대로 수용한 것은 아닌지. 그러나 이 두 사람은 사회주의적 혁명에 대한 자신들의 소신과 믿음만을 불쑥 불쑥 강하게 드러내 보이느라고, 정작《맑스의 유령들》을 가장 약하게 읽은 사회주의자들이다. 이는 늘 우리가 주변에서도 목격하는 아이러니이기는 하다.

    데리다가 보여준 언행일치, 즉 공평하고 풍부한 이중적인 해체

---

43 Sprinker(ed), *Ghostly Demarcations*, 160. 루이스는《맑스의 유령들》의 글쓰기는 '유령적 시학(spectro-poetics)'이며, 내용은 '유령론적 정치학(hauntological politics)'이기 때문에, 오히려《맑스의 유령들》은 오늘날 필요한 사회주의적 혁명이 불가능하다는 사실을 드러내었다고 했다.

적 글쓰기와 읽기 그리고 지식인으로서 현실 참여에 열심이었던 그의 행동은, 도래할 정의를 이끌어내기 위해 지식인으로써 담당해야 했던 책임과 직결된다. 한국 학자들과 서구 맑스주의자들의 평에 대한 필자의 다소 장황한 이의제기 역시《맑스의 유령들》에 대한 오판과 이에 따른 빈곤화에 대한 저항[44]이자, 데리다의 공명정대한 정신(유령)을 추모(소환)하여, 맑스와 데리다, 두 사람 모두에게 공평해야 한다는 책임감(정의감)에서 쓴, 그러나 이미 때늦은 반복, 췌언에 불과하다.

---

44  저항이 필자에게 가장 매력적인 단어임을 밝힌 바 있다(이 책 27).

# ■ 찾아보기

**ㄱ**

가버(Newton Gaver) 204
가우디(Gaudi) 274
가치 전복 95
감응적 오류 214
개념 98
객관적 상관물 248
거세 252~253
거세된 여자 92
거울 글쓰기 215, 247
경제성 129
경제체제 291
경험주의 9, 101, 205
계보학 22, 182
고정불가 13, 277, 317
고정불가성(unpindownability) 189
공간화 121
《공산당 선언》 127, 293

공성(空性) 23
관념론 13, 267, 272, 277
관점주의 88
괄호치기 305
광기 25, 96, 238, 240, 242
《교란》 47
교수형리 85, 168, 269
교차대구법(chiasma) 171
교환가치 309
구멍(trou) 129, 150, 201, 238, 239, 285, 301, 329
〈구멍과 피라미드〉 103
구원주의 96, 206, 253
《구조인류학 Anthropologie Structurale》 245
구조주의 32, 59, 145, 177, 179, 179, 185, 186, 249
구조주의자 178

《귀부인의 초상화》 249
그라마톨로지 102, 143, 168, 197~199
《그라마톨로지》 46, 87, 90, 104, 197, 228
그람프(la gramme) 130
그래픽 글쓰기(graphic writing) 209, 247
《그림 속의 진리》 95, 104, 128
《그림엽서》 43, 90, 95, 104, 128, 129, 242
극중극 296
《글라》 22, 24, 25, 57, 78, 95, 104, 127, 128, 149, 250
《글쓰기와 차이》 46, 95, 99, 103, 172, 178, 181, 192, 228, 321
글자 72, 120~121
《기능경쟁 The Contest of Faculties》 205
기독교 78, 106, 109, 168, 254, 298
기성종교 188, 206
김연아 278
김영민 137, 258
꼼꼼히 읽기 213

## ㄴ · ㄷ

나쁜 믿음(mauvais foi) 252
나치즘 82~83
남근 106

남성중심주의 22, 140, 170
낯설게 하기(defamiliarization) 240
네그리(Antonio Negri) 326
노리스(Christopher Norris) 204, 205
《노수부의 노래》 250
논리실증주의자 101
《누가 철학을 두려워하랴》 104
《눈먼 자들에 대한 기억들: 자화상 그리고 다른 폐허들》 47
《뉴욕 타임스》 49, 55
니체(Friedrich W. Nietzsche) 81, 85, 87, 91, 92, 95, 109, 114, 136, 202, 244, 262, 270
다변(hyperbole) 243
단절 284
대량 학살 82~83, 302
《더 모더니스트》 52
데카당 88, 90, 114, 308
《도덕의 계보학》 91
도래할 정의 276, 282, 284, 286, 290, 295, 317
도래할 타자 142, 266, 268, 301
《독일 이데올로기》 127, 293, 294, 299, 304
동어반복 190
《드 만을 추모하며》 50
들뢰즈(Gilles Deluze) 148, 219, 244

## ㄹ·ㅁ

라캉(Jacques Lacan)　23, 54, 248, 255, 266
레비나스(Emmanuel Levinas)　59, 88, 95, 237
레비-스트로스(Claude Lévi-Strauss)　66, 87, 245, 255
《로미오와 줄리엣》 71
밴튜리(Robert Ventury) 274
로티(Richard Rorty) 205
바르트(Roland Barthes)　59, 66, 182, 225, 250
루소(Jean-Jacques Rousseau)　23, 72, 87
《루이 보나파르트의 브뤼메르 18일》 294, 321
르 코르뷔지에(Le Corbusier) 273
리오타르(J.-F. Lyotard) 59
말라르메(Stephane Mallarmé)　98, 102, 115, 204, 209, 246
맑스(Karl Marx) 127, 304
《맑스의 유령들》　13, 127, 172, 206~207, 271, 294
맑스주의자 9
모더니즘 19, 25, 219, 274
《목소리와 현상학》　46, 95, 123, 124, 228
목적 없는 합목적성 91, 213
목적론(teleology) 170

무궁화 28
무의미 91, 101, 184, 185, 239, 298
무한 20, 149, 156, 171, 172
문체 95, 243
미-장-센(la mise-en-scène)　38, 247
민주주의 282, 284

## ㅂ

바디우(Alain Baudiou) 72, 148
존슨(Barbara Johnson) 148
《박차: 니체와 문체》 92
반 카테고리적 교환 144
반문학 98
반복 87, 145, 243~244
반영 248
반유대주의 44
백색 공간 209
백색 글쓰기 97, 100, 101, 208, 327
〈백색신화〉 86, 101, 167, 200
백색신화 26, 133, 175
번역 77, 114, 262
범주표 150
〈법 앞에서〉 260
《법철학》 110
베케트(Samuel Beckett)　38, 102, 204, 246
변증법 109, 260
병치(juxtaposition) 244, 251

보충대리 125~126
보편주의 28
부정 134~135, 263
부친 살해 237
불교 23, 137~138
비결정성 80, 192, 261
《비극의 탄생》 96
비어즐리(Monroe C. Beardsley) 214
비트겐슈타인(Ludwig Wittgenstein) 20, 75, 243~244, 258
빈 공간 91, 101, 238, 267, 271, 272, 284, 291
빌라 사보아(Villa Savoya) 273
빼기 246

ㅅ

사건(Ereignis) 293
사라 코프만(Sarah Kofman) 59
사선 147~149, 237
4의 논리 224
사용가치 305, 309
사파 파티(Safaa Fatty) 47
삭제 전략 78
《산포》 99, 101, 223, 225, 245, 247, 270
산포 121, 136, 145, 153, 203, 215, 282, 318
3단 논법 106

상품가치 305, 307
상호교차대구법 190, 250
상호텍스트 87, 113, 245, 248, 254
《성경》 87, 130, 164, 248, 254
셰익스피어 22, 71
소리 120~121
소쉬르(Ferdinand de Saussure) 66~76, 87, 93, 102, 114, 244, 248, 255
송창식 20
순수정신 106
숫자학 38
스피박(Gayatri C. Spivak) 326
시뮬라크럼(simulacrum) 175, 219
CLS(Critical Legal Studies) 272
신 국제성 291, 292, 319
신념 290
신비주의 199
신비평(新批評) 13, 177, 213, 219, 249
심연 129
10대 재앙 206, 261, 282, 321

ㅇ

아르토(Antonin Artaud) 95, 236~237
아리스토텔레스 164, 174, 248
아메드(Aijaz Ahmad) 326, 330
아방가르드 46, 96, 169, 198, 276

《아테네의 타이먼 Timon of Athens》 294, 301, 313
아포리아 78, 192, 209, 258, 261, 263, 277, 292, 303, 312~316
아포리즘 258, 262
알튀세르(Louis Althusseer) 66
애덤즈(Hazard Adams) 36, 41
야콥슨(Roman Jakobson) 182
《언어로 가는 도중에》 80
언어분석철학 72, 74
언어유희 24, 136, 177, 178, 181
언어적 전회 27, 75, 172
야베스(Edmond Jabès) 59
에즈라 파운드(Ezra L. Pound) 215, 216
《엔치클로페디》 110
엘리엇(Thomas Sterns Eliot) 102, 115, 216
여백 133, 134
《여백들》 103, 274
연기 121, 156
영점의 글쓰기 246
《예나 논리》 111
예지(protention) 249
옛날 이름(la paléonymie) 197
오닐(Eugene O'Neill) 165
오스틴(John Langshaw Austin) 88
〈요한복음〉 72, 74
원판놀이(roulette) 102

윔새트(W. K. Wimsatt) 214
유기적 통일성 233
유대인 22, 28, 39, 43, 44
유대인 차별주의 44
유동적 글쓰기 87, 94, 207
유령 127~128, 282, 285, 294, 298, 330
유령론 128, 142, 143, 170, 172, 174, 264~266, 284, 286, 288, 294, 300, 302, 308, 307~309, 320~330
《유령의 춤》 47
유토피아 267, 291
68혁명 46~48
음성중심주의 140
의도적 오류 214
《이 사람을 보라》 95, 96
이글턴(Terry Eagleton) 326
이데올로기 9, 39, 128, 242, 299
이동 85, 144~149, 152, 156
이분법 34~35, 89, 274, 305
이성중심주의 140, 273
이원구조 125, 127, 128, 161, 165, 168, 172, 183, 186, 191, 196, 213, 219, 234, 239, 240, 241, 246, 250, 253, 260, 298, 303, 310, 323
이중 세앙스(la double séance) 131~133
이중결속 313
이중전략 28, 317

이중 코드 274
이중적 앎 199
이중접기 246
〈이중환영〉 99
이중환영 246, 296
인간소외 305, 307
《인간적인 너무나 인간적인》 109
인종차별주의 44, 59, 81, 83, 140
《일반 언어학 강의 Cours de linguistique générale》 66, 72~73, 74
《입장들》 10, 61, 102~104, 191

ㅈ

자기반영적 문학 98
자동 해체 73, 161
자동효과 122, 124
《자본》 299
자본주의 282, 299, 302, 305, 316, 321, 322
잔혹극 235
잠재태 287
장 이폴리트(Jean Hyppolite) 112
장기놀이 102
재전유 133
저항 25, 27~29, 331
전체화(totalization) 28, 180
절대정신 110, 167, 254
절대진리 108, 125, 166

《젊은 예술가의 초상》 249
접목(greffe/graft) 245, 246
《정신에 관하여》 55, 79, 81, 128
《정신현상학》 110, 141, 298
《정치경제학비판 요강》 293
제유 119
〈제한적 경제성에서 일반적 경제성으로: 보유 없는 헤겔주의〉 103
조이스(James Joyce) 24~25, 37, 167, 216, 249, 250
존재론 24, 79
《존재와 시간》 77
존재와 존재자의 차이 113, 120
주네(Jean Genet) 247, 251
《주네: 성인, 배우, 도둑 Saint Genet, Comédien et martgr》 252
주름 148
주물숭배(fetishism) 298
《주사위 던지기 coup de dés》 98, 99
주사위놀이 102
주전자 논리 190
《죽음이라는 선물》 269
중간태 134
중심 101, 236, 238, 239
지식인 290
지양(Aufhebung) 106, 110, 113, 306
지우기 작전 187

## ㅊ·ㅋ·ㅌ

《차라투스트라는 이렇게 말했다》 96, 202
차연(différance) 12, 84, 94, 120, 151, 166, 194, 222, 276, 282
차이(différence) 12, 84, 120, 151, 158, 194, 276
《철학적 탐구》 75
초과 122, 287
《초도덕적 의미에서의 진리와 허위》 85~86
초월주의 267
초현실주의 286
침묵 101
카프카(Franz Kafka) 260
칸트(Immanuel Kant) 72, 84, 106, 150, 271, 291, 306
《쾌락원칙을 넘어서》 24
《크라튈로스》 70
크로스오버 25
《크리티크》 46, 229
타동효과 123
타자 90, 187, 188, 194, 282, 284~285, 286, 287, 290, 300, 301, 317, 318, 323
태양 수사(heliotrope) 166
태양 숭배(heliolatry) 166
《텔켈》 46

## ㅍ·ㅎ

파괴(Destruktion) 77
《파이드로스》 71
파지(retention) 249
패러디 25, 89, 293
패티 김 20
폐쇄 146~147, 225, 234, 255
폐쇄성 102
포개기(imposition/telescoping) 244, 245, 246
포스트구조주의 219
포스트모더니즘 25, 54
〈포의 '도둑맞은 편지'에 관한 세미나〉 24
폭력 129, 284
폴 드 만(Paul de Man) 49, 59, 157, 165, 195
푸코(Michel Foucault) 45, 95, 195, 242
프로이트(Sigmund Freud) 23, 24, 33, 95, 115, 219, 244, 248, 255, 266, 294, 311
프루스트(Marcel Proust) 247
프루이트 이고(Pruitt-Igoe) 273
《프시케 Psyché》 262~263
플라톤 24, 187, 241, 303
《피네건의 경야》 25, 167, 217, 250
《필레보스》 24
《하녀들 Les Bonnes》 247, 253

하이데거(Martin Heidegger)  24, 49, 72, 75, 78, 80~82, 84, 96, 113~114, 122, 151, 244, 248, 255, 259, 266,
하이멘(l' hymen) 126~127
한국 학자 12, 13, 83, 98, 123, 125, 131, 143, 158, 267, 284, 286, 329~330
해방론 303
해체적 전회 27, 76
《햄릿》 297, 298, 316
허무주의 19, 51, 88, 202
헤겔(George W. F. Hegel) 72, 84, 102~114, 122, 244, 251, 266, 271, 291, 302
현재태 287
형식주의 185, 205

형이상학 77, 81, 82, 94, 153, 187, 188
화행이론 84, 88~89, 193, 270, 272, 311
환대(hospitality) 266, 271, 285, 256, 289, 303
환영 131, 293, 301, 303, 320, 322
환유 84~85, 119, 180, 185
《황무지》 217
회귀설 320
회의주의 75
〈후설 철학에서 생성의 문제〉 45
후설(Edmund Husserl) 72, 125, 244, 271, 291, 305
〈후설의 기하학 기원에 관한 서론〉 45
《흑인들 Les Nèqres》 253

## 데리다 입문

1판 1쇄 발행 2015년 11월 25일
1판 4쇄 발행 2025년 5월 1일

**지은이** 김보현
**펴낸곳** (주)문예출판사 | **펴낸이** 전준배
**출판등록** 2004. 02. 11. 제 2013-000357호 (1966. 12. 2. 제 1-134호)
**주소** 04001 서울특별시 마포구 월드컵북로 21
**전화** 02-393-5681 | **팩스** 02-393-5685
**홈페이지** www.moonye.com | **블로그** blog.naver.com/imoonye
**페이스북** www.facebook.com/moonyepublishing | **이메일** info@moonye.com

ISBN 978-89-310-0709-1  03160

○ 잘못 만든 책은 구입하신 서점에서 바꿔드립니다.

문예출판사® 상표등록 제 40-0833187호, 제 41-0200044호